公路工程职业技能岗位培训教材

Qiaoliang Yuyingligong · Zhongjigong

桥梁预应力工·中级工

江苏省交通厅工程质量监督站组织编写

唐学农　张文斌　主编

人民交通出版社

内 容 提 要

本书是《公路工程职业技能岗位培训教材》之一，该系列培训教材，由江苏省交通厅工程质量监督站组织编写，力求体现交通职业的特点，以岗位技能为目标，理论与实践相结合，具有较强的实用性和可操作性。

本书共分六章，内容包括：概述、预应力混凝土结构的材料、预应力锚固体系、预应力设备、预应力施工工艺及质量控制、预应力施工有关计算。

本书为桥梁预应力工（中级）培训教材，也可供公路工程一线施工技术人员及监理人员学习参考。

图书在版编目（CIP）数据

桥梁预应力工·中级工/唐学农，张文斌主编.—北京：人民交通出版社，2008.12

公路工程职业技能岗位培训教材

ISBN 978-7-114-07460-8

Ⅰ.桥… Ⅱ.①唐…②张… Ⅲ.预应力混凝土桥—工程施工—技术培训—教材 Ⅳ.U448.355

中国版本图书馆 CIP 数据核字(2008)第 199450 号

书　　名：公路工程职业技能岗位培训教材
　　　　　桥梁预应力工·中级工
著 作 者：唐学农　张文斌
责任编辑：卢仲贤　郭　策
出版发行：人民交通出版社
地　　址：（100011）北京市朝阳区安定门外外馆斜街3号
网　　址：http://www.ccpress.com.cn
销售电话：（010）59757969，59757973
总 经 销：北京中交盛世书刊有限公司
经　　销：各地新华书店
印　　刷：廊坊市长虹印刷有限公司
开　　本：787×1092　1/16
印　　张：9
字　　数：214千
版　　次：2008年12月　第1版
印　　次：2008年12月　第1次印刷
书　　号：ISBN 978-7-114-07460-8
印　　数：0001～3500册
定　　价：18.00元

《公路工程职业技能岗位培训教材》

编 审 委 员 会

主 任 委 员

杨国忠　孟祥林

编写委员会委员

杨国忠　唐学农　周传林　樊琳娟　李建才
龙兴灿　赵伟强　张文斌　王　磊　耿　巍
胡友好　彭涌涛　芮丽珺

审定委员会委员

邓学钧　孟少平　刘松玉　符冠华　韩大章
叶见曙　镇亦明　李晋三　刁永宁　薛永森
成　文　陈建胜

序

江苏交通工程质量水平受到国内外同行普遍称道，这是设计、施工、监理、管理等各方坚持努力的结果。工程是干出来的，业主培育施工队伍的技术能力和专业水平是江苏公路建设的一条基本经验。我认为设计是灵魂，管理是关键，而一线基层施工的从业人员的专业素质是保障工程质量的基础。交通行业贯彻科学发展观，实施节约使用资源，高效利用资源方针，必须把质量第一、精益求精，落实到每个环节、每一位建设者的手中。必须全面提高基层施工技术和管理人员的综合素质，用专业的队伍打造出高质量的工程。

立足于交通建设长远发展，要把公路建设基层从业人员的岗位技能培训作为一项基本任务来抓，通过系统培训、训练，使广大一线技术工人熟练掌握正确运用公路施工相关的技术规范、施工程序、质量要求等内容。省交通厅在广泛调研的基础上组织编写了路基工、路面工、桥梁预应力工三个工种的系列培训教材一套，每个工种分为初、中、高三个等级。这是一套针对性较强的公路工程职业技能岗位培训教材。本套教材充分研究了施工一线的技术特点，注重理论与实践相结合，通俗易懂，简明实用，具有较强的实用性和可操作性，不仅是施工技术人员上岗前的培训教材，也是公路建设监理、管理人员较好的参考书籍。希望通过大家的努力，积极推广使用本套教材，大力提高我省公路建设基层施工与管理人员的技术水平，对稳步提升工程质量水平起到积极的促进作用。

江苏省交通厅厅长 游庆仲

序

前　言

为了适应公路建设需要，加快公路施工一线人员的技术业务培养，确保工程建设质量；同时也为了便于基层从事公路工程建设施工和管理人员学习，江苏省交通厅工程质量监督站、南京交通职业技术学院联合组织人员编写了公路工程职业技术工种系列培训教材。本套教材是依据中华人民共和国工人技术等级标准《交通行业工人技术等级标准》，同时参照《筑路、养护工国家职业标准》的要求编写，本系列培训教材力求体现交通职业的特点，以岗位技能为目标，在文字和叙述上力求简明扼要，通俗易懂，书中的插图也尽量做到清晰、美观，便于教学和自学。本系列培训教材包括以下九个分册：《公路路基工·初级工》、《公路路基工·中级工》、《公路路基工·高级工》、《公路路面工·初级工》、《公路路面工·中级工》、《公路路面工·高级工》、《桥梁预应力工·初级工》、《桥梁预应力工·中级工》、《桥梁预应力工·高级工》。

《桥梁预应力工·中级工》由江苏省交通厅工程质量监督站唐学农、南京交通职业技术学院张文斌主编，本书的第一章、第四章、第五章、第六章由唐学农编写，第二章、第三章由张文斌编写。全书由孟少平主审。

编写过程中，尽管我们作了很大努力，但由于各地区差异较大，很难全面收集各单位的新技术、新材料、新工艺、新设备以及相关实用技术。加之编者水平有限，经验不足，时间紧迫，疏漏或错误之处在所难免，敬请读者批评指正，并提供详尽资料，以便修订完善。

编　者

2008.8.25

目　　录

第一章 概 述

学习目标

1. 了解预应力技术在我国的发展情况；
2. 掌握预应力的原理；
3. 熟悉预应力的特点；
4. 熟悉预应力原理的三个概念的内容。

第一节 我国预应力混凝土技术发展历史回顾

预应力应用已有很悠久的历史，我国早就利用预应力原理，制造木桶、木盆和车轮。在木桶或木盆干燥时用几道竹箍箍紧，盛水后，木盆膨胀但受到竹箍的约束，接缝被挤紧，木桶或水盆就不会漏水（图 1-1）。简单地说，预应力是结构承受使用荷载之前，预先加载产生应力，用这种方法来改善其使用性能。

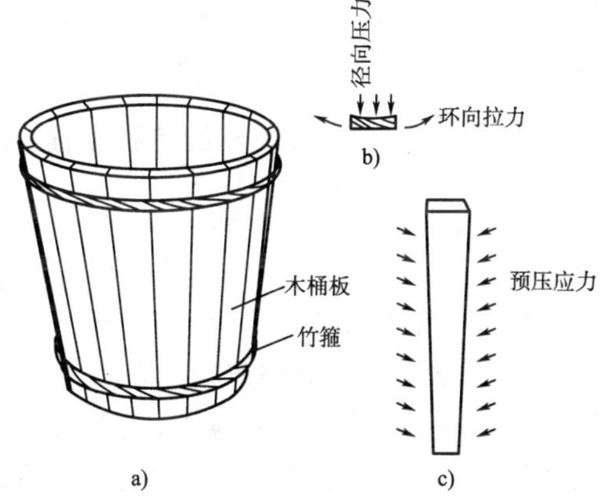

图 1-1 预应力原理在木桶上的应用
a）木桶；b）竹箍分离体图；c）板块分离体图

但是预应力技术系统的研究开始于 19 世纪，1886 年美国工程师杰克逊（P. H . Jackson）和德国的 C. E. W. Doehring 先后把预应力技术应用于混凝土结构中，但张拉低强度钢筋产生的有效预应力因钢筋的应力松弛、混凝土的收缩及徐变很快就损失掉。后法国的欧仁·弗莱西奈（Enugene Freyssinet）于 1928 年首次将高强钢丝应用于预应力混凝土结构中，使这一技术在第二次世界大战后才得到大量的应用。

一、我国桥梁结构中的预应力混凝土发展历史

我国预应力技术发展大致经历了两个阶段：早期阶段从 1955 年到 1978 年改革开放，预应力钢筋以中、低强度钢筋为主；近期阶段从改革开放之后，预应力钢筋以高强钢丝、钢绞线为主。与此相应，预应力混凝土结构设计与制作、结构构件形式和结构应用也有较大差异。早期阶段，房屋结构以装配式为主，在此阶段，开发研制了一整套预制预应力技术，开发了屋面梁、屋架、吊车梁、大型屋面板、空心楼板等结构构件。20 世纪 80 年代初到 90 年代末，高强钢·丝、钢绞线的应用，部分预应力设计思想和现浇后张无黏结预应力施工技术的推广，各种预应力张锚体系的研制成功使房屋建筑中现浇混凝土结构的比重越来越大，结构向大跨、高层发

展,出现了 IMS 板柱建筑体系、现浇后张预应力楼(屋)盖结构、后张预应力混凝土框架结构等。

1955 年,铁路部门研制成功我国第一片跨度 12m 的预应力混凝土铁路桥梁,1956 年建成 28 孔 24m 跨的新沂河大桥,从而开始了预应力混凝土技术在我国铁路上应用的篇章。40 多年来,经过铁路系统工程技术人员的辛勤努力,预应力混凝土技术不断扩大,技术水平不断提高,制造架设跨度 32m 以下桥梁三万多孔,桥梁跨度不断突破,大跨径桥梁不断涌现,其中代表性的工程有主跨为 168m 的攀枝花金沙江铁路连续刚构桥,顶推法施工的跨度 80m 连续箱梁桥杭州钱塘江二桥,此外在南昆铁路线上新建了一大批各种类型的铁路桥梁。

1957 年,公路部门在北京周口店建造第一座预应力混凝土公路试验桥,为单跨 20m 简支 T 梁桥;1959 年在兰州建成七里河黄河桥,为 7 孔主跨 37.5m 悬臂梁桥;后又建成新城黄河桥,桥型为 5 孔 33mT 形简支梁和主跨 62.4m 系杆拱桥,奠定了我国建造预应力混凝土桥的基础。

随着我国交通运输事业的蓬勃发展,50 多年来,公路上建造了大量预应力混凝土桥,尤以大跨径桥梁居多数。如我国已建成主跨 400m 以上斜拉桥近十座,连续刚构桥继黄石大桥 250m 主跨后,虎门大桥达 270m,主跨为世界之冠,这些桥型和其他桥型无论在跨度还是在施工方法上都已接近发达国家的先进水平。

城市立交桥中的预应力混凝土技术主要是 20 世纪 70 年代开始起步的,目前仅北京修建的立交桥就已达 200 座,其中最早的立交桥是 1974 年建成的复兴门桥,采用先简支后连续方法施工;层次最多最高的是天宁寺立交桥;规模最大的是首都机场高速路上的四元桥。

二、我国特种工程中的预应力混凝土技术发展现状

预应力混凝土技术在我国各种工程结构领域中均得到广泛应用,其中主要有:水利工程中的边坡加固、建筑物基坑开挖的支护等所采用的土层、岩层预应力锚杆技术,代表工程为云南漫湾水电站左岸岩质高边坡加固和北京京城大厦深基坑支护;有竖向超长预应力混凝土技术的应用,代表性工程有中央电视台和天津、南京、上海等电视台电视塔的预应力混凝土技术;有环形预应力混凝土技术的应用,代表性工程有阿尔及利亚球形水塔,秦山、大亚湾核电站安全壳,柴里煤矿煤仓,各种圆形及蛋形污水处理池,各种输、排水管道;有超重、超高物体提升预应力混凝土技术,代表性工程有北京西客站主站房大跨钢梁提升、上海歌剧院钢屋盖提升、虎门大桥钢箱梁节段提升;63 层预应力混凝土楼面的广东国际大厦,214m 高的青岛中银大厦,单体预应力混凝土面积最大的首都国际机场新航站楼等。

三、预应力技术的未来

展望未来,预应力技术的发展可归纳为以下几个方面:

1. 应用的范围越来越广,应用规模越来越大。
2. 预应力筋向高强度、低松弛、大直径和耐腐蚀的方向发展。
3. 预应力混凝土向轻质、高强发展。
4. 预应力施工工艺越来越成熟。
5. 预应力的设计、计算理论不断完善。

第二节 预应力混凝土结构的基本原理

一、问题的提出

由于混凝土的抗拉强度很差，抗拉变形能力很小，如同玻璃一样是脆性的，破坏前预兆不明显。因此，在整体工作阶段，钢筋的应力仅为 20 ~ 30MPa（其值远小于钢筋的屈服强度）。当钢筋应力超过此值时，混凝土将产生裂缝。如图 1-2 所示。

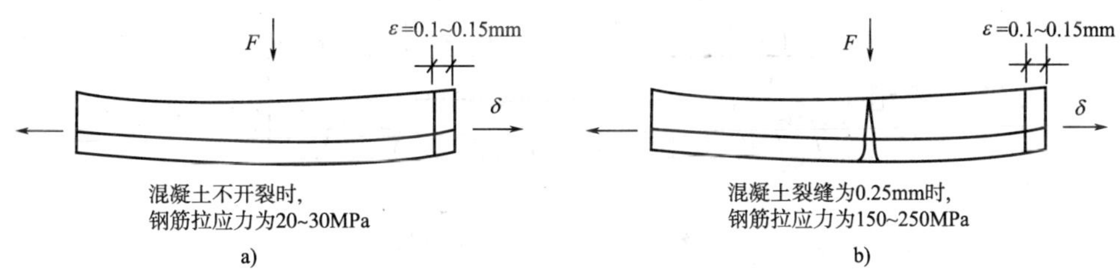

图 1-2 钢筋混凝土工作图

因此钢筋混凝土存在两个无法解决的问题：一是在使用荷载作用下，普通钢筋混凝土结构的受拉区一般均已出现裂缝，导致构件刚度降低，变形增大；二是从保证结构耐久性出发，必须限制裂缝宽度。为了要满足变形和裂缝控制的要求，需增大构件的截面尺寸和用钢量，这将导致自重过大，尤其是对于跨度大、荷载重的结构和对裂缝宽度限制较严的结构，构件将很笨重，既费钢材，又不利于施工。因此，钢筋混凝土结构用于大跨度或承受动力荷载的结构成为不可能或很不经济。

理论上讲，提高材料强度可以提高构件的承载力，例如采用高强混凝土和高强钢筋，从而达到节省材料和减轻构件自重的目的。但在普通钢筋混凝土构件中，提高钢筋强度却难以收到预期的效果。这是因为，对配置高强度钢筋的钢筋混凝土构件而言，承载力可能已不是控制条件，起控制作用的因素可能是裂缝宽度或构件的挠度。当钢筋应力达到 500 ~ 1 000MPa 时，裂缝宽度将很大，无法满足使用要求。因而，钢筋混凝土结构中采用高强度钢筋是不能充分发挥其作用的。

提高混凝土强度等级对提高构件的抗裂性能和控制裂缝宽度的作用也极其有限。混凝土抗拉强度及极限拉应变值都很低，其抗拉强度只有抗压强度的 1/10 ~ 1/18，极限拉应变仅为 0.0001 ~ 0.00015，即每米只能拉长 0.1 ~ 0.15mm，超过后就会出现裂缝。而钢筋达到屈服强度时的应变却要大得多，约为 0.0005 ~ 0.0015，如 HPB235 级钢筋就达 1×10^{-3}。对使用上不允许开裂的构件，受拉钢筋的应力只能用到 20 ~ 30MPa，不能充分利用其强度；对于允许开裂的构件，当受拉钢筋应力达到 250MPa 时，裂缝宽度已达 0.2 ~ 0.3mm。

为了避免混凝土过早开裂，并有效地利用高强材料，采用预应力混凝土是最有效的方法之一。预应力混凝土结构的基本原理是：在结构承载时将发生拉应力的部位，预先用某种方法对混凝土施加一定的压应力，这样，当结构承载而产生拉应力时，必须先抵消混凝土的预压应力，然后才能随着荷载的增加使混凝土受拉，进而出现裂缝。这就可以改善混凝土的受拉性能，延缓受拉混凝土的开裂或裂缝开展，使结构在使用荷载下不出现裂缝或不产生过大裂缝，原理可参考图 1-3。

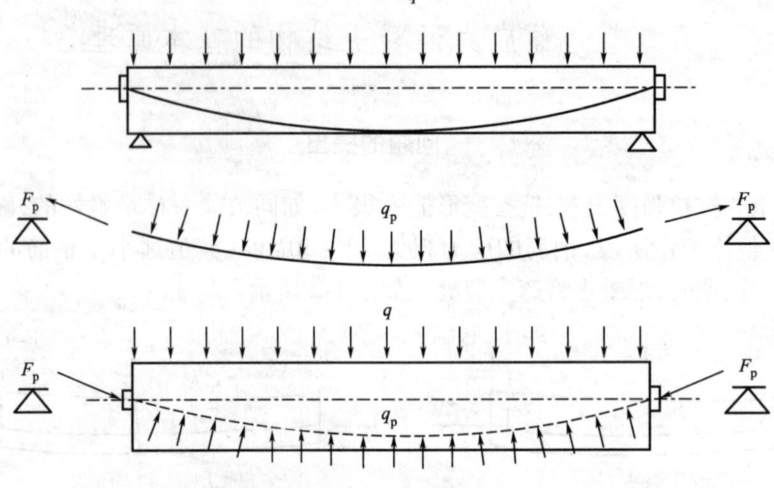

图 1-3　预应力筋对混凝土的作用

二、预应力混凝土原理

预应力原理有三种概念：

第一种概念——预加应力使混凝土可按弹性材料计算。

预应力混凝土基本可看作是把抗拉弱、抗压强的混凝土脆性材料变为一种既能抗拉又能抗压的弹性材料，由此混凝土被看作承受两个力系，即内部预应力和外部荷载。外部荷载引起的拉应力被预应力所产生的预压应力所抵消，在正常使用状态下混凝土没有裂缝出现，甚至没有拉应力出现，这是全预应力混凝土结构的情形。在这两个力系作用下所产生的混凝土的应力、应变及挠度均可按弹性材料的计算公式分开考虑，并在需要时叠加。

第二种概念——预加应力使高强钢材与混凝土发挥潜力并能共同工作。

这种概念是将预应力混凝土看作是高强钢材与混凝土两种材料的一种结合。它也与钢筋混凝土一样，用钢筋承受拉力，混凝土承受压力，以形成一抵抗外力弯矩的力偶。

在预应力混凝土结构中采用的是高强钢筋。如果要使高强钢筋的强度充分被利用，必须使其有很大的伸长变形，但是，如果高强钢筋也像普通钢筋混凝土的钢筋那样简单地浇筑在混凝土体内，那么在工作荷载作用下，高强钢筋周围的混凝土势必严重开裂，构件将出现不能容许的宽裂缝和大挠度。因此，用在预应力混凝土中的高强钢筋必须在与混凝土结合之前预先张拉，从这一观点看，预加应力只是一种充分利用高强钢材的有效手段，所以预应力混凝土又可看成是钢筋混凝土应用的扩展，这一概念清晰地告诉我们：预应力混凝土也不能超越材料本身的强度极限。

第三种概念——预加应力实现荷载平衡。

这种概念把预加应力的作用主要看作是试图平衡构件上的部分或全部的工作荷载，如果外荷载对梁各截面产生的力矩均被预加力所产生的力矩抵消，那么一个受弯的构件就可以转换成一轴心受压的构件。

对于同一个预应力混凝土可以有三个不同的概念，它们之间并没有相互矛盾，仅仅是从不同的角度来解释预应力混凝土的原理。第一种概念是全预应力混凝土的弹性分析的依据；第二种概念则是强度理论，它指出预应力混凝土也不能超越其材料自身强度的界限；第三种概念则为复杂的预应力混凝土的设计与分析提供了简捷的方法。

第三节 预应力混凝土的特点

预应力混凝土与普通混凝土相比，在增强结构构件的抗裂性与耐久性、提高结构构件刚度、改善结构疲劳性能及节约工程材料等方面均有明显的优越性。

预应力混凝土结构，克服了普通钢筋混凝土结构的弱点，因而具有下列主要优点：

(1)提高了构件的抗裂度和刚度，增强了结构抗裂性和抗渗性，改善结构的耐久性，提高了结构与构件的刚度，减小结构变形，提高了结构的抗疲劳承载能力。

对构件施加预应力，大大推迟了裂缝的出现，在使用荷载作用下，构件可不出现裂缝，或推迟裂缝出现，因而也提高了构件的刚度，增加了结构的耐久性。

(2)可以节省材料，减少自重，合理利用高强度材料。预应力混凝土由于必须采用高强度材料，因而可以减少钢筋用量和减少构件截面尺寸，节省钢材和混凝土，降低结构物自重，这对于自重所占比例很大的大跨径公路桥梁和城市桥梁来说，有着显著的优越性。一般大跨度或重荷载结构，采用预应力混凝土结构是比较经济合理的。

(3)可以减小梁的主拉应力和竖向剪力，有效地减轻构件的自重和增加结构的稳定性。预应力混凝土梁的曲线钢筋(束)，可使梁中支座附近的竖向剪力减小，又由于混凝土截面上预压应力的存在，使荷载作用下的主拉应力也相应减小，有利于减薄梁的腹板厚度，这也是预应力混凝土梁可以减轻自重的原因之一。

(4)结构质量安全可靠。施加预应力时，钢筋(束)与混凝土都经受了一次强度检验，如果构件在钢筋张拉时表现质量良好，那么，在使用时也可以认为是安全可靠的。因此有人称预应力混凝土结构是预先检验过的结构。此外，还可以提高结构的耐疲劳性能。因为具有强大预应力的钢筋，在使用阶段因加荷或卸荷所引起的应力相对变化很小，因而引起疲劳破坏的可能性也小，这对于承受动荷载的桥梁结构来说是很有利的。预应力也可以作为预制结构的一种拼装手段和结构加固的手段。

预应力混凝土结构也存在着一些缺点：

(1)工艺较复杂。对质量要求高，因而需要配备一支技术较熟练的专业队伍。

(2)需要有一定的专门设备，如张拉机具、灌浆设备等。先张法需要有张拉台座，后张法还要耗用数量较多并要求有一定加工精度的锚具等。

(3)预应力反拱不易控制。它将随混凝土的徐变增加而加大，可能造成桥面不平顺，使得行车不够顺畅。

(4)预应力混凝土结构的开工费用较大，对于跨径小、构件数量少的工程成本大。

思考题

1. 预应力的基本原理。
2. 预应力结构的特点。

第二章 预应力混凝土结构的材料

学习目标

1. 掌握预应力混凝土结构的主要材料；
2. 熟悉预应力结构所用混凝土的性能要求；
3. 了解影响混凝土徐变、收缩、弹性模量等的因素；
4. 掌握预应力筋的种类、对预应力筋的要求；
5. 熟悉预应力筋常规检测项目；
6. 了解体外预应力体系；
7. 掌握水泥浆的技术要求；
8. 掌握孔道成型材料的种类；
9. 熟悉塑料波纹管的性能；
10. 了解各种预应力结构材料的检测方法。

构成预应力混凝土结构的主要材料有：混凝土、预应力钢筋以及灌注预留孔道用的灌浆材料和制作预留孔道用的孔道成型材料等。

第一节 混 凝 土

一、强 度 要 求

用于预应力结构的混凝土，必须采用高强度等级混凝土，而且应与构件所采用的高强度钢材的等级相配合，钢材强度越高，混凝土强度等级也相应要求提高，只有这样才能充分发挥高强钢材的抗拉性能，有效地减小构件截面尺寸，从而减轻构件自重。高强混凝土具有较高的弹性模量，从而具有更小的弹性变形和与强度有关的塑性变形，可以减少预应力损失。特别是对于先张法构件来说更为重要，因为先张法预应力钢筋，一般是靠黏结力来锚固的，而黏结强度是随混凝土强度等级的增高而增加的。同时采用高强混凝土能提高锚固端的受压承载力。见图2-1。

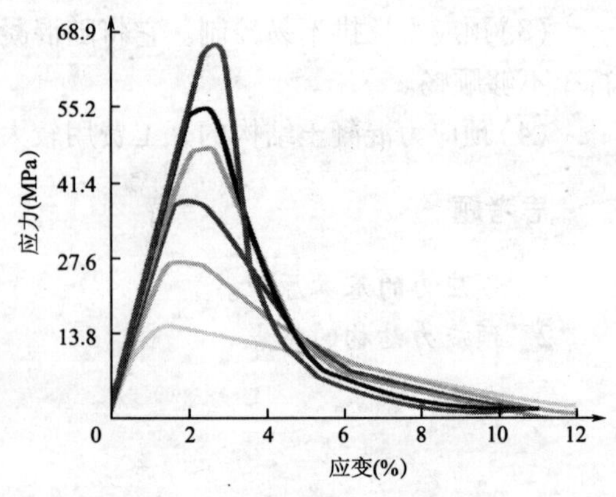

图 2-1 混凝土受压应力-应变曲线

对于预应力混凝土结构中使用的混凝土，还要求能快硬、早强，以便能早早施加预应力，加快施工进度，提高设备和模板等的利用率。

混凝土的强度等级应按立方体抗压强度标准值确定。立方体抗压强度标准值系指按照标准方法制作养护的边长为150mm的立方体试件，在28d龄期用标准试验方法测得的具有95%保证率的抗压强度。

我国《混凝土结构设计规范》（GB 50010—2002）中规定预应力混凝土结构的混凝土强度等级不应低于C30；当采用钢绞线、钢丝、热处理钢筋作预应力筋时，混凝土强度等级不宜低于C40。

二、收缩、徐变、弹性模量的影响

1. 收缩

混凝土的收缩是指混凝土在不受力的情况下，由于所含水分的蒸发及其他物理化学原因引起的体积缩小，主要与混凝土的品质和构件所处的环境等因素有关。

混凝土收缩与许多因素有关。水泥浆越多，收缩越显著；水泥强度等级越高，收缩越大；砂石质量越差，收缩量越大；混凝土振捣密实，收缩量小；养护好，收缩量小；集料的弹性模量愈低收缩愈大。见图2-2。

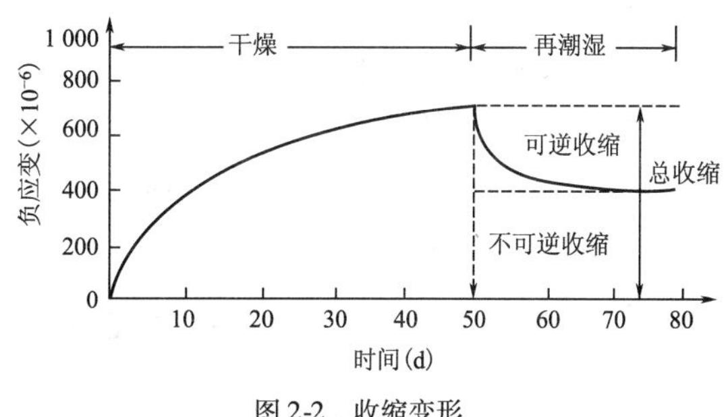

图2-2 收缩变形

对混凝土产生收缩的原因存在不同的解释。一种理论认为混凝土的收缩由混凝土的凝缩和干缩两部分组成。凝缩是指水泥浆胶体在凝固和硬化过程中产生的收缩；干缩是指混凝土硬化后含水量逐步蒸发而产生的收缩。另一种理论认为是由于毛细管的作用，混凝土内部由骨架和小孔隙组成，水分在孔隙中形成凹形液面而产生表面张力，对孔壁产生垂直压力而引起水泥浆胶体的压缩。这两种理论并不是互相对立的，实际上这两个因素的影响同时存在。

2. 徐变

预应力混凝土构件，除了混凝土在硬结过程中会产生收缩变形外，由于混凝土长期承受着预压应力，因此还将产生徐变变形。混凝土的徐变是指在一持续应力作用下，应变随时间不断增长的现象，是一种依赖于应力状态和时间的非弹性变形。

混凝土中徐变的原因比较复杂，通常认为，当水化水泥浆体受到持续应力作用时，根据施加应力的大小及持续时间，水化硅酸钙将失去大量物理吸附水，浆体将出现徐变应变。除水分移动外还有其他因素对徐变现象起作用。混凝土中应力—应变关系的非线性，特别当应力大于最大荷载的30%～40%时，可清楚地看出过渡区微裂缝对徐变的作用。当混凝土徐变并露置于干燥条件下时，由于干燥收缩引起过渡区附加的微裂缝开裂而引起徐变应变的增加。集料发生延迟的弹性变形也是混凝土徐变的另一原因。因为水泥浆体和集料黏合在一起，当荷载转移至集料时，作用于水泥浆体上的应力逐渐减小，而随着集料上荷载的增加，荷载逐渐转变成弹性变形。因此，集料的延缓弹性变形对总徐变起着作用。

影响混凝土徐变的主要因素有荷载集度、持荷时间、混凝土的品质、加载龄期及构件的工作环境等。加载应力越大，徐变量越大；加载时混凝土的龄期越短，混凝土的徐变越大；水灰比大，徐变量大；集料的弹性模量高，混凝土的徐变大；振捣密实、养护好的混凝土徐变量小。混凝土的徐变在加载初期发展特别快,而后逐渐减慢。见图 2-3。

混凝土的收缩和徐变,使预应力混凝土构件缩短,因而将引起预应力钢筋中的预应力下降,通常称此为预应力损失。显然,混凝土中的预压应力也将因此而减小。混凝土的收缩、徐变值越大这种预应力损失也就越大,这对预应力混凝土结构是很不利的。因此,在预应力混凝土构件的设计、施工中,应尽量设法减少混凝土的收缩和徐变,并应尽量准确地确定混凝土的收缩变形和徐变变形值。

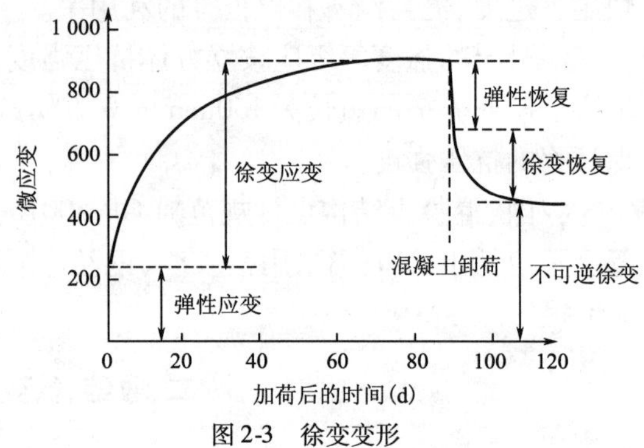

图 2-3　徐变变形

3. 弹性模量

我国《混凝土结构设计规范》(GB 50010—2002)中弹性模量的计算公式为:

$$E_c = \frac{10^5}{2.2 + \frac{34.7}{f_{CU,K}}} (\mathrm{MPa})$$

可以看出,混凝土的弹性模量随混凝土强度等级的提高而提高。因为高强度混凝土的密实性好,集料质量高,混凝土在重复荷载作用下的疲劳弹性模量 E_c^f 仅为其在一般荷载作用下的弹性模量 E_c 的 40% ~50% 。

三、混凝土的配制要求与措施

为了获得强度高和收缩、徐变小的混凝土,应尽可能地采用高强度等级水泥,减少水泥用量,降低水灰比,选用优质坚硬的集料。一般可以采用如下措施:

(1)使用干硬性混凝土,水灰比控制在 0.5 以下,用水量不高于 1.5kg/m^3,但可掺加减水剂。

(2)注意选用水泥的强度等级和品种。一般宜采用高强度等级水泥,最好不低于混凝土设计强度等级的 1.2 倍,水泥品种,以硅酸盐水泥为宜,不得已需要采用矿渣水泥时,则应适当掺加早强剂,以改善其早期强度较低的缺点。火山灰水泥不适于拌制预应力构件的混凝土。因其早期强度过低,收缩率又大。

(3)注意选用合适的外加剂。一般不允许随意掺加氯盐,因为它不仅使混凝土的收缩率增大,而且已证实它会引起钢筋锈蚀,这对预应力钢筋来说,将造成严重的钢筋腐蚀问题。三乙醇胺(或混合液)有一定的防锈能力,在气温较低时,可使用其复合剂(即由占水泥用量 0.05% 的三乙醇胺、0.5% 的次氯酸钠和 1% 的亚硝酸钠组成)。

(4)加强振捣与养护。

第二节　预 应 力 筋

一、对预应力筋的要求

由于预应力混凝土自身的要求,预应力钢材需满足下列要求:

(1)强度高。预应力钢筋必须采用高强度钢材,这已从预应力混凝土结构本身的发展历史作了极好的说明。早在一百多年前,就有人提出要在钢筋混凝土梁中建立预应力的想法并进行了试验,但当时采用的是抗拉强度不高的普通钢筋,由于混凝土的收缩、徐变等原因,使施加的预应力随着时间的延长而丧失殆尽,使这种努力一度遭到失败。1928 年,法国工程师弗莱西奈采用了高强钢丝进行试验并获得成功,使预应力混凝土结构有了实用功能。

结构构件中混凝土预压应力的大小,取决于预应力筋张拉力的大小。考虑到构件在制作和使用过程中,由于混凝土的收缩、徐变、钢筋的松弛、锚具的变形等引起预应力的损失,因此只有采用高强钢材,才能建立较高的有效预应力值。

(2)具有一定的塑性。施工过程中,预应力筋常需弯折且锚固段预应力筋要承受较大应力,因此,预应力筋要满足一定的抗弯折能力。高强度钢材的塑性性能一般较低,为保证钢筋破坏前的较大变形,预应力筋也应具有足够的塑性性能。

(3)良好的加工性能。预应力筋在加工后其力学性能应不受到影响,良好的加工性能也是保证加工质量的重要条件。

(4)良好的黏结力。先张法构件的预应力主要靠预应力筋和混凝土之间的黏结力来实现,而后张法构件也要求预应力筋与灌浆料之间有良好的黏结力以保证协同工作。

(5)低松弛。松弛是指在长度固定条件下和温度保持 20℃时,应力随时间而发生的损失。在预应力结构中,由于收缩、徐变等原因而使构件长度随时间的增长而缩短,因此预应力筋长度并不是固定不变,而是随时间的增长而缩短的。

高强钢筋在持续的高应力状态下会发生较大的松弛,这将大大减少预压应力值,所以采用低松弛的钢材以减少由此引起的松弛损失。

(6)耐腐蚀。钢材暴露在大气或在腐蚀性介质中会发生锈蚀现象,如图 2-4。以前人们普遍认为钢材只有暴露在大气之中,或在腐蚀介质之中才会发生锈蚀现象,在钢筋混凝土中的钢筋是不会锈蚀的。其实不尽然,钢筋混凝土中的混凝土总有一些缝(孔)隙可以让水或其他腐蚀介质进入,引起混凝土中的钢筋锈蚀。由于锈蚀产生的氧化铁皮体积要膨胀几十倍,导致混凝土开裂,保护层剥落,使钢筋直接暴露在大气、水及其他腐蚀介质中,腐蚀速度加快。

图 2-4　预应力筋腐蚀

钢材的冶金成分和结构是直接影响其抗腐蚀性能的因素。混凝土结构中的钢筋由于水或腐蚀介质侵入孔隙,也会发生锈蚀。在施工过程中如果电流通过筋束或间接地通过筋束也会引起腐蚀。在腐蚀出现时,应力大的预应力筋中会发生应力腐蚀。预应力筋的直径相对较小,强度较高,对腐蚀更敏感,尤其是应力腐蚀以至未到设计使用年限,结构物就会提前破坏,见图 2-5。

这种现象在沿海地区和化工企业中较为普遍。我国北方地区,冬季下雪后,道路桥梁上方喷洒盐水化雪,盐水的腐蚀作用很强,因而道桥破坏就较严重。为保证结构的安全性,预应力筋应具有良好的耐腐蚀性。

螺纹钢筋及预应力钢绞线的防腐技术有许多种类，如镀锌、涂塑、涂尼龙、阴极保护、涂环氧有机涂层等。相比之下，环氧有机涂层防腐性能好、工艺简单，对环境不污染，这种钢筋是用环氧树脂粉末均匀涂到钢筋、钢绞线的表面上，环氧树脂粉末应具有一定的强度和韧性，涂后的钢筋、钢绞线应有牢固的涂层，有较强的耐蚀性，见图2-6。

图2-5 预应力筋断裂

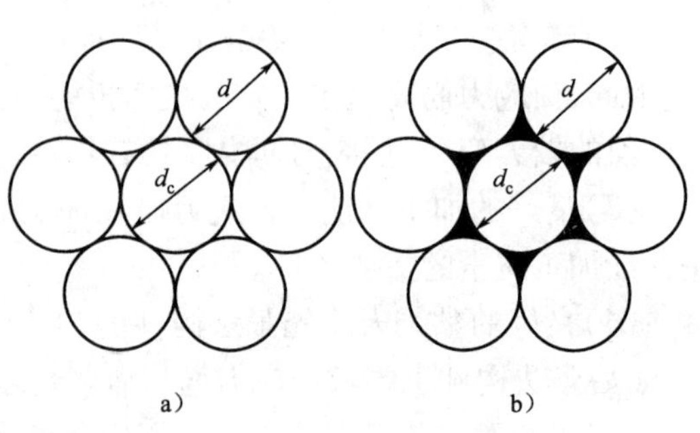

图2-6 环氧涂层预应力钢绞线的种类
a)外包式；b)填充式

(7)稳定性好。经过二次加工的钢筋力学性能离散程度大，质量不稳定，如用于工程往往造成隐患，影响结构的安全性。因此，我国《混凝土结构设计规范》(GB 50010—2002)中规定，预应力钢筋宜采用预应力钢绞线、钢丝，也可采用热处理钢筋。

二、预应力筋的种类

1. 预应力钢筋

预应力钢筋可分为钢筋(如图2-7，一般指直径 $d\geqslant 6$mm)，钢丝(一般指直径 $d\leqslant 6$mm)和钢绞线三类。近年来，国外为适应大吨位预拉力要求，钢丝直径有增大的倾向。如日本以 ϕ7mm 为主，最大为 ϕ9mm；俄罗斯钢绞线用钢丝达到 ϕ10mm；德国达到 ϕ12.2mm；法国最大到 ϕ13.2mm。国内常用的几种预应力钢筋简述如下。

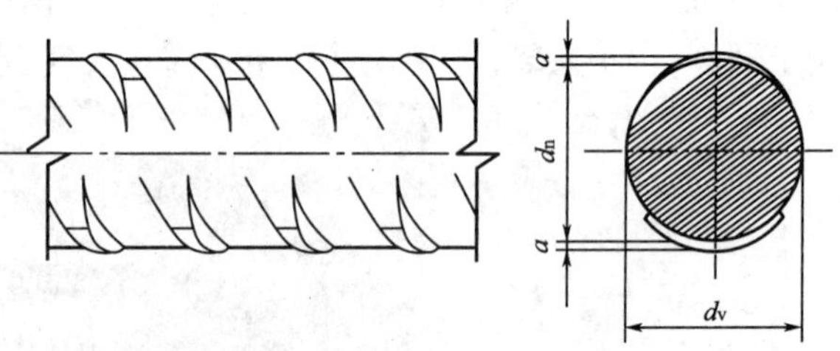

图2-7 精轧螺纹钢筋外形

(1)冷拉热轧钢筋。预应力混凝土结构中采用的钢筋，一般是指经过冷拉后提高抗拉强度的热轧低合金钢筋。目前国产可供选用的冷拉钢筋有：冷拉Ⅱ级(20锰钢)、冷拉Ⅲ级(25锰钢)、冷拉Ⅳ级(45锰硅钒等)钢筋和冷拉5号钢钢筋，它们的抗拉设计强度在400~750MPa之间。

应当指出的是，含碳量和加合金元素对低合金钢的焊接性能有一定的影响。由于冷拉Ⅳ级钢的碳、硅含量较高，使其可焊性能差，容易在焊接热影响区产生断筋现象，因此必须在施工上注意选用合适的焊接工艺。

近年来，为了解决这一矛盾，由钢厂用热轧的方法直接生产无纵肋的螺纹钢筋。它无论在什么部位接头，都可以不焊接，而采用螺旋套筒进行连接接长，这对施工是十分方便的，但需多用一些钢材，使用时要进行经济比较。

（2）热处理钢筋。热处理钢筋，是由Ⅳ级低合金钢经过调质热处理而成的。先经加热至900℃左右，并保持恒温，然后淬火，以提高钢筋的抗拉强度。后经450℃左右的中温或低温回火处理，以改善其塑性性能。

热处理钢筋具有强度高、弹性模量高、线形长、松弛小的特点。其直径为6～10mm，强度在1 400MPa左右，以盘圆供应，它可以直接应用于预应力混凝土结构中，因而在施工中可免去冷拉，对头焊接等工作，有利于施工。

（3）高强钢丝。预应力混凝土结构常用的高强钢丝，是由高碳镇静钢（含碳量为0.7%～1.4%）轧制成盘圆后冷拔而成的碳素钢丝。我国生产的高强钢丝直径为2.5～5.0mm，直径愈细，强度愈高，其抗拉设计强度可达1 520MPa，应用广泛。如需增加黏结力，可采用刻痕钢丝。但刻痕钢丝从抗拉受力性能来看，将会受到一定的影响。

（4）钢绞线。钢绞线是由多根平行的高强钢丝（直径2.5～5.0mm），以另一根直径稍粗的直钢丝为轴心，沿同一方向扭绕制作，并经低温回火处理而成。见图2-8、图2-9。其规格有2股、3股、7股、19股等，但常用的是7股钢绞线。如$\phi^{j}15.0(7\phi^{s}5.0)$钢绞线，是由6根直径为5mm的高强钢丝，围绕一根直径为5.15～5.20mm的钢丝扭结而成。钢丝的捻距在12～16倍的钢绞线公称直径之间，捻向一般为左捻。

图2-8　钢绞线实物

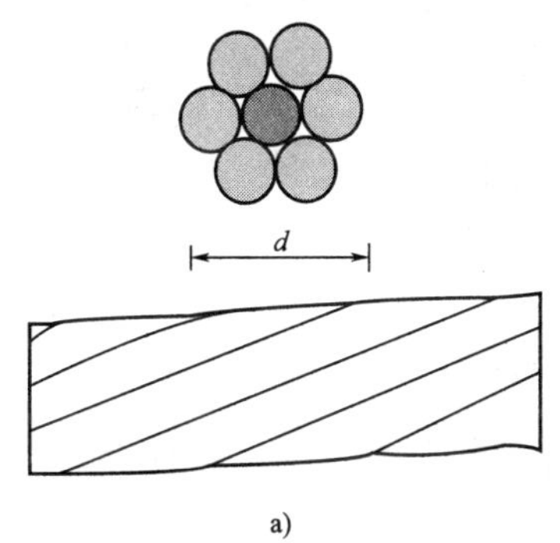

a)

b)

图2-9　钢绞线截面图

a）普通钢绞线；b）模拔钢绞线

模拔钢绞线是在普通钢绞线绞制成型时通过一个模子拔制，并对其进行低温回火处理而成的。由于每根钢丝在积压接触时被压扁，使钢绞线的内部间隙和外径都大大减少，提高了钢绞线的密度，因此在同样直径的后张预应力管道中，预应力筋的吨位可增加20%。而且由于周边面积增大，更易于锚固。

钢绞线的优点是截面集中，直径较大，比较柔软，运输和施工方便，便于操作，与混凝土或灌浆材料咬合均匀而充分，具有良好的锚固延性，因而被越来越广泛的应用。

（5）无黏结预应力筋

用于制作无黏结筋的钢材为由7根5mm或4mm的钢丝绞合而成的钢绞线或7根直径5mm的碳素束，其质量符合现行国家标准。见图2-10。无黏结预应力筋的制作采用挤压涂塑工艺，外包聚乙烯或聚丙烯套管，内涂防腐建筑油脂，经过挤出成型机后，塑料包裹层一次成型在钢绞线或钢丝束上，无黏结预应力筋的涂料层应具有良好的化学稳定性，对周围材料无侵蚀作用，不透水、不吸湿、抗腐蚀性能强；润滑性能好，摩擦阻力小。在规定温度范围内高温不流淌低温不变脆，并有一定韧性。无黏结预应力筋的护套材料，宜采用高密度聚乙烯，也可采用聚丙烯，不得采用聚氯乙烯。护套材料应具有足够的韧性、抗磨及抗冲击性。在 -20℃ ~70℃范围内，低温不脆化，高温化学稳定性好。这种预应力筋因管道直径小，适用于尺寸较小的预应力筋分布的构件；同时，也因为这种预应力筋具有良好的自防腐性能，常被用作体外预应力筋。此外，无黏结筋用钢绞线，钢丝批生产成本较低，因此得到迅速发展。

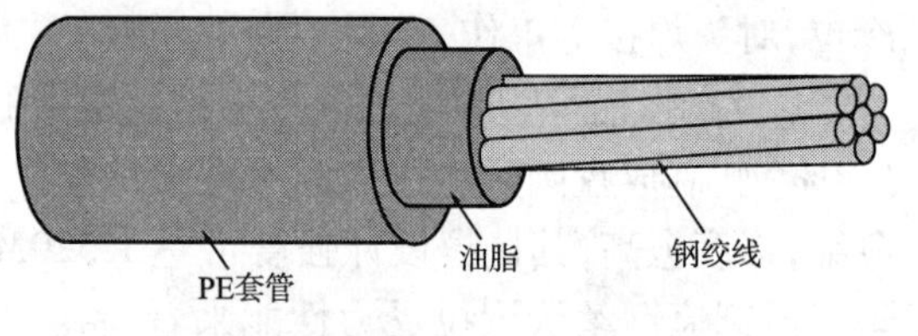

图 2-10　无黏结预应力截面图

(6)体外预应力筋

体外预应力技术是指将预应力筋布置在构件截面之外，从而钢筋可以再次张拉以补偿混凝土的徐变、收缩导致的预应力损失的一种预应力技术。

体外预应力索一般由钢绞线束和外护套组成，其中钢绞线可以采用普通钢绞线、镀锌钢绞线、环氧涂层钢绞线和外包 PE 的单根无黏结钢绞线；外护套主要起防腐作用，通常采用两种材料，即高密度聚乙烯(简称 HDPE)管或钢管。见图 2-11、图 2-12。

图 2-11　体外预应力

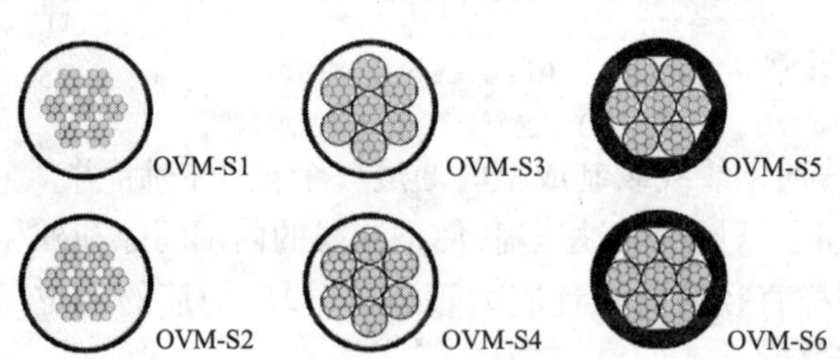

图 2-12　体外预应力筋的六种基本类型

OVM 体外预应力索体分为 OVM-S1、OVM-S2、OVM-S3、OVM-S4、OVM-S5 及 OVM-S6 等六种基本类型。

2. 非钢材预应力筋

非钢材预应力筋主要指连续纤维增强塑料(Continuous Fiber Reinforced Plastics，称简

FRP)。主要有以下几种：

碳纤维加劲塑料(CFRP)：由碳纤维与环氧树脂复合而成。

玻璃纤维加劲塑料(GFRP)：由玻璃纤维与环氧树脂或聚酯树脂复合而成。

芳纶纤维加劲塑料(AFRP)：由芳纶纤维与环氧树脂或乙烯树脂复合而成。

FRP 材料的表面形态有光滑的、螺旋纹的、网状的等；截面形状有棒形、绞线形及编织物形等。FRP 预应力筋与高强预应力钢材相比，具有表观密度小，抗拉强度高，耐腐蚀性能好，温度影响小，耐疲劳和非磁性的优点。且其应力—应变关系直至材料断裂仍几乎是线性，弹性模量约为钢筋的一半，这将减少由于混凝土收缩、徐变引起的预应力损失。但 FRP 预应力筋也有受力不均匀、极限延伸率差、抗剪强度低、耐火性能差、成本高和难以用常用的锚具锚固等不足之处。

三、预应力筋的外观质量及力学性能

预应力筋进场时应分批验收；验收时，除应对其质量证明书、包装、标志和规格等进行检查外，尚须按下列规定进行检验。

(一)预应力钢丝

钢丝应分批检验，每批重量不大于 60t。先从每批钢丝中抽查 5%，但不少于 5 盘，进行形状、尺寸和表面检查。当抽查不合格，则应将该批钢丝逐盘检查。在上述检查合格的钢丝中抽取 5%，但不少于 3 盘，在每盘钢丝的两端取样进行抗拉强度、弯曲和伸长率的试验，试验结果如有一项不合格时，则不合格盘报废，并从同批未试验过的钢丝盘中抽取双倍数量的试样进行该不合格项的复验，如仍有一项不合格，则该批钢丝为不合格。

外观质量：要求钢丝表面不得有裂纹、小刺、机械损伤、氧化铁皮及油污；回火成品表面允许有回火颜色。除非另有协议，表面允许有浮锈，但不得锈蚀成肉眼可见的麻坑。

力学性能，见表 2-1 和表 2-2。

消除应力的刻痕钢丝的力学性能(GB/T 5223—2002) 表 2-1

<table>
<tr><th rowspan="3">公称直径 d_n(mm)</th><th rowspan="3">抗拉强度 σ_b(MPa)不小于</th><th colspan="2" rowspan="2">规定非比例伸长应力 $\sigma_{p0.2}$ 不小于(MPa)</th><th rowspan="3">最大力下总伸长率(L_0 = 200mm) δ_{gt}(%)不小于</th><th rowspan="3">弯曲次数不小于(次/180°)</th><th rowspan="3">弯曲半径 R(mm)</th><th colspan="3">应力松弛性能</th></tr>
<tr><th rowspan="2">初始应力相当于公称抗拉强度的百分数(%)</th><th colspan="2">1 000h 应力松弛率 r(%)不大于</th></tr>
<tr><th>WLR</th><th>WNR</th><th>WLR</th><th>WNR</th></tr>
<tr><th colspan="7"></th><th colspan="3">对所有规格</th></tr>
<tr><td rowspan="5">≤5.0</td><td>1 470</td><td>1 290</td><td>1 250</td><td rowspan="9">3.5</td><td rowspan="9">3</td><td rowspan="5">15</td><td rowspan="9">60
70
80</td><td rowspan="9">1.5
2.5
4.5</td><td rowspan="9">4.5
8
12</td></tr>
<tr><td>1 570</td><td>1 380</td><td>1 330</td></tr>
<tr><td>1 670</td><td>1 470</td><td>1 410</td></tr>
<tr><td>1 770</td><td>1 560</td><td>1 500</td></tr>
<tr><td>1 860</td><td>1 640</td><td>1 580</td></tr>
<tr><td rowspan="4">>5.0</td><td>1 470</td><td>1 290</td><td>1 250</td><td rowspan="4">20</td></tr>
<tr><td>1 570</td><td>1 380</td><td>1 330</td></tr>
<tr><td>1 670</td><td>1 470</td><td>1 410</td></tr>
<tr><td>1 770</td><td>1 560</td><td>1 500</td></tr>
</table>

注：规定非比例伸长应力值不小于公称抗拉强度的 85%。

消除应力光圆及螺旋肋钢丝力学性能(GB/T 5223—2002)　　表 2-2

公称直径 d_n(mm)	抗拉强度 σ_b(MPa)不小于	规定非比例伸长应力 $\sigma_{p0.2}$ 不小于(MPa)		伸长率(L_0 = 200mm)δ_{gt}(%)不小于	弯曲次数不小于(次/180°)	弯曲半径 R(mm)	应力松弛性能		
							初始应力相当于公称抗拉强度的百分数(%)	1 000h 应力松弛率 r(%)不大于	
		WLR	WNR					WLR	WNR
							对所有规格		
4.00	1 470	1 290	1 250	3.5	3	10	60	1.5	4.5
	1 570	1 380	1 330						
4.80	1 670	1 470	1 410		4	15			
	1 770	1 560	1 500						
5.00	1 860	1 640	1 580						
6.00	1 470	1 290	1 250		4	15	70	2.0	8
	1 570	1 380	1 330						
6.25	1 670	1 470	1 410		4	20			
7.00	1 770	1 560	1 500		4	20			
8.00	1 470	1 290	1 250		4	20	80	4.5	12
9.00	1 570	1 380	1 330		4	25			
10.00	1 470	1 290	1 250		4	25			
12.00					4	30			

(二)钢绞线

1. 一般规定

钢绞线的捻距为钢绞线公称直径的 12～16 倍。模拔钢绞线其捻距应为钢绞线公称直径的 14～18 倍。钢绞线内不应有折断、横裂和相互交叉的钢丝。

钢绞线的捻向一般为左(S)捻,右(Z)捻需在合同中注明。

捻制后,钢绞线应进行连续的稳定化处理。

成品钢绞线应用砂轮锯切割,切断后应不松散,如离开原来位置,可以用手复原到原位。

成品钢绞线只允许保留拉拔前的焊接点每盘卷钢绞线质量不小于是 1 000kg,允许有 10% 的盘卷质量小于 1 000kg,但不能小于 300kg。从每批钢绞线中任取 3 盘,并从每盘所选的钢绞线端部正常部位截取一根试样进行表面质量、直径偏差和力学性能试验。如每批少于 3 盘,则应逐盘取样进行上述试验。试验结果如有一项不合格时,则不合格盘报废,并再从该批未试验过的钢绞线中取双倍数量的试样进行该不合格项的复验,如仍有一项不合格,则该批钢绞线为不合格。每批钢绞线的重量应不大于 60t。

2. 表面质量

除非需方有特殊要求,钢绞线表面不得有油、润滑脂等物质。钢绞线允许有轻微的浮锈,但不得有目视可见的锈蚀麻坑。钢绞线表面允许存在回火颜色。

3. 尺寸检验

(1)钢绞线的直径量测

钢绞线的直径应用分度值为 0.02mm 的量具测量。1×2 结构钢绞线的直径测量应测量图 2-13 所示的 D_n 值;1×3 结构的钢绞线应测量图 2-14 所示的 A 值,测量 1×7 结构钢绞线直径应以横穿直径方向的相对两根外层钢丝为准,如图 2-15 所示 D_n 在同一截面不同方向上测量两次取平均值。

图 2-13　1×2 结构钢绞线外形示意图

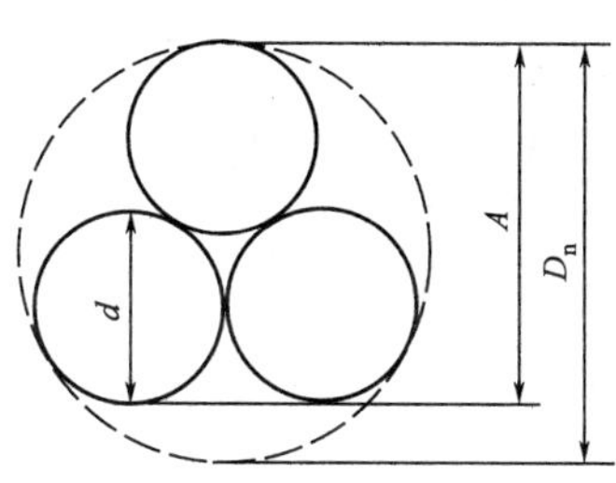

图 2-14　1×3 结构钢绞线外形示意图

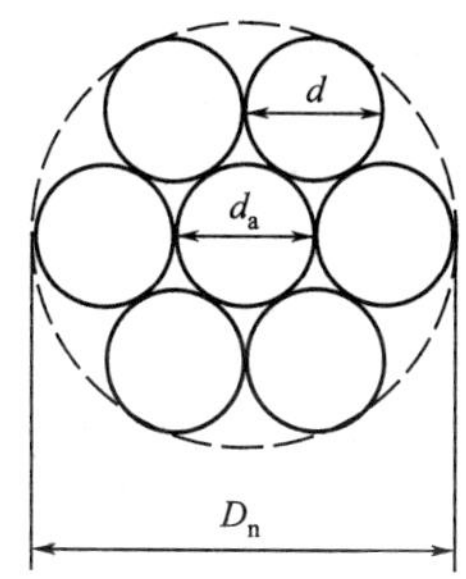

图 2-15　1×7 结构钢绞线外示意图

(2)每米质量测量

钢绞线每米质量测量应采用如下方法:取 3 根长度不小于 1m 的钢绞线,每根钢绞线长度测量精确到 1mm。称量每根钢绞线的质量,精确到 1g,然后按下式计算钢绞线的每米质量。实测单重取 3 个计算值的平均值。见表 2-3、表 2-4 和表 2-5。

$$M=\frac{m}{L}$$

式中:M——钢绞线每米质量(g/m);

m——钢绞线质量(g);

L——钢绞线长度(m)。

1×2 结构钢绞线尺寸与允许偏差、每米参考质量　　表 2-3

钢绞线结构	公称直径		钢绞线直径允许偏差(mm)	钢绞线参考截面积 S_n(mm^2)	每米钢绞线参考质量(g/m)
	钢绞线直径 D_n(mm)	钢丝直径 d(mm)			
1×2	5.00	2.50	+0.15 -0.05	9.82	77.1
	5.80	2.90		13.2	104
	8.00	4.00	+0.20 -0.10	25.1	197
	10.00	5.00		39.3	309
	12.00	6.00		56.5	444

1×3 结构钢绞线尺寸与允许偏差、每米参考质量　　表 2-4

钢绞线结构	公称直径		钢绞线测量尺寸 A(mm)	测量尺寸 A 允许偏差(mm)	钢绞线参考截面积 S_n(mm^2)	每米钢绞线参考质量(g/m)
	公称直径 D_n(mm)	钢丝直径 d(mm)				
1×3	6.20	2.90	5.41	+0.15 -0.05	19.8	155
	6.50	3.00	5.60		21.2	166
	8.60	4.00	7.46	+0.20 -0.10	37.7	296
	8.74	4.05	7.56		38.6	303
	10.80	5.00	9.33		58.9	462
	12.90	6.00	11.2		84.8	666
1×3I	8.74	4.05	7.56		38.6	303

1×7 结构钢绞线尺寸与允许偏差、每米参考质量 表 2-5

钢绞线结构	公称直径 公称直径 D_n(mm)	公称直径 直径允许偏差(mm)	钢绞线参考截面积 S_n(mm^2)	每米钢绞线参考质量(g/m)	中心钢丝直径 d_0 加大范围(%)不小于
1×7	9.50	+0.30 -0.15	54.8	430	2.5
	11.10		74.2	582	
	12.70	+0.40 -0.20	98.7	775	
	15.20		140	1 101	
	15.70		150	1 178	
	17.80		191	1 500	
(1×7)C	12.70	+0.40 -0.20	112	890	
	15.20		165	1 295	
	18.00		223	1 750	

4. 钢绞线的伸直性：取弦长为1m 的钢绞线，放在一平面上，其弦与弧内侧最大自然矢高不大于25mm。

5. 力学性能(见表2-6～表2-8)

1×2 结构钢绞线力学性能 表 2-6

钢绞线结构	钢绞线公称直径 D_n(mm)	抗拉强度不小于 R_m(MPa)	整根钢绞线的最大力不小于 F_m(kN)	规定非比例延伸力不小于 $F_{p0.2}$(kN)	最大力总伸长率 $L_0 \geq 400mm$ 不小于 A_{gt}(%)	应力松弛性能 初始负荷相当于公称最大力的百分数(%)	应力松弛性能 1 000h 后应力松弛率 r(%)不大于
1×2	5.00	1 570	15.4	13.9	对所有规格	对所有规格	对所有规格
		1 720	16.9	15.2			
		1 860	18.3	16.5			
		1 960	19.2	17.3			
	5.80	1 570	20.7	18.6			
		1 720	22.7	20.4			
		1 860	24.6	22.1			
		1 960	25.9	23.3			
	8.00	1 470	36.9	33.2			
		1 570	39.4	35.5		60	1.0
		1 720	43.2	38.9			
		1 860	46.7	42.0	3.5	70	2.5
		1 960	49.2	44.3			
	10.00	1 470	57.8	52.0			
		1 570	61.7	55.5		80	4.5
		1 720	67.6	60.8			
		1 860	73.1	65.8			
		1 960	77.0	69.3			

续上表

钢绞线结构	钢绞线公称直径 D_n(mm)	抗拉强度不小于 R_m(MPa)	整根钢绞线的最大力不小于 F_m(kN)	规定非比例延伸力不小于 $F_{p0.2}$(kN)	最大力总伸长率 L_0≥400mm 不小于 A_{gt}(%)	应力松弛性能	
						初始负荷相当于公称最大力的百分数(%)	1 000h 后应力松弛率 r(%)不大于
(1×7)C	12.00	1 470	83.1	74.8			
		1 570	88.7	79.8			
		1 720	97.2	87.5			
		1 860	105	94.5			

注:规定非比例延伸力 $F_{p0.2}$ 值不小于整根钢绞线公称最大力 F_m 的 90%。

1×3 结构钢绞线力学性能 表 2-7

钢绞线结构	钢绞线公称直径 D_n(mm)	抗拉强度不小于 R_m(MPa)	整根钢绞线的最大力不小于 F_m(kN)	规定非比例延伸力不小于 $F_{p0.2}$(kN)	最大力总伸长率 L_0≥400mm 不小于 A_{gt}(%)	应力松弛性能	
						初始负荷相当于公称最大力的百分数(%)	1 000h 后应力松弛率不大于 r(%)
1×3	6.20	1 570	31.1	28.0	对所有规格	对所有规格	对所有规格
		1 720	34.1	30.7			
		1 860	36.8	33.1			
		1 960	38.8	34.9			
	6.50	1 570	33.3	30.0		60	
		1 720	36.5	32.9			1.0
		1 860	39.4	35.5			
		1 960	41.6	37.4			
	8.60	1 470	55.4	49.9			
		1 570	59.2	53.3		70	
		1 720	64.8	58.3	3.5		2.5
		1 860	70.1	63.1			
		1 960	73.9	66.5			
	8.74	1 570	60.6	54.5			
		1 670	64.5	58.1			
		1 860	71.8	64.6			
	10.80	1 470	86.6	77.9		80	
		1 570	92.5	83.3			4.5
		1 720	101	90.9			
		1 860	110	99.0			
		1 960	115	104			
	12.90	1 470	125	113			
		1 570	133	120			
		1 720	146	131			
		1 860	158	142			
		1 960	166	149			
1×3I	8.74	1 570	60.6	54.5			
		1 670	64.5	58.1			
		1 860	71.8	64.6			

注:规定非比例延伸力 $F_{p0.2}$ 值不小于整根钢绞线公称最大力 F_m 的 90%。

1×7 结构钢绞线力学性能 表 2-8

钢绞线结构	钢绞线公称直径 D_n(mm)	抗拉强度不小于 R_m(MPa)	整根钢绞线的最大力不小于 F_m(kN)	规定非比例延伸力不小于 $F_{p0.2}$(kN)	最大力总伸长率 $L_0 \geqslant 500$mm 不小于 A_{gt}(%)	应力松弛性能	
						初始负荷相当于公称最大力的百分数(%)	1 000h 后应力松弛率不大于 r(%)
1×7	9.5	1 720	94.3	84.9	对所有规格	对所有规格	对所有规格
		1 860	102	91.8			
		1 960	107	96.3			
	11.10	1 720	128	115		60	1.0
		1 860	138	124			
		1 960	145	131			
	12.70	1 720	170	153			
		1 860	184	166	3.5	70	2.5
		1 960	193	174			
	15.20	1 470	206	185			
		1 570	220	198			
		1 670	234	211		80	4.5
		1 720	241	217			
		1 860	260	234			
		1 960	274	247			
	15.70	1 770	266	239			
		1 860	279	251			
	17.80	1 720	327	294			
		1 860	353	318			
(1×7)C	12.70	1 860	208	187			
	15.20	1 820	300	270			
	18.00	1 720	384	346			

注:规定非比例延伸力 $F_{p0.2}$ 值不小于整根钢绞线公称最大力 F_m 的 90%。

(1)最大力

整根钢绞线的最大力试验按 GB/T 288 的规定进行。如试样在夹头内和距钳口 2 倍钢绞线公称直径内,断裂达不到本标准性能要求时,试验无效。计算抗拉强度时取钢绞线的参考截面积值。

(2)规定非比例延伸力

钢绞线规定非比例延伸力采用的是引伸计标距的非比例延伸达到原始标距 0.2% 时所受的力($F_{p0.2}$)。为便于供方日常检验,也可以测定规定总延伸达到原始标距 1% 的力(F_{t1}),其值符合本标准规定的 $F_{p0.2}$ 值时可以交货,但仲裁试验时测定 $F_{p0.2}$。测定 $F_{p0.2}$ 和 F_{t1} 时,预加负荷为规定非比例延伸力的 10%。

(3)最大力总伸长率

最大力总伸长率 A_{gt} 的测定按 GB/T 228 规定进行。使用计算机采集数据或使用电子拉伸设备测量伸长率时,预加负荷对试样所产生的伸长率应加在总伸长内。

(4)应力松弛性能

应力松弛是指钢材受到一定的张拉力之后,在长度保持不变的条件下,钢材的应力随时间的增长而降低的现象,其降低值称为应力松弛损失。产生应力松弛的原因主要是由于金属内部位错运动使一部分弹性变形转化为塑性变形引起的。

(5)疲劳性能和偏斜拉伸性能

经供需双方协商,并在合同中注明,可对产品进行疲劳性能试验和偏斜拉伸试验。

(三)预应力混凝土用热处理钢筋

从每批钢筋中抽取10%的盘数(不小于25盘)进行表面质量和尺寸偏差的检查。如检查不合格,则应对该批钢筋进行逐盘检查。

从每批钢筋中抽取10%的盘数(不小于25盘)进行力学性能试验。试验结果如有一项不合格时,该不合格盘应报废,并再从未试验过的钢筋中取双倍数量的试样进行复验,如仍有一项不合格,则该批钢筋为不合格。

每批钢筋的重量应不大于60t。

1. 表面质量

钢筋表面不得有肉眼可见的裂纹、结疤、折叠;允许有凸块,但不得有超过横肋高度的凸块;表面允许有不影响使用的缺陷,但不得沾有油污。

2. 力学性能(见表2-9)

热处理钢筋的力学性能(GB 4463—84)　表2-9

公称直径(mm)	牌　号	屈服强度 $\sigma_{0.2}$(MPa)	抗拉强度 σ_b(MPa)	伸长率 δ_{10}(%)
		不小于		
6	40Si2Mn	1 325	1 470	6
8.2	48Si2Mn			
10	45Si2Cr			

(四)预应力混凝土用冷拉钢筋

1. 应分批进行检验,每批重量不得大于20t。每批钢筋的级别和直径均应相同。每批钢筋外观经逐根检查合格后,再从任选的两根钢筋上各取一套试件,按照现行国家标准的规定进行拉力试验(屈服强度、抗拉强度、伸长率)和冷弯试验。如有一项试验结果不符合规定的要求时,则另取双倍数量的试件重做全部各项试验,如仍有一根试件不合格,则该批钢筋为不合格。

计算冷拉钢筋的屈服强度和抗拉强度时,采用冷拉前的公称截面面积。

钢筋冷拉后,其表面不得有裂纹和局部缩颈。冷弯试验后,冷拉钢筋的外观不得有裂纹、鳞落或断裂现象。

2. 力学性能(见表2-10)

冷拉钢筋力学性能　表2-10

钢筋级别	直径(mm)	屈服强度(MPa)	抗拉强度(MPa)	伸长率 δ_{10}(%)	冷　弯	
		不　小　于			弯曲直径	弯曲角度
冷拉Ⅳ级钢筋	10～28	700	835	6	5d	90°

注:表中 d 为钢筋直径(mm),直径大于25mm的钢筋,冷弯弯曲直径应增加一个 d。

(五)预应力混凝土用冷拔低碳钢丝

应逐盘进行抗拉强度、伸长率和弯曲试验。从每盘钢丝上任一端截去不少于500mm后再取两个试样,分别做拉力和180°反复弯曲试验,试验结果应符合附录G-5的要求。弯曲试验后,不得有裂纹、鳞落或断裂现象。

1. 表面质量

钢丝表面不得有裂纹和机械损伤。

2. 力学性能(见表2-11)

冷拔低碳钢丝力学性能 表2-11

<table>
<tr><th rowspan="3">直径(mm)</th><th colspan="2">抗拉强度(MPa)</th><th>伸长率δ_{100}(%)</th><th rowspan="3">180°反复弯曲次数</th></tr>
<tr><th colspan="2">不 小 于</th><th rowspan="2">不小于</th></tr>
<tr><th>I组</th><th>II组</th></tr>
<tr><td>4</td><td>700</td><td>650</td><td>2.5</td><td rowspan="2">4</td></tr>
<tr><td>5</td><td>650</td><td>600</td><td>3.0</td></tr>
</table>

注:冷拔低碳钢丝经机械调直后,抗拉强度标准值应降低50MPa。

(六)预应力混凝土用螺纹钢筋

应分批进行检验,每批重量不大于100t,对表面质量应逐根目视检查,外观检查合格后在每批中任选2根钢筋截取试件进行拉伸试验。试验结果如有一项不符合规定的要求时,则另取双倍数量的试件重做全部各项试验,如仍有一根试件不合格,则该批钢筋为不合格。

拉伸试验的试件,不允许进行任何形式的加工。

1. 表面质量

钢筋表面不得有横向裂纹、结疤和机械损伤,钢筋表面允许有不影响力学性能和连接的缺陷。

2. 力学性能(见表2-12)

精轧螺纹钢筋力学性能 表2-12

<table>
<tr><th rowspan="2">级别</th><th>屈服点
$\sigma_{0.2}$(MPa)</th><th>抗拉强度
σ_b(MPa)</th><th>伸长率
δ_5(%)</th><th rowspan="2">冷弯</th><th rowspan="2">10h松弛率(%),
不大于</th></tr>
<tr><th colspan="3">不 小 于</th></tr>
<tr><td>JL540</td><td>540</td><td>836</td><td>10</td><td>$d=6a$
90°</td><td rowspan="3">1.5</td></tr>
<tr><td>JL785</td><td>785</td><td>980</td><td>7</td><td>$d=7a$
90°</td></tr>
<tr><td>JL930</td><td>930</td><td>1 080</td><td>6</td><td></td></tr>
</table>

注:①a为钢筋直径(mm),其规格一般为18mm,25mm,32mm,40mm;d为弯心直径;

②除非生产厂家另有规定,弹性模量取为2×10^6MPa;

③冷弯指标不作为交货条件。

预应力筋应分类、分规格进行装运和堆放。应将预应力筋存放在通风良好的仓库中-露天堆放时,应搁置在方木支垫上:离地高度不少于200mm。钢绞线堆放时支点数不少于四个,方木宽度不少于100mm,堆放高度不大于三盘,并用苫布覆盖。长期存放时应设置仓库,仓库应干燥、防潮、通风良好、无腐蚀气体和介质。在潮湿环境中存放,应选用防锈包装产品,采用防潮纸内包装、钢丝钢绞线表面涂敷水溶性防锈材料等。

第三节　灌 浆 材 料

在后张法预应力混凝土结构中，为了防止预应力钢筋锈蚀，和使预应力钢筋与梁体混凝土结合为一个整体，一般在钢筋张拉完毕之后，需向预留孔道内压注水泥浆。

水泥浆材料的技术要求如下。

1. 水泥

宜采用硅酸盐水泥或普通水泥。采用矿渣水泥时，应加强检验，防止材性不稳定。水泥的强度等级不宜低于42.5。水泥不得含有任何团块。

2. 水

应不含有对预应力筋或水泥有害的成分，每升水不得含500mg以上的氯化物离子或任何一种其他有机物，可采用清洁的饮用水。

3. 外加剂

宜采用具有低含水量、流动性好、最小渗出及膨胀性等特性的外加剂，它们应不得含有对预应力筋或水泥有害的化学物质。外加剂的用量应通过试验确定。

水泥浆的强度应符合设计规定，设计无具体规定时，应不低于30MPa。对截面较大的孔道，水泥浆中可掺入适量的细砂。

水泥浆的技术条件应符合下列规定：

(1)水灰比宜为0.40～0.45，掺入适量减水剂时，水灰比可减小到0.35。

(2)水泥浆的泌水率最大不得超过3%，拌和后3h泌水率宜控制在2%，泌水应在24h内重新全部被浆吸回。

(3)通过试验后，水泥浆中可渗入适量膨胀剂，但其自由膨胀率应小于10%。

(4)水泥浆稠度宜控制在14～18s之间。

第四节　孔道成型材料

一、波纹管的种类

(一)金属波纹管

金属波纹管按照截面形状分为圆形和扁形，见图2-16；按照每两个相邻的折叠咬口之间凸出部(即波纹)的数量分为单波和双波；按照径向间刚度分为标准型和增强型；按照钢带表面情况分为镀锌和不镀锌两种。

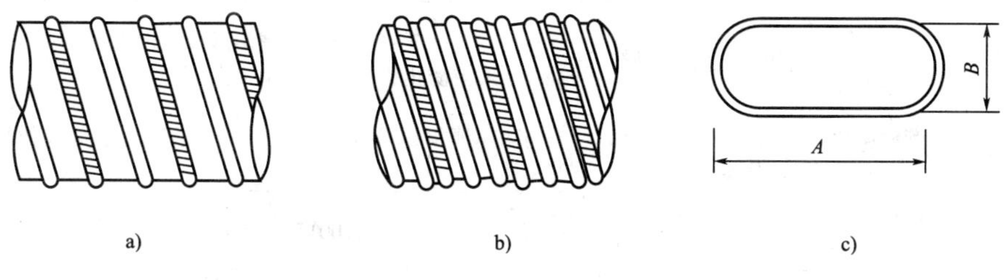

图2-16　金属波纹管

a)圆形单波纹；b)圆形双波纹；c)扁形

梁类等构件宜采用圆形金属波纹管,板类构件宜采用扁形金属波纹管。施工周期较长时应选用镀锌金属波纹管。塑料波纹管宜用于曲率半径小、密封要求高以及抗疲劳要求高的孔道。

预应力用混凝土金属螺旋管的型号代号

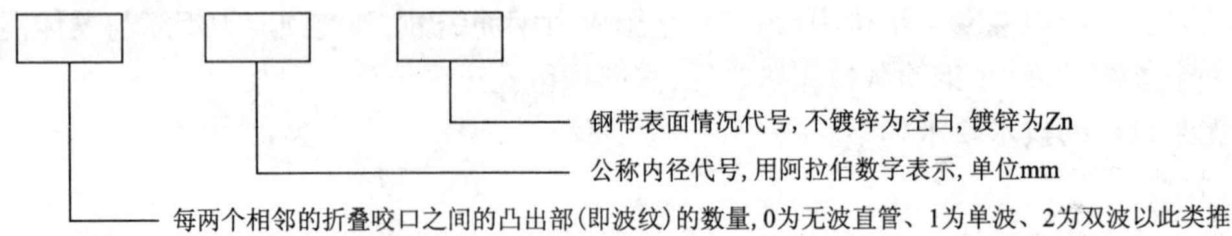

(二)塑料波纹管

预应力混凝土构件中有采用直束、弯曲和U形束、圆形束等布筋方式,金属波纹管在预应力筋管成孔方面将不能满足小半径的弯曲及U形束、圆形束的布筋要求,故可采用塑料波纹管。

塑料波纹管用于后张预应力留孔,其主要优点为(见表2-13):

(1)能提供极好的防腐蚀保护,聚乙烯和聚丙烯塑料几乎对各种化学侵蚀都有极好的耐久性;采用的热塑性材料化学成分稳定,与水、硅酸盐水泥互相惰性,互不反应。同时也有利于预应力筋的防腐保护,可防止氯离子入侵而产生的电化学腐蚀及氧化腐蚀。

(2)能显著提高预应力筋的疲劳强度,消除微振磨损疲劳。

(3)张拉时摩擦系数较小,预应力损失小。

(4)完全密封在非导体材料中,在预应力筋与结构间提供了最低电阻,防止各种散射电流影响(在预应力筋进出处产生氢脆)。

塑料波纹管与金属波纹管的性能比较表 表2-13

技术参数	HDPE 塑料波纹管	热镀锌波纹管	铁皮波纹管
耐腐蚀性	高密度聚乙烯是目前塑料中性能最稳定的一种,与水分和硅酸盐水泥不起反应,耐腐蚀性好	镀锌后防锈能力好,但镀锌层易与碱性水泥浆反应,对预应力材料的强度和与混凝土的黏结性产生不良反应	耐腐蚀性差,容易生锈
使用寿命	在构件内抗老化性能达50年之久	使用寿命在10年以内	使用寿命在5年以内
与混凝土的黏结性	与混凝土的黏结性能良好,由于其波纹高度高,接触面积大,黏接强度高	由于镀锌层性能不稳定,与混凝土的黏结性一般	与混凝土的黏接性一般,在施工过程中应严防腐蚀
最小弯曲半径	0.9~1.5m(约10~15倍内径或长轴)	圆管大于30倍内径,扁管大于30倍长轴	
局部荷载承压能力	荷载作用下无渗漏,在弯曲范围内无渗漏	管材变形后不能恢复,在荷载作用下会有渗漏	
集中荷载承压能力	管材壁厚为2~3mm,成单环形布置,刚度大,承压强度高,不易被振捣棒戳破	管材壁厚为0.2~0.3mm,成螺旋形布置、刚度相对较小,易变形,浇注混凝土时要防止振捣棒接触波纹管	
耐压性	管材连续挤压无断口,在50kPa压力下可保持24h不漏水	管材采用薄钢折叠咬合,无压力下会渗水,在荷载作用下会渗水泥浆	
孔道摩阻系数	$\mu=0.10\sim0.14$, $k=0.0008\sim0.0015/m$	$\mu=0.25\sim0.30$, $k=0.0015\sim0.003/m$	
绝缘性	不导电,绝缘性好	导电	

塑料波纹管可用聚丙烯或高密度聚乙烯塑料生产,有扁平和圆形两种。香港VSL公司提

供给南京长江二桥索塔中的 PT-PLUS 塑料波纹管为聚丙烯塑料生产，内壁每隔 50mm 有一道筋肋（较大平滑面有利减轻微振疲劳）。从使用效果看优先推广采用聚丙烯塑料波纹管，其线刚度和环刚度及耐磨性优于高密度聚乙烯塑料波纹管。

塑料波纹管的结构见图 2-17 和图 2-18。波峰 4 ~ 5mm，波距 30 ~ 60mm。

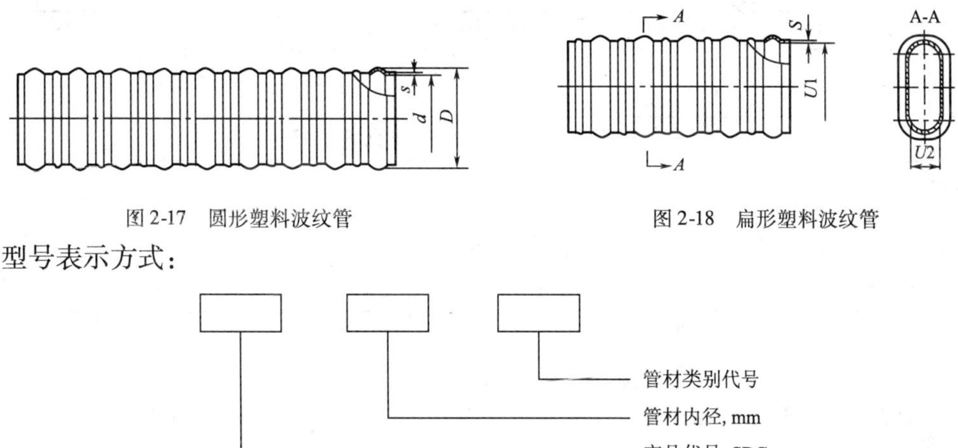

图 2-17　圆形塑料波纹管　　　　图 2-18　扁形塑料波纹管

型号表示方式：

管材类别代号：扁形管代号为 B，圆形管代号为 Y。

管材内径：对于扁形管以长轴 U1 表示。

示例 1：内径为 50mm 的圆形塑料波纹管型号：SBG-50Y。

示例 2：长轴方向内径为 41mm 的扁形塑料波纹管型号：SBG-41B。

二、波纹管性能

（一）金属波纹管的性能

同一波纹数量、同一截面形状、同一镀锌情况的波纹管中，选取三个典型规格的产品，每个规格抽取六个试件进行全部项目的检验。检验顺序、内容及取样数量详见表 2-14。

金属螺旋管检验内容及取样数量　　表 2-14

检验顺序	检 验 内 容	取 样 数 量
1	外　观	全　部
2	尺　寸	6
3	集中荷载下径向刚度	3
4	荷载作用后抗渗漏	不另取样
5	抗弯曲渗漏	3

波纹管进场时每一批合同应附有质量证明书，并作进场复验。对金属波纹管用量较少的一般工程，当有可靠依据时，可不做径向刚度、抗渗漏性能的进场复验。

当检验结果有不合格项目时，应以双倍数量的试件对该不合格项目进行复检，复验中仍有不合格的时，出产检验为不合格品，型式检验时不予通过。

1. 外观质量要求

外观要求：外观应清洁，内外表面无油污，无引起锈蚀的附着物，无孔洞和不规则的折皱，咬口无开裂、无脱扣。

2. 尺寸及允许偏差

预应力用金属螺旋管的外径尺寸凸起的波纹的形状尺寸及其允许偏差、长度及其允许偏差由供需双方协议决定,见表2-15和表2-16。

预应力用金属螺旋圆管内径尺寸及其允许偏差(mm) 表2-15

内径	40	45	50	55	60	65	70	75	80	85	90	95	100
允许偏差	$^{+0.5}_{0}$												

预应力用金属螺旋扁管内径尺寸及其允许偏差(mm) 表2-16

短轴方向	长度	19	19	19	25		25
	允许偏差	±0.5			±1.0		
长轴方向	长度	57	70	84	67	83	99
	允许偏差	±1.0			±2.0		

连接用管的直径较被连接管大一个直径级别,其长度是5~7倍内径。

预应力混凝土用金属螺旋管螺旋旋向为右旋。

预应力混凝土用金属螺旋管折叠咬口部分之间的凸起波纹顶部和根部均应为圆弧过渡,不应有折角。

3. 各种螺旋管径向刚度

各种螺旋管径向刚度要求应符合表2-17规定。

螺旋管径向刚度 表2-17

截面形状	圆形	扁形
集中荷载值(N)	800	800
均布荷载值(N)	$F=0.31d^2$	$F=0.25(\mu_B+\mu_1)$
$\frac{外径允许变形值}{内径}$不大于	0.20	0.25

表中:F—均布荷载(N),d—圆管内径(mm),μ_B—扁管短轴方向长度(mm),μ_1—扁管长轴方向长度(mm)。

4. 抗渗漏性能

经规定的集中荷载和均布荷载作用后,或在弯曲情况下,不得渗出水泥浆,但允许渗水。

(二)塑料波纹管

1. 塑料波纹管规格(见表2-18)

(1)圆形塑料波纹管的长度规格一般为6m、8m、10m,偏差0~+10mm。

圆形塑料波纹管的规格 表2-18

型号	内径 d(mm)		外径 D(mm)		壁厚 S(mm)		不圆度
	标称值	偏差	标称值	偏差	标称值	偏差	
SBG-50Y	50	±1.0	63	±1.0	2.5	+0.5	6%
SBG-60Y	60		73		2.5		
SBG-75Y	75		88		2.5		
SBG-90Y	90		103		2.5		
SBG-100Y	100	±2.0	116	±2.0	3.0		
SBG-115Y	115		131		3.0		
SBG-130Y	130		146		3.0		

(2)扁形塑料波纹管

扁形塑料波纹管规格,见表2-19。

扁形塑料波纹管规格(mm)　　表2-19

型号	长轴U1		短轴U2		壁厚 S	
	标称值	偏差	标称值	偏差	标称值	偏差
SBG-41B	41	±1.0	22	+0.5	2.5	+0.5
SBG-55B	55		22		2.5	
SBG-72B	72		22		3.0	
SBG-90B	90		22		3.0	

2. 原材料

塑料波纹管原材料应使用原始粒状原料,严禁使用粉状和再造粒状颗粒原料,并且高密度聚乙烯应满足GB/T 11116的要求,聚丙烯应满足GB/T 12023的要求。

3. 外观

塑料波纹管的外观应光滑,色泽均匀,内外壁不允许有隔体破裂、气泡、裂口、硬块及影响使用的划伤。

4. 性能

(1)环刚度

塑料波纹管环刚度应不小于6kN/m^2。

(2)局部横向荷载

塑料波纹管承受横向局部荷载时,管材表面不应破裂;卸荷5min后管材变形量不得超过管材外径的10%。

(3)柔韧性

塑料波纹管按规定的弯曲方法反复弯曲五次后,专用塞规能顺利地从塑料波纹管中通过,则塑料波纹管的柔韧性合格。

(4)抗冲击性

塑料波纹管低温落锤冲击试验的真实冲击率TIR最大允许值为10%。

三、运输和储存

(一)金属螺旋管

(1)预应力混凝土用金属螺旋管端部毛刺非常尖锐,容易划破皮肤。搬运时应避免用手拿端部,手上应戴手套防护。

(2)搬运时应轻拿轻放,不得投掷、抛甩或在地上拖拉;吊装上不得以一根绳索在当中拦腰捆扎起吊。

(3)装车时车底应平整,上部不得堆放重物,端部不宜伸出车外,装车完毕时应该用绳索缚牢,并用苫布遮严。防止雨水、油污和各种腐蚀性气体或介质的影响。

(4)预应力混凝土用金属螺旋管在仓库内长期保管时,仓库应干燥、防潮、通风良好、无腐蚀性气体和介质。

(二)塑料波纹管

(1)应用非金属绳捆扎,必要时用木架固定。每包装单位应附有合格证。

(2)塑料波纹管搬运时,不得抛摔或在地面拖拉,运输时防止剧烈的撞击,以及油污和化学品污染。

(3)塑料波纹管应储存在远离热源及油污和化学品污染源。室外堆放不可直接堆放在地面上,并应有遮盖物,避免曝晒。

(4)塑料波纹管存放地点应平整,堆放高度不超过2m。

·(5)塑料波纹管储存期自生产之日起,一般不超过一年。

第五节 预应力材料相关试验方法

一、钢 绞 线

(一)钢绞线的应力松弛性能试验

应按 GB/T10120 的规定进行。

试验期间,试样的环境温度应保持在 $-20℃ \pm 2℃$ 内;试验标距长度不小于公称直径的 60 倍;试样制备后不得进行任何热处理和冷加工;初始负荷应在 3 ~ 5min 内均匀施加完毕,持荷 1min 后开始记录松弛值;允许用至少 100h 的测试数据推算 1 000h 的松弛率值。

(二)疲劳试验

1. 疲劳试验所用试样是成品钢绞线上直接截取的试样,试样长度应保证两夹具之间的距离不小于 500mm.

2. 钢绞线应能经受 2×10^6 次($0.7F_m-2\triangle F_a$)脉动负荷后而不断裂。

$$2\triangle F_a/S_n = 195\text{MPa}$$

式中:F_m——钢绞线的公称最大力(N);

$2\triangle F_a$——应力范围(两倍应力幅)的等效负荷值(N);

S_n——钢绞线的参考截面积(mm^2)。

3. 在试验的全过程中,脉动拉伸的最大应力保持恒定应力的静态测量误差应不大于 $\pm1\%$。

4. 应力循环频率不能超过 120Hz。

5. 所有应力都沿着轴向传递给试样,应无钳口和缺口影响,且应有一个相应的装置能限定夹头中试样的任何滑移。

6. 由于缺口影响或局部过热引起试样在夹头内和夹持区域内(2 倍钢绞线公称直径)断裂时试验无效。

7. 试验过程中,试件温度不得超过 40℃. 试验室环境温度在 18℃ ~25℃。

(三)偏斜拉伸

1. 试验原理

本试验适用于直径大于等于 12. 5mm 的钢绞线。将钢绞线固定在偏斜装置上与直线成 20°角进行拉伸试验,直至至少一根单丝破断,测量其破断力与轴向拉伸最大力的比值。

2. 样品与试样

(1)用于偏斜拉伸的试样,应从力学性能合格的样品上一次截取相当于 12 根试样的长度。两端各取 1 根进行轴向拉伸试验确定钢绞线的最大力。其余再截成 10 根用于偏斜拉伸试验。

注:7 个有效的试验结果就可以计算出偏斜系数。但考虑到有无效试验情况,建议至少取 10 根试样。

(2)试样长度应满足试样进行拉伸和锚固用。

(3)试样除被切割外不能进行任何的加工处理。

3. 试验设备

(1)概述

试验机应具有刚性机架,以满足本标准规定的试验要求。试验机包括一个固定锚固夹头和带测力装置的活动锚固夹头,一个加载装置和一个带凹槽的心轴。

(2)试验设备尺寸

试验装置的尺寸应符合图2-19和表2-20的规定。

夹片的位移量 表2-20

最大力的百分比	允许最大位移量
从0%到破断	5mm
从50% F_m 到破断	2.5mm

注:在实验之前楔形夹片进行研磨。

(3)夹具

试样两端轴向中心线应垂直于锚固夹头的轴承平面,不正确的设计尺寸和定位会出现错误的试验结果。

锚固夹头应满足下列要求:

a)用这组夹具进行轴向拉伸试验时,应达到常规拉伸试验最大力 F_m 的95%以上;

b)偏斜拉伸试验中,在90%最大力 F_m 时中心钢丝与外层钢丝的相对位移量应小于0.5mm;

c)夹片与锚固夹胎之间的位移,应小于表2-20中给出的值;

d)在试验过程中,楔形夹片与锚固夹胎之间应该是扣紧的,无任何活动;

e)夹片的最小齿长为钢绞线直径的2.5~3倍。

(4)心轴

心轴应用工具钢制造。其化学成分、显微组织及热处理应使其具有高韧性和高耐磨性能,表面性能达到58~62HRC。见图2-20,表2-21。

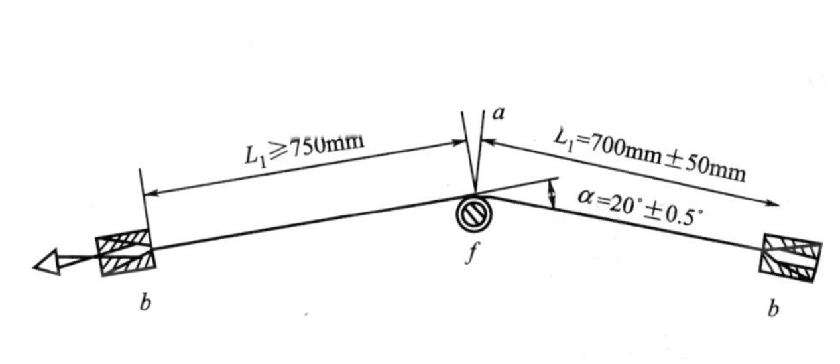

图2-19 偏斜拉伸试验装置

各部分代号及说明:f——心轴;

a——固定端;

b——锚夹头。

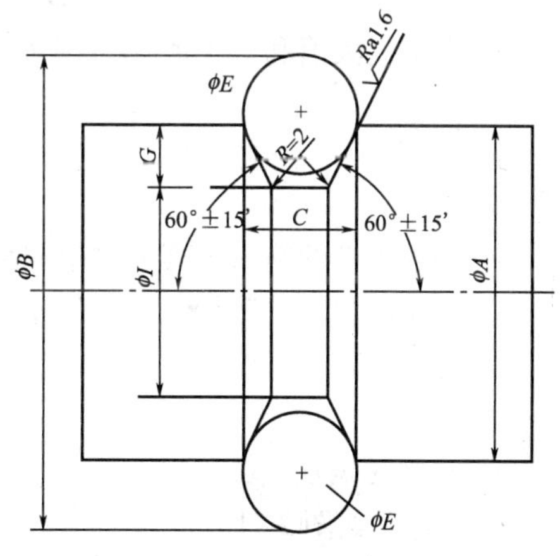

图2-20 心轴

注①心轴凹槽精加厂的精度应达到n7。

②表面粗糙度最大值为Ra1.6μm。

心 轴 尺 寸(mm) 表 2-21

各部分尺寸	钢绞线尺寸		
	12.5 ~ 13.0	15.0 ~ 16.0	17.0 ~ 18.0
外轮廓尺寸 ϕ_A	40.0	49.0	59.0
凹槽侧面角度 α	60° ±15′	60° ±15′	60° ±15′
凹槽底部半径 R	2 ±0.2	2 ±0.2	2 ±0.2
凹槽深度 G	7.6	9.5	12.0
凹槽最小宽度 C	14.4	17.9	21.9
凹槽底部直径 ϕ_1	24.7 ±0.1	29.9 ±0.1	34.9 ±0.1
凹槽量棒外径 ϕ_B	57.0 ±0.1	72.0 ±0.1	81.0 ±0.1
量棒直径 ϕ_E	14.0	18.0	20.0

心轴应刚性固定不能有任何旋转和移动

(5)加载装置

加载设备最好有测力传感器,误差应不大于 ±1%,力值读数应大于满量程的 10%。

加载频率应可调节,试验期间应控制加载速度,载荷在 0 ~ 50% F_m 范围内加载速度应控制在 30MPa/s,载荷在 50% F_m ~ 100% F_m 范围内加载速度应控制在 60MPa/s。

4. 试验

a)试验前心轴凹槽表面应仔细清理,如钢绞线有轻微弯曲,曲率应与偏斜方向一致。加载之前安装锚具过程中应正确调整钢绞线。加载期间钢绞线与夹片之间不能有任何滑移,以验证锚固效果;

b)加载速度:载荷在 0 ~ 50% F_m 范围内加载速度应控制在 30MPa/s,载荷在 50% ~ 100% F_m 范围内加载速度应控制在 60MPa/s;

c)当钢绞线的一根或多根钢丝不在心轴位置破断时,试验无效;

d)有效试验的 F_{ai} 应按 B.3.5 要求精确的记录,对应的偏斜拉伸系数 D_i;可按下式进行计算:

$$D_i = (1 - F_{ai}/F_{mm})100\%$$

e)去掉最大值和最小值,D 值应取 D_i 的平均值。

$$D = 1/5 \sum_{i=1}^{5} D_i$$

5. 判定

a)一般用途的钢绞线其编斜拉伸系数应为 $D \leqslant 2\ 8\%$;

b)用于斜拉索的钢绞线其偏斜拉伸系数应为 $D \leqslant 20\%$。

二、水泥浆体的检验

(一)水泥稠度试验

1. 容器(如图 2-21)

2. 稠度试验方法

测定时,先将漏斗调整放平,关上底口活门,将搅拌均匀的水泥浆倾入漏斗内,直至表面触及点测规下端。打开活门,让水泥浆自由流出,水泥浆全部流完时间(s),称为水泥浆的稠度。

（二）水泥泌水率、膨胀率试验

在利用金属波纹管做曲线管道时，水泥浆水化作用后多余的水分能不能排出，这是金属波纹管要考虑的问题。

1. 容器

试验容器如附图 2-22，用有机玻璃制成，带有密封盖，高 120mm，置放于水平面上。

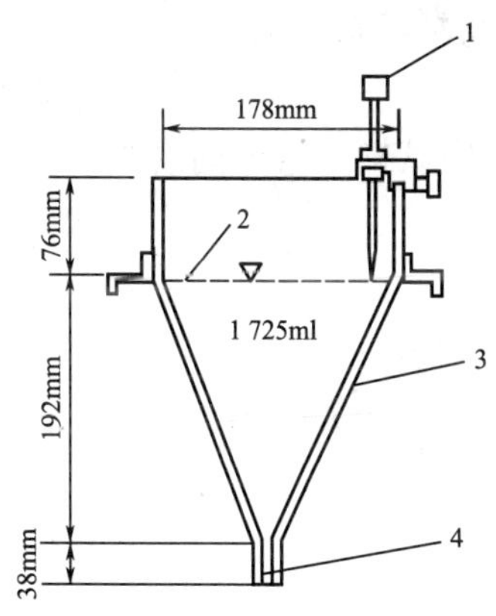

图 2-21 水泥浆稠度试验漏斗

1-点测规；2-水泥浆表面；3-不锈钢制 3mm 厚；4-流出口（内径 13mm）

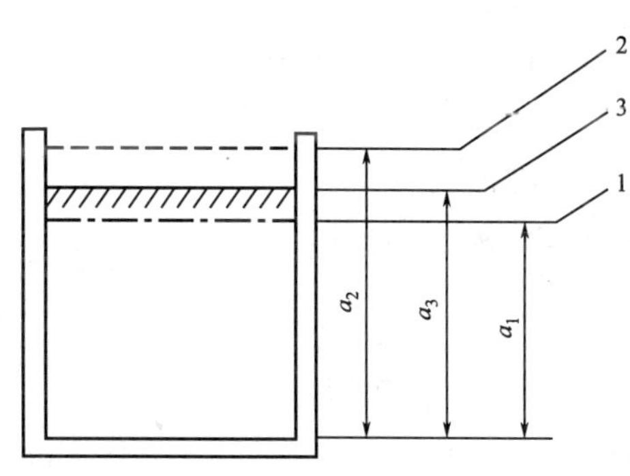

图 2-22

1-最初填灌的水泥浆面；2-水面；3-膨胀后的水泥浆面

2. 试验方法

往容器内填灌水泥浆约 100mm 深，测填灌面高度并记录下来，然后盖严。置放 3h 和 24h 后量测其离析水水面和水泥浆膨胀面，然后按下列公式计算泌水率及膨胀率：

$$泌水率=\frac{100(a_2-a_3)}{a_1}(\%)$$

$$膨胀率=\frac{100(a_3-a_1)}{a_1}(\%)$$

三、塑料波纹管

（一）一般规定

1. 试验环境

试验环境按 GB/T 2918 规定，常温为（23 ±2）℃。

2. 试验试样

试样在试验前应按试验环境进行状态调节 24h 以上。

3. 外观

用肉眼直接观察，内壁可以用光源照看。

4. 尺寸测量

塑料波纹管的内径和壁厚按 GB/T 8806 规定测量。

（二）不圆度

按 GB/T 8806 规定，测量塑料波纹管同一截面测量管材的最大外径和最小外径，按公式计算管材的不圆度值 Δd。

$$\Delta d=\frac{d_{max}-d_{min}}{d_{max}+d_{min}}\times 200\% \quad (1)$$

式中：d_{max}——最大外径(mm)；

d_{min}——最小外径(mm)。

取五个试样的试验结果的算术平均值作为不圆度。

(三)环刚度

1. 试样

从五根管材上各取 300mm ± 10mm 长试样一段，两端应与轴线垂直切平。

2. 试验方法

按 GB/T 9647 进行，上压板下降速度为(5 ± 1)mm/min，当试样垂直方向的内径变形量为原内径的 3% 时，记录此时试样所受的负荷。

3. 结果计算

试验结果按公式计算：

$$S = \left(0.0186 + 0.025 \times \frac{\Delta Y}{d_i}\right) \times \frac{F}{\Delta Y \cdot L}$$

式中：S——试样的环刚度(kN/m^2)；

ΔY——试样内径垂直方向 3% 变化量(m)；

F——试样内径垂直方向 3% 变形时的负荷(kN)；

d_i——试样内径(m)；

L——试样长度(m)。

(四)局部横向荷载

1. 如图所示，取样件长 1 100mm，在样件中部位置波谷处取一点，用端部为 φ12 的圆柱顶压头施加横向荷载 F，要求在 30s 内达到规定荷载值 800kN，持荷 2min 后观察管材表面是否破裂；卸荷 5min 后，在加载处测量塑料波纹管外径的变形量。加载见图 2-23。

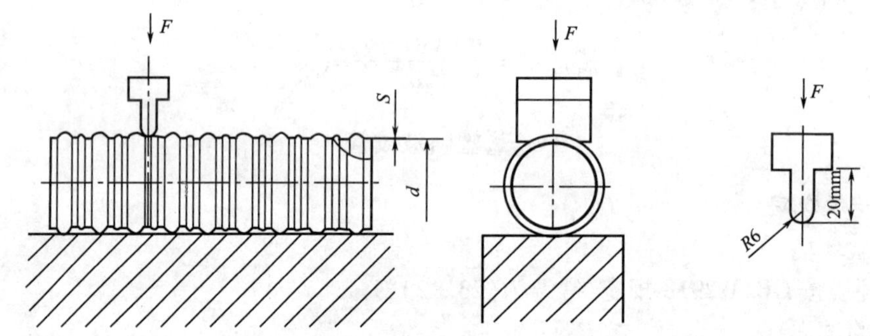

图 2-23 塑料波纹管横向荷载试验

2. 每根样件测试一次，记录数据，取五个样件的平均值。

(五)柔韧性

1. 将一根长 1 100mm 的样件，垂直地固定在测试平台上，按图 2-24 所示位置安装两块弧形模板，其圆弧半径 r 应符合表 2-22 规定。

塑料波纹管柔韧性(mm) 表 2-22

内径 d	曲率半径 r	试验长度 L
≤90	1 500	1 100
>90	1 800	1 100

2. 在样件上部900mm的范围内,用手向两侧缓慢弯曲样件至弧形模板位置,左右往复弯曲五次。

3. 按图2-25所示做一塞规,当样件弯曲至最终结束位置保持弯曲状态2min后,观察塞规能否顺利地从波纹管中通过。

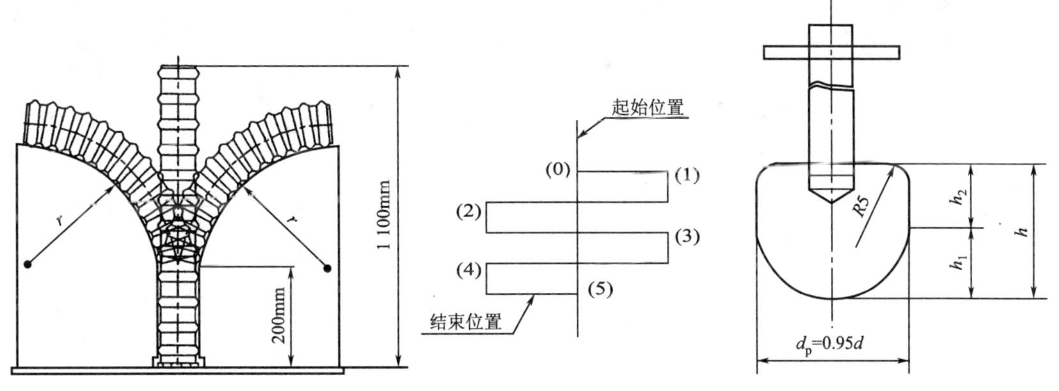

图2-24 塑料波纹管柔韧性试验

图2-25 塞规的外形

(六)抗冲击性

试验温度为(0±1)℃,落锤质量和冲击高度见表2-23。试验方法按GB/T 14152规定进行。

落锤质量和冲击高度 表2-23

内径(mm)	落锤质量(kg)	冲击高度(mm)
≤90	0.5	2 000
90~130	1.0	2 000

1. 组批

产品以批为单位进行验收,同一配方、同一生产工艺、同设备稳定连续生产的一定数量的产品为一批,每批数量不超过10 000m。

2. 抽样

产品检验以批为单位,外观质量检测时每次抽取五根(段)进行检测。

3. 判断规则

(1)外观质量的判定

在外观质量检测中抽取五根(段)产品中,当有三根(段)不符合规定时,则该五根(段)所代表的产品不合格;若有两根(段)不符合规定时,可再抽取五根(段)进行检测,若仍有两根(段)不符合规定,则该批塑料波纹管为不合格。

(2)复验判定

在外观质量检验后,检验其他指标均合格时则判该批产品为合格批。

若其他指标中有一项不合格,则应在该产品中重新抽取双倍样品制作试样,对指标中的不合格项目进行复检,复检全部合格,判该批为合格批;检测结果若仍有一项不合格,则判该批产品为不合格。复检结果作为最终判定的依据。

思考题

1. 预应力混凝土结构的材料有哪些?
2. 预应力筋的种类与基本要求。
3. 成孔材料的种类。
4. 塑料波纹管的特点
5. 灌浆材料的性能要求。

第三章　预应力锚固体系

学习目标

1. 熟悉后张锚固体系的构成及分类，了解国内外锚固体系；
2. 熟悉预应力粗钢筋锚固体系种类，掌握精轧螺纹钢锚固体系；
3. 了解预应力钢丝锚固体系种类，熟悉 DM 锚固体系；
4. 了解预应力钢绞线锚固体系，掌握 OVM 锚固体系。

第一节　概　　述

预应力锚具是预应力工程中的核心元件，是保证预应力混凝土结构安全可靠的技术关键，在后张法构件中，它作为构件的一部分，永久设置在混凝土中，承受着长期的荷载，锚具这种元件是预应力是否存在的关键。

锚具应满足下列要求：

1. 受力安全可靠；
2. 预应力损失小；
3. 构造简单，制作方便，用钢量少，价格便宜；
4. 施工设备简便，张拉锚固方便迅速。

一、锚固体系的组成

预应力锚固体系是预应力混凝土技术的重要组成部分。完善的锚固体系包括锚具、夹具、连接器及锚下支承系统等。后张预应力锚固体系见图 3-1。

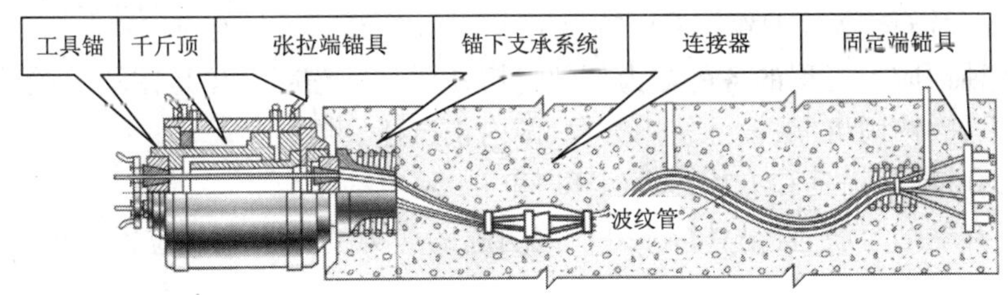

图 3-1　HVM 后张预应力锚固体系示意图

作为工具重复使用的锚具叫工具锚，一般用于先张法和后张法张拉时千斤顶的临时锚固。作为构件组成的一部分使用的锚具叫工作锚，用于后张法。工具锚由于重复使用，质量要求较高，且尺寸一般大于工作锚。

连接器是将多段预应力筋连接成一条完整束的装置。

锚下支承系统是指与锚具相配套的布置在锚固区混凝土中的锚垫板、螺旋筋或钢筋网片等,锚下支承系统是作为局部承压、抗劈裂的加强结构。

不同类型的锚固体系由相应的千斤顶进行张拉。

值得一提的是,锚具材料的优劣、热处理工艺的好坏,直接影响锚具的可靠性,危及操作人员和结构的安全,因此,在选择生产厂家和进行锚具验收时一定要认真慎重,不同的锚固体系(或生产厂家),其锚具、夹具、连接器及锚下支承系统尺寸一般都不配套,易发生事故,因此锚固体系必须是同一厂家生产的才能配套使用。

二、锚固体系的分类

(一)按预应力筋分类

为了便于施工,根据所锚固的预应力钢筋、钢丝或钢绞线划分为相对应的三类:

①预应力粗钢筋锚固体系;

②钢丝锚固体系;

③钢绞线锚固体系。

(二)按锚固原理分为支承锚固、楔紧锚固、握裹锚固和组合锚固体系。

①支承式锚固体系:

支承锚固的锚具中的螺丝端杆锚具、精轧螺纹钢筋锚具和镦头锚具是使用最多的,这些锚具在张拉后依靠螺纹和垫板的支承作用进行锚固。

螺丝端杆锚具,只能张拉锚固较大直径钢筋,除需要冷拉、定长下料之外,其焊接接头多,可靠性不易保证,所以,常用于较短构件的直线预应力筋中,且构件不能承受动载。

镦头锚具不仅可用于冷拉光圆热轧钢筋,还可用于高强钢丝。用高强钢丝时不必冷拉,所以,使用量多于螺丝端杆锚具,但镦头锚固需要等长下料、平地编束、对号将钢丝穿入锚具后镦头,而且在使用长束时需在两端预留容纳锚头的大孔,增大了端部尺寸,所以,在长束曲线束中使用较少。

②楔紧式锚固体系

楔紧锚固的锚具中,钢质锥塞锚具、夹片锚具(JM)和楔片锚具(XM、QM 和 OVM)最为常见。在这类锚具中,锚固零件对预应力筋造成弯折、咬伤和应力集中,不同程度地降低了锚具和预应力筋组件的静载锚固效率系数。

我国根据锚具性能分为两类:

第一类:楔片锚具(XM、QM 和 OVM)

可用于各种预应力工程的各种受力部位。楔片锚具因锚固对象是钢丝、钢绞线,张拉应力最高,节材效果好,锚固可靠,设计使用方便,国内正迅速发展。

第二类:钢质锥塞锚具和夹片锚具(JM12 和 JM15)

限制用于有黏结力筋、且锚具位于外荷载引起的应力变化不大的位置(如简支梁端,预应力屋架等);

③握裹式锚固体系

握裹锚固是将预应力筋直接埋入或加工后(如把钢筋或钢丝镦头、钢绞线压花等)埋入混凝土中,或在预应力筋端头用挤压的办法固定一个套筒(如挤压锚),利用混凝土或钢套筒的握裹进行锚固。先张法生产的构件中,预应力筋就是握裹锚固的。

④组合式锚固体系

因为锚具品种很多,本节将根据国内现在常用的锚夹具、预应力筋的类型以及所适用的千斤顶,结合张拉方法,详细介绍各种适用的预应力张拉锚固体系。

第二节　预应力粗钢筋锚固体系

一、轧　丝　锚

预应力粗钢筋冷轧螺纹锚具(轧丝锚)是同济大学研制成功的高强度粗钢筋锚固体系。(见图 3-2)

轧丝锚是在高强度光圆钢筋的端部,用专用工具冷轧出外径大于钢筋直径的螺纹。由于材料经过冷作强化,故冷轧螺纹段钢材具有与原有圆钢筋同样的抗拉强度,达到了充分利用钢材的目的。采用特种螺母锚固,不仅锚固性能可靠,操作简便,而且预应力损失较小,可以用在预应力钢筋极短的场合。采用螺杆、螺母锚固方式,可以多次重复张拉、放松,还能方便地采用连接器多次接长,以适应不同的结构和施工艺要求。但由于高强精轧螺纹钢筋的大量使用,这种张拉锚固体系的应用越来越少。

上海通用工具厂从同济大学购进了这套生产技术,专业生产直径为 25mm 及 32mm 的四级冷拉钢筋轧丝锚具及轧丝钢筋。

锚具、连接器

轧丝锚具分为张拉锚具和固定锚具两种。张拉锚具结构见图 3-3,张拉锚具成套设计参数见表 3-1;固定锚具见图 3-4,固定锚具成套设计见表 3-2;轧丝锚具采用套筒式连接器接长钢筋,连接器结构见图 3-5,其设计参数见表 3-3。

图 3-2　轧丝锚

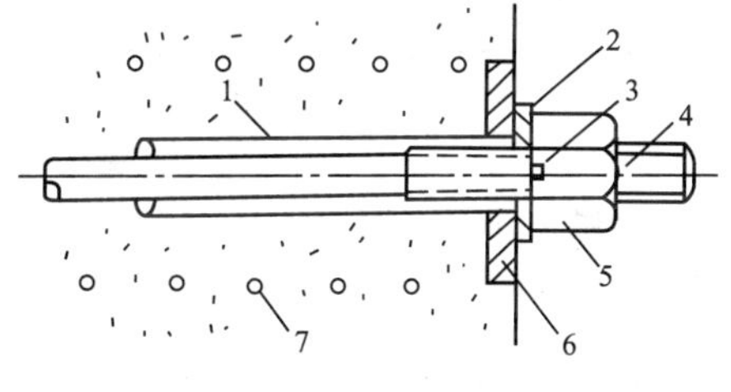

图 3-3　张拉锚具结构

1-预留孔道;2-圆垫圈;3-排气槽;4-预应力钢筋;5-锚固螺母;6-锚垫板;7-螺旋钢筋

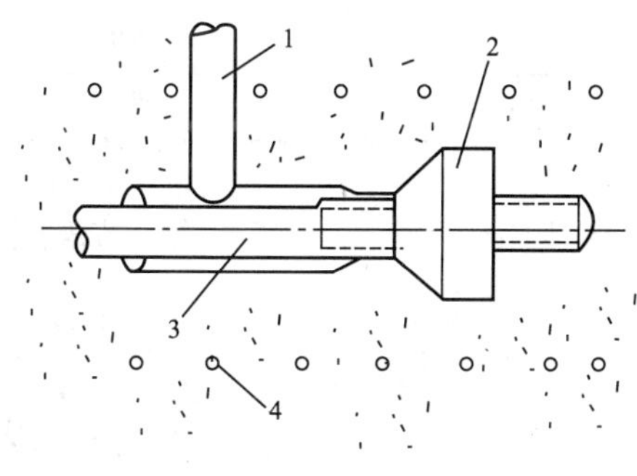

图 3-4　固定锚具结构

1-压浆管;2-锥形螺母;3-螺旋钢筋;4-螺旋钢筋

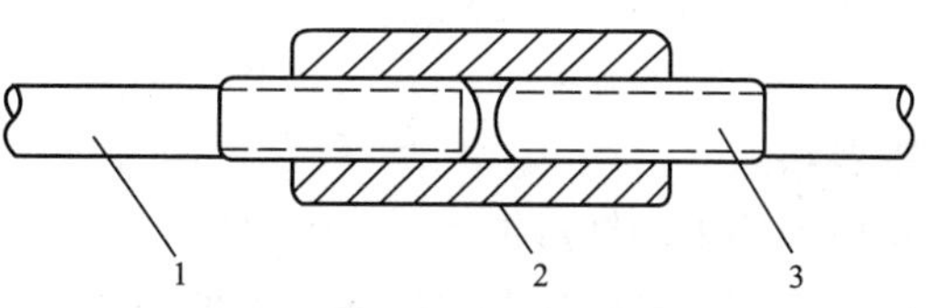

图 3-5　连接器构造

1-钢筋;2-连接套筒;3-钢筋轧丝部分

张拉锚具设计成套参数　　表 3-1

钢筋直径(mm)	冷轧螺纹	螺母 $S\times H$	垫圈 $D\times d\times t$ (mm)	锚下垫板		管道直径(mm)	最小弯曲半径(m)
				$a\times b\times t_1$ (mm)	中心孔径 ϕ (mm)		
25	M27×3.0	41×40	70×30×6	100×100×14～120×120×16	36	34(水管)	≥18
32	M34×3.0	55×50	80×37×8	120×120×16～140×140×18	45	43($1^{1/4}$水管)	≥24

说明:①表中符号:S——螺母六角形对边间距;H——螺母高度;D——圆垫圈直径;d——圆垫圈孔径;t——圆垫圈厚度;a、b——垫板边长;t_1——垫板厚度。

②螺母:A 型无排水槽;B 型带排水槽。

③垫板下承受局部应力的钢筋规格须与混凝土的强度相适应,可由规范建议的计算方法确定。

④表中管道直径系指目前一般使用水管作抽拔方法制孔的尺寸;如采用其他方法制成的管径较大时,需相应地变更 ϕ 的尺寸及加厚垫圈的厚度。

固定锚具成套设计参数　　表 3-2

钢筋直径(mm)	锥形螺母		螺旋箍距				
	外直径(mm)	厚度(mm)	材料	直径(mm)	螺母直径(mm)	螺圈直径(mm)	钢筋长度(mm)
25	55	40	A3	12	130	35	3 000
32	70	50	16Mn	12	160	35	3 800

说明:①锥形螺母的材料与锚固螺母相同。螺母的内螺纹在锥形的一侧(即施力的一侧)仍需设置内斜棱,规格也与锚固螺母相同。

②螺旋箍筋两端的钢筋头要与自身焊合。

③螺母设置在螺旋钢筋从施力一侧算起的后 1/3 点处。

连接器设计参数　　表 3-3

钢筋直径(mm)	套筒尺寸(mm)	
	外径	长度
25	45	90
32	60	100

轧丝锚采用的冷拉 IV 级圆钢筋的使用参数见表 3-4。

冷拉 IV 级圆钢筋的使用参数　　表 3-4

钢材规格		冷拉力(kN) $\sigma_L=735$MPa	张拉控制应力(kN) $\sigma_K=0.85\sigma_L=625$MPa
直径(mm)	截面积(mm^2)		
25	491	361	307
32	804	591	503

张拉千斤顶

预应力粗钢筋张拉专用设备为 YG-70 型穿心式单作用千斤顶(见第四章第一节液压千斤顶)。

主要特点

预应力筋采用螺母锚固,锚固性能可靠;

可以多次重复张拉、放松,操作方便;

预应力筋回缩损失很小,可以用在预应力筋较短的场合,例如竖向预应力束和桥面横向预应力束；

采用套筒式连接器可以任意接长钢筋。

注意事项

冷拉Ⅳ级圆钢筋在使用前，必须在两端冷轧出螺纹；螺纹的长度应根据预应力筋的延伸率通过计算确定，轧丝过长浪费钢材和工时，过短则满足不了锚固要求。

冷轧螺纹受热容易失效，应严格禁止采用电焊，气割切割轧丝后的钢筋。

预应力粗钢筋由于刚度大，不易弯曲，通常作为直线预应力筋使用。如确实需作曲线预应力筋使用时，其曲率半径应满足相关规定的要求。

市场供应的粗钢筋强度与钢丝钢绞线相比较低，材料用量相对偏大。在“价格—永存强度”比合算时，可以使用于较长的预应力束中。

二、预应力高强精轧螺纹钢筋张拉锚固体系

由我国研制的 Φ25mm、Φ32mm 两种直径的高强精轧螺纹钢筋张拉锚固体系，不但具有粗钢筋冷轧螺纹张拉锚固体系的所有优点，而且还具有受热不失效、钢筋可实现在任意点锚固连接的特点。因此既可用于后张法，也可用于先张法。

锚具、连接器（见图3-6）

预应力高强精轧螺纹粗钢筋的接长应采用YGL型连接器，不得采用任何形式的焊接接长。当有充分的试验数据时也可采用其他形式的连接。YGL型连接器的外形见图3-7。尺寸应符合表3-5的要求。

图3-6　粗轧螺纹钢锚具、连接器

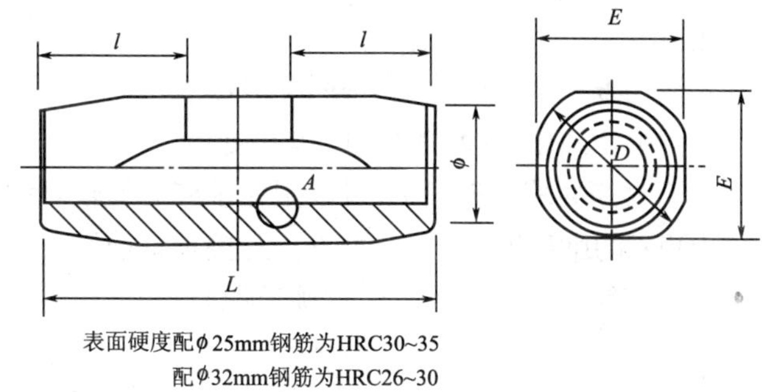

图3-7　YGL型连接器

YGL型连接器尺寸（mm）　　表3-5

d_0	L	l	D	ϕ	E	d_1	d_3	t	b	质量(kg)
25	132	45	50	38	46	25.5	29.7	12	8	1.18
32	160	60	60	46	56	32.5	37.5	16	9	1.84

预应力高强精轧螺纹粗钢筋的锚具为YGM型，其外形尺寸如图3-8，尺寸应符合表3-6的要求。当采用原西德地伟达施工方法时，其锚具可采用地伟达所推荐的钟形锚具和板式锚具。

YGM 型锚具尺寸　　表 3-6

d_0	S	D	H	ϕ	h	A	b	d_1	δ
25	50	57.7	60	35	13	120	24	35	13
32	65	75	72	45	16	140	24	45	9.5

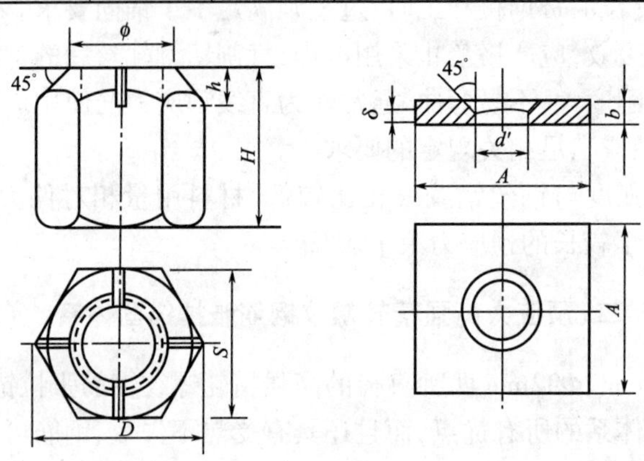

图 3-8　YGM 型锚具简图

张拉千斤顶

预应力高强精轧螺纹粗钢筋的专用张拉设备为 YG-70 型穿心式单作用千斤顶。其主要技术性能及构造(见第四章第一节液压千斤顶)

主要特点

预应力筋采用螺母锚固,锚固性能可靠;

可以多次重复张拉、放松,操作方便;

预应力筋回缩损失很小,可以用在预应力筋较短的场合,例如竖向预应力束和桥面横一向预应力束;采用套筒式连接器可以任意接长钢筋。

采用套筒式连接器可以任意接长钢筋。

第三节　预应力钢丝锚固体系

一、DM 型预应力张拉锚固体系

1966 年同济大学公路研究所研制成功钢丝液压冷镦器后,在桥梁上首先应用镦头锚具,并逐步推广到其他领域。这种锚固体系的工作原理是先将钢丝穿过固定端锚板及张拉端锚杯中比钢丝直径稍大的圆孔,然后利用镦头器对钢丝两端进行镦头,镦头直径大于孔洞的直径,使钢丝不能脱出,再通过张拉锚杯达到施加预应力的目的。它可以和拉杆式或使用拉杆撑脚的穿心式千斤顶组合,进行后手张法或先张法生产。

锚具

目前国内生产 DM 型钢丝镦头锚固体系的厂家众多,几乎所有预应力产品生产厂家都生产这种锚具,许多厂家还对这种体系进行重大改进。除标准的 DMSA 和 DM5B 系列外,还设计与使用了其他不同系列的产品,如锚环式、锚杆式、锚板式、组合式(与夹片锚组合使用),连接器等等。

DM5(7)A 型和 DM5(7)B 型锚具是最常用的镦头锚具。DM5(7)A 型锚具由锚杯与螺帽及锚垫板组成,主要用于张拉端;DM5(7)B 型锚具由锚板与铺垫板组成,主要用于固定端。两种锚具的构造见图 3-9 及图 3-10,其系列设计参数见表 3-7 及表 3-8。

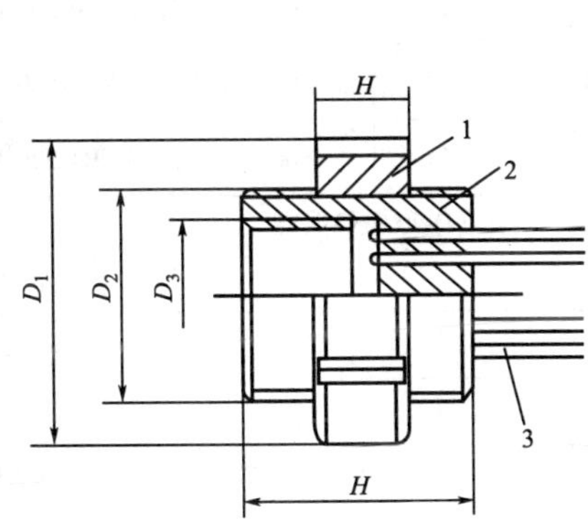

图 3-9　DM5A 型锚具构造

1-螺帽;2-锚环;3-钢丝束

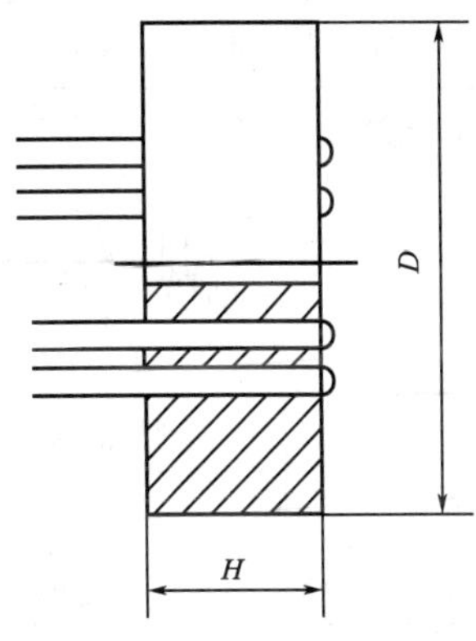

图 3-10　DM5B 型锚具构造

DM5A 型锚具设计参数　　表 3-7

型　号	材料规格 (mm)	钢丝根数	ϕD_1 (mm)	H_1 (mm)	ϕD_2 (mm)	ϕD_3 (mm)	H_2 (mm)	张 拉 机 具
DM5A-12	ϕ5	12	85	25	M60	M45	60	YC60A 型千斤顶 ZB4-500 型油泵
DM5A-14	ϕ5	14	85	25	M60	M45	60	YC60A 型千斤顶 ZB4-500 型油泵
DM5A-16	ϕ5	16	90	25	M64	M45	70	YC60A 型千斤顶 ZB4-500 型油泵
DM5A-18	ϕ5	18	95	25	M64	M45	70	YC60A 型千斤顶 ZB4-500 型油泵
DM5A-20	ϕ5	20	100	30	M72	M52	75	YC60A 型千斤顶 ZB4-500 型油泵
DM5A-24	ϕ5	24	110	30	M76	M55	75	YC60A 型千斤顶 ZB4-500 型油泵
DM5A-28	ϕ5	28	120	30	M85	M64	75	YC100A 型千斤顶 ZB4-500 型油泵
DM5A-30	ϕ5	30	125	30	M90	M64	80	YC100A 型千斤顶 ZB4-500 型油泵
DM5A-36	ϕ5	36	135	35	M95	M70	85	YC100A 型千斤顶 ZB4-500 型油泵
DM5A-42	ϕ5	42	140	35	M100	M72	95	YC120A 型千斤顶 ZB4-500 型油泵
DM5A-48	ϕ5	48	150	40	M105	M76	115	YC120A 型千斤顶 ZB4-500 型油泵
DM5A-54	ϕ5	54	155	40	M115	M80	120	YC200A 型千斤顶 ZB4-500 型油泵
DM5A-56	ϕ5	56	160	40	M120	M85	160	YC200A 型千斤顶 ZB4-500 型油泵
DM5A-84	ϕ5	84	185	54	M134	M98	132	YC300A 型千斤顶 ZB4-500 型油泵
DM5A-135	ϕ5	133	225	64	M165	M115	160	YC300A 型千斤顶 ZB4-500 型油泵
DM7A-12	ϕ7	12	105	30	M75	M58	75	YC120A 型千斤顶 ZB4-500 型油泵
DM7A-18	ϕ7	18	140	40	M82	M60	82	YC120A 型千斤顶 ZB4-500 型油泵

续上表

型　号	材料规格（mm）	钢丝根数	ϕD_1（mm）	H_1（mm）	ϕD_2（mm）	ϕD_3（mm）	H_2（mm）	张拉机具
DM7A-24	$\phi 7$	24	150	50	M105	M72	100	YC120A 型千斤顶 ZB4-500 型油泵
DM7A-48	$\phi 7$	48	210	60	M138	M100	138	YC200A 型千斤顶 ZB4-500 型油泵
DM7A-54	$\phi 7$	54	220	75	M150	M111	155	YC300A 型千斤顶 ZB4-500 型油泵
DM7A-84	$\phi 7$	84	250	85	M180	M135	175	YC300A 型千斤顶 ZB4-500 型油泵

注：采用 $\phi 5$mm 高强钢丝时用 LD-10 型镦头器，采用 $\phi 7$mm 高强钢丝时用 LD-20 型镦头器。

DM5B 型锚具设计参数　　表 3-8

型　号	材料规格（mm）	钢丝根数	ϕD（mm）	H（mm）
DM5B-12	$\phi 5$	12	80	25
DM5B-14	$\phi 5$	14	80	25
DM5B-16	$\phi 5$	16	85	30
DM5B-18	$\phi 5$	18	85	35
DM5B-20	$\phi 5$	20	90	35
DM5B-24	$\phi 5$	24	95	35
DM5B-28	$\phi 5$	28	105	35
DM5B-36	$\phi 5$	36	115	42
DM5B-54	$\phi 5$	54	140	60
DM5B-56	$\phi 5$	56	140	65
DM7B-12	$\phi 7$	12	90	36
DM7B-18	$\phi 7$	18	100	41
DM7B-24	$\phi 7$	24	140	50
DM7B-48	$\phi 7$	48	160	70
DM7B-54	$\phi 7$	54	220	75

连接器

DM5(7)C 与 DM5(7)K 型产品只有与张拉端锚具配套使用才能构成一副完整的连接器，其作用是接长预应力钢丝束。图 3-11 及图 3-12 分别为 C 型及 K 型产品构造图，图 3-13 为接长预应力钢丝束示意图，C 型及 K 型产品的系列设计参数见表 3-9。

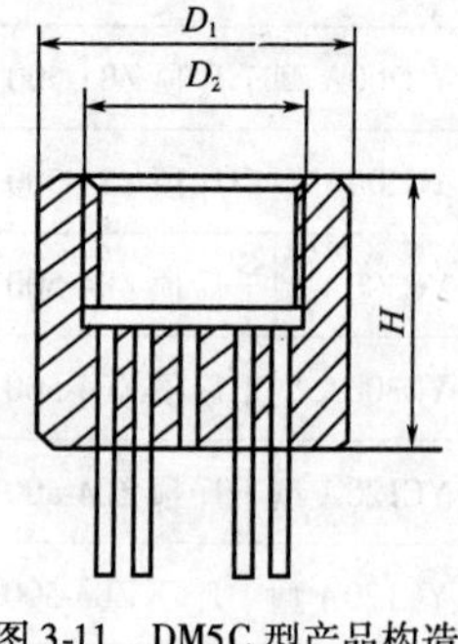

图 3-11　DM5C 型产品构造

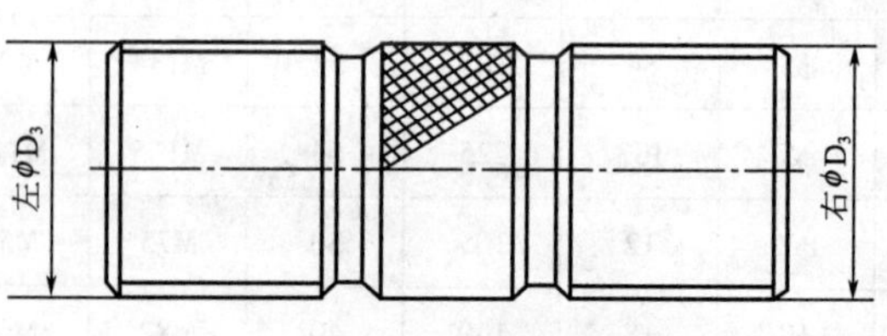

图 3-12　DM5K 型产品构造

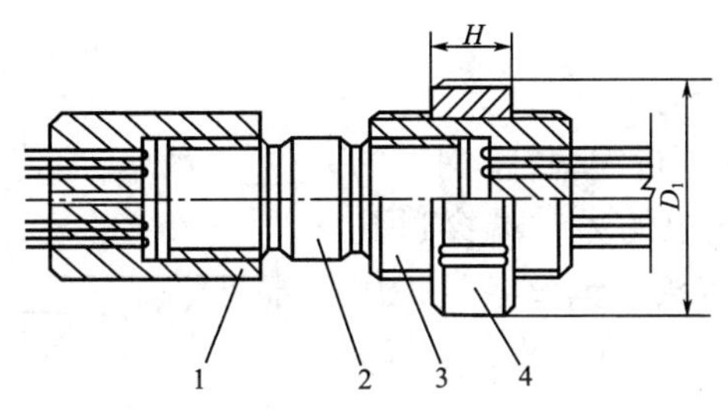

图 3-13　连接器结构

1-DMC 型;2-DMK 型;3-锚环;4-螺母

DM5C 型及 DM5K 型产品的系列设计参数　　表 3-9

型号	材料规格(mm)	钢丝根数	右 D_3/D_1(mm)	H(mm)	右 D_3/D_2(mm)
DM5C-24	$\phi5$	24	76	75	M55
DM5C-36	$\phi5$	36	95	85	M70
DM5C-56	$\phi5$	56	120	160	M85
DM7C-18	$\phi7$	18	80	82	M60
DM7C-24	$\phi7$	24	105	100	M72
DM7C-48	$\phi7$	48	132	138	M100
DM5K-24	$\phi5$	24	M55	120	M55
DM5K-36	$\phi5$	36	M70	180	M70
DM5K-56	$\phi5$	56	M85	245	M85
DM7K-18	$\phi7$	18	M60	125	M60
DM7K-24	$\phi7$	24	M72	142	M72
DM7K-48	$\phi7$	48	M100	185	M100

张拉千斤顶

DM 型锚具配套千斤顶为 YC 系列穿心式千斤顶。穿心杆一端配备有能与锚环内螺纹连接的工具杆与锚环相连,另一端穿过千斤顶用螺帽锚于千斤顶后部,YC 系列千斤顶见本书第四章第一节液压千斤顶。

预应力的施加方法

DM 型预应力张拉锚固体系通常用于直线预应力筋,近年来也有在曲线预应力筋上应用的实例,并且在技术上有了新的突破。

预留孔道

DM 型预应力张拉锚固体系可以一端固定,一端张拉;也可以两端张拉。钢丝束的预留孔道直径一般应比预应力钢丝束外径大 4 ~ 8mm。

在张拉端,预留孔道还必须扩孔,扩孔直径一般应比锚环的外径大 4 ~ 8mm。扩孔长度主要考虑张拉伸长值以及穿束后另一端镦头所需的工作长度(300 ~ 400mm),一般可取 500mm;但当钢束长度大于 30m 时,应根据需要适当加长。

当采用两端张拉时,除一端需扩孔长 500mm 处,另一端也必须扩孔,但仅考虑张拉伸长值影响,约取 100 ~ 200mm 长就可以了。

扩大孔必与中间孔同心并与端部预埋钢板垂直,相邻孔道间考虑锚固后锚具至少应保持

5mm 的空隙。

镦头与张拉

在钢束下料完成后，即可进行编束，将钢丝的一端穿过锚环后镦头，待钢丝束的另一端穿过孔道及另一端锚环或锚板后再镦头。钢丝镦头采用液压冷镦器，技术参数本书第四章第二节镦头器。

钢丝束的张拉应严格注意对中，以免损坏锚环的外螺纹，锚固后钢丝束回缩值一般为 1mm。锚具安装及千斤顶安装示意见图 3-14。

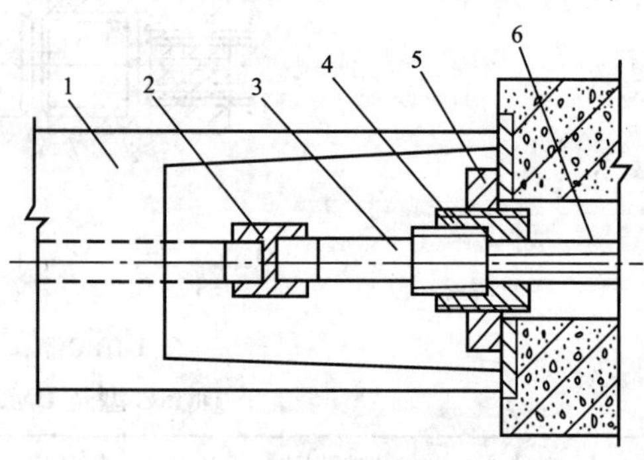

图 3-14 锚具与千斤顶安装示意

1-千斤顶；2-工具锚；3-工具杆；4-锚环；5-螺帽；6-钢丝束

主要特点

与夹片锚相比，虽人工费用高，但使用成本低。

预应力钢丝束的回缩值较小，可用于短束锚固。

注意事项

为保证施工安全，锚环拉出孔道后应及时拧上螺母，在千斤顶回油锚固后，稍停再拆拉杆。

若两端都用镦头锚，预应力钢丝的下料长度需精确计算，不可过长或过短。

二、LM 型预应力张拉锚固体系

LM 型钢丝冷铸镦头锚具主要用于锚固平行钢丝束，其工作原理与 DM 型锚具相似。不同的是固定端也用锚杯。并用锌合金或环氧树脂钢砂浇灌在两端锚杯的内腔内，形成冷铸镦头式锚具。因此，比 DM 型锚具更安全、更可靠，并具有良好的抗疲劳性能，通常用在斜拉桥斜拉索或其他桥的吊索等应力变化幅度较大的体外预应力束上。目前国内生产 LM 型钢丝冷铸镦头锚固体系的厂家也众多，也无法逐一介绍，在此也仅对通用的部分加以介绍。

锚具

LM 型锚具分张拉端和固定端两种，张拉端锚具有供张拉用的内螺纹。国内通常采用环氧树脂钢砂作冷铸剂。LM 型锚具的构造见图 3-15，锚具系列设计参数见表 3-10 及表 3-11。

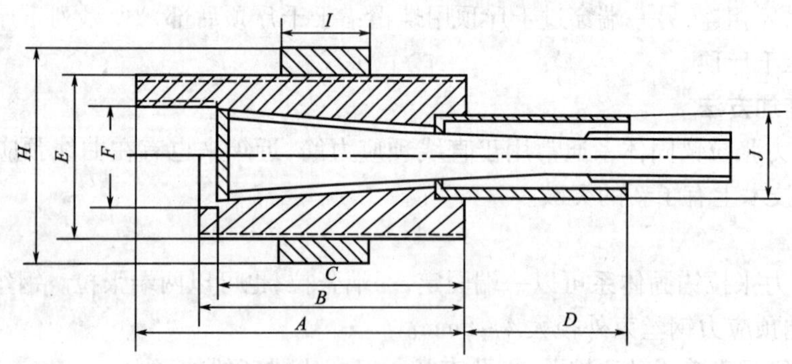

图 3-15 LM 型锚具构造

LM5 型锚具系列设计参数表(mm) 表 3-10

规格 LM5	A	B	(I)	(H)	E	J	F
37	240	220	60	ϕ150	T100 × 6	ϕ57	T80 × 6
55	280	240	75	ϕ190	T140 × 6	ϕ89	T110 × 6

续上表

规格 LM5	A	B	(I)	(H)	E	J	F
61	280	240	75	ϕ190	T140 × 6	ϕ89	T110 × 6
73	340	280	100	ϕ210	T160 × 8	ϕ95	T120 × 8
85	340	280	100	ϕ210	T160 × 8	ϕ95	T120 × 8
91	350	290	100	ϕ230	T170 × 8	ϕ102	T130 × 8
109	360	295	120	ϕ240	T180 × 10	ϕ108	T135 × 10
121	380	295	120	ϕ250	T190 × 10	ϕ114	T140 × 10
127	400	315	120	ϕ260	T200 × 10	ϕ121	T150 × 10
139	430	325	120	ϕ270	T200 × 10	ϕ121	T150 × 10
151	430	325	140	ϕ270	T200 × 10	ϕ121	T150 × 12
163	450	345	140	ϕ280	T210 × 12	ϕ127	T155 × 12
187	460	355	140	ϕ290	T220 × 12	ϕ133	T160 × 12
199	490	360	140	ϕ300	T230 × 12	ϕ133	T165 × 14
211	500	360	170	ϕ300	T230 × 12	ϕ133	T165 × 14
223	500	370	170	ϕ310	T240 × 14	ϕ140	T175 × 14
241	530	380	170	ϕ330	T250 × 14	ϕ152	T180 × 16
253	540	390	170	ϕ340	T260 × 14	ϕ152	T190 × 16
265	550	400	170	ϕ340	T260 × 14	ϕ152	T190 × 16
283	560	410	170	ϕ350	T270 × 14	ϕ159	T200 × 16
301	570	420	190	ϕ360	T280 × 16	ϕ159	T205 × 16

LM7 型锚具系列设计参数表(mm) 表 3-11

规格 LM5	A	B	(I)	(H)	E	J	F
37	360	320	80	ϕ210	T150 × 6	ϕ102	T120 × 6
55	380	340	80	ϕ230	T170 × 6	ϕ114	T140 × 6
61	380	340	80	ϕ230	T170 × 6	ϕ114	T140 × 6
73	400	360	100	ϕ250	T190 × 8	ϕ127	T155 × 6
85	400	360	100	ϕ250	T190 × 8	ϕ127	T155 × 6
91	430	370	100	ϕ260	T200 × 8	ϕ133	T165 × 8
109	450	390	120	ϕ290	T220 × 10	ϕ140	T180 × 8
121	500	415	120	ϕ300	T230 × 10	ϕ146	T185 × 10
127	510	425	120	ϕ310	T240 × 10	ϕ152	T195 × 10
139	510	425	120	ϕ310	T240 × 10	ϕ152	T195 × 10
151	520	435	120	ϕ330	T250 × 10	ϕ159	T200 × 10
163	540	455	120	ϕ340	T260 × 10	ϕ159	T210 × 10
187	570	485	150	ϕ350	T270 × 12	ϕ168	T220 × 10
199	620	515	150	ϕ370	T280 × 12	ϕ168	T225 × 12

续上表

规格 LM5	*A*	*B*	(*I*)	(*H*)	*E*	*J*	*F*
211	630	525	150	ϕ380	T290×12	ϕ180	T235×12
223	640	535	150	ϕ390	T300×12	ϕ180	T240×12
241	650	545	170	ϕ400	T310×14	ϕ194	T250×12
253	700	570	170	ϕ420	T320×14	ϕ194	T260×12
265	700	570	170	ϕ420	T320×14	ϕ194	T260×14
283	720	590	170	ϕ430	T330×14	ϕ203	T265×14
295	740	610	190	ϕ440	T340×14	ϕ203	T270×14
301	740	610	190	ϕ440	T340×16	ϕ203	T270×14
313	780	630	190	ϕ470	T360×16	ϕ219	T285×14
337	780	630	190	ϕ470	T360×16	ϕ219	T285×16
349	800	650	190	ϕ480	T360×16	ϕ219	T295×16
367	800	650	190	ϕ480	T370×18	ϕ219	T295×16
397	840	690	220	ϕ510	T390×18	ϕ245	T310×16
421	870	720	220	ϕ520	T400×18	ϕ245	T320×16
511	950	1 100	250	ϕ610	T450×20	ϕ299	T360×18

张拉千斤顶

LM 型钢丝冷铸镦头锚具可以与多种穿心千斤顶配套使用，如 YCD、YDC、YCW、YC、YCT 等。千斤顶技术参数见本书第四章第一节。

预应力的施加方法：

LM 型钢丝冷铸镦头锚具的张拉方法与 DM 型钢丝镦头锚具基本相同，不同之处是：

LM 型锚具可以预先加工镦头，而不必等到穿过孔道后再加工，在完成镦头后，还必须浇灌环氧树脂钢砂。

由于 LM 型锚具大都与体外束配合使用，两端进入锚箱的孔道内径一般都应比锚杯的外径大 5～15mm。

主要特点

锚固性能可靠，抗疲劳性能高，对钢丝容量调整幅度大，可以使用在比较重要的场合。

拆装容易，便于反复张拉及更换。

张拉吨位大，有较大的应用范围。

注意事项

由于环氧树脂在大气中的抗老化性能稍差，在制锚过程中，应特别注意环氧树脂的浇灌质量及配合比，以免影响锚具的使用寿命。

锚杯上的外螺纹在运输、安装、张拉过程中容易损坏，应特别注意，以免影响使用。

为保证施工安全，锚杯拉出孔道后应及时拧上螺母，在千斤顶回油锚固后，稍停再拆拉杆。

预应力钢丝的下料长度需精确计算，不可过长或过短。否则，张拉完成后，因锚杯拉出孔道太长或太短，均无法有效锚固。

三、钢质锥形锚具

钢质锥形锚具是我国20世纪60年代、70年代开发的一种主要的预应力锚固产品，目前仍有不少结构工程在使用，这种锚具的工作原理类似于F式锚具。

钢质锥形锚具最早仅用于锚固12~24丝5mm的高强钢丝。经过不断的改进，现在可以锚固12~30丝5mm的高强钢丝及12~24丝7mm的高强钢丝。由于生产工艺简单，国内几乎所有的锚具生产厂家都生产这种类型的锚具，其系列设计参数见表3-12。

钢质锥形锚具系列设计参数 表3-12

型 号	材料规格	钢丝根数	D	H	张拉机具
GZ5-12	φ5	12	φ90	50	YZ85型千斤顶，ZB4-500型油泵
GZ5-18	φ5	18	φ100	50	YZ85型千斤顶，ZB4-500型油泵
GZ5-24	φ5	24	φ110	53	YZ85型千斤顶，ZB4-500型油泵
GZ5-28	φ5	28	φ117	53	YZ85型千斤顶，ZB4-500型油泵
GZ5-30	φ5	30	φ136	53	YZ85型千斤顶，ZB4-500型油泵
GZ7-12	φ7	12	φ110	57	YZ85型千斤顶，ZB4-500型油泵
GZ7-24	φ7	24	φ130	57	YZ150型千斤顶，ZB4-500型油泵

锚具

这种锚具由锚环、锚基及锚垫板三部分组成。锚环及锚塞采用45号钢制造，锚垫板采用A3钢，但也有的生产厂家采用20Cr或其他强度更高的材料制造锚塞。

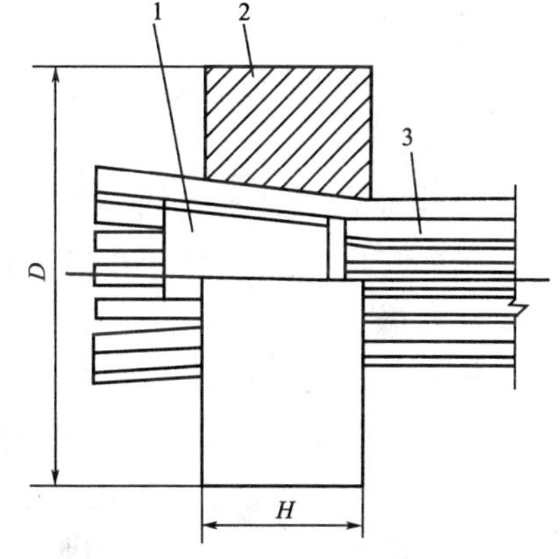

图3-16 钢质锥形锚锚具构造
1-锚塞；2-锚环；3-钢丝

锚具的工作原理是通过张拉预应力钢丝，顶压锚塞.把钢丝楔紧在锚环与锚塞之间，借助摩阻力传递张拉力（见图3-16），同时，利用钢丝的回缩力带动锚塞向锚环内滑进，使钢丝进一步楔紧。

关于锚垫板的规格及尺寸，各厂家及规范均未给出具体数值，使用时，可根据《公路钢筋混凝土及预应力混凝土桥涵设计规范》（JTG D62-2004）（以下简称《公桥规》）中关于局部承压的要求，设计计算。锚垫板可以单个独立工作，也可以多个连成整体共同工作。此外，每个锚垫板下均需设一个螺旋钢筋加强锚下混凝土，防止开裂，具体根据《公桥规》的有关规定设置。

张拉千斤顶

钢质锥形锚具的预应力张拉采用的千斤顶是一种双作用或三作用千斤顶，千斤顶与锚具安装示意图见图3-17，其主要技术参数见本书第四章第一节。

预应力的施加方法

钢质锥形锚具是一种后张预应力锚具，在结构物中必须预先留出孔道。过去常用的预留孔道方法是抽芯法，采用钢管或橡胶管成孔。其中又以橡胶管使用居多，因为它不但能用于直线管道，也能用于曲线管道，特别是高弹橡胶抽拔管的使用，使预应力管道成孔变得非常方便。

但对于较长的曲线束及束距较小的地方，近年来也有采用预埋金属管成孔的。

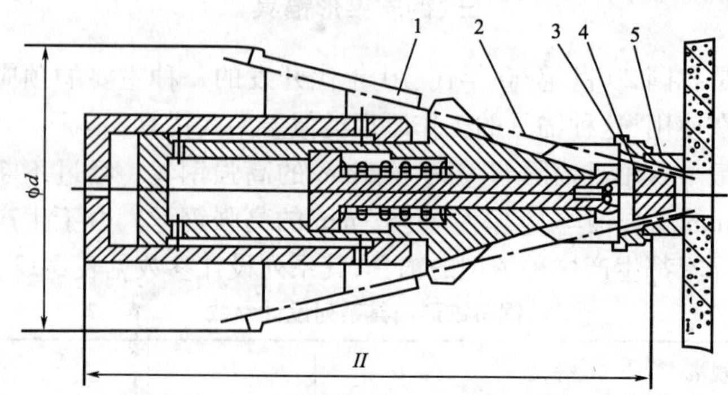

图 3-17　YZ 千斤顶安装示意图

1-锲块；2-钢丝；3-对中套；4-锚塞；5-锚环

预应力施加的主要步骤

按设计长度对钢丝下料，编制成束，并在两端编号，防止交错。然后采用机械或人工牵引法穿入预留孔道，对于较短的束可直按用人工穿入。

把锚环套在钢束外边，再放入锚塞并打紧。

安装对中套、千斤顶，用楔块将钢丝卡在千斤顶上的槽口内，摆正千斤顶并用锤敲紧楔块，即可开始预拉。

预应力钢丝的张拉分为预拉及张拉两步。预拉的目的是为了调整钢丝的张紧度，使每根钢丝长度保持一致。预应力张拉的程序及要求详见《公桥规》及《公路桥涵施工技术规范》(JTJ 041—2000)(以下简称《公施规》)的有关规定。

主要特点

锚具简单，使用成本低。

锚环的直径较小，便于在构件上布置。

注意事项

锚固时钢丝的回缩量较大，因此应力损失也较大，束愈短影响愈大。

锚塞受到动力作用时，有可能松动，使钢丝回缩，因此张拉完应及时灌浆。

由于受到千斤顶油缸行程的限制，不能用于长束。

由于锚环承受很大的径向张力(一般约等于张拉力的 4 倍)，故对锚环的设计、制造应予足够的重视。制造完成后，应逐个进行探伤检验，无缺陷者方可使用。

锚塞硬度不能低于所锚制丝的硬度，否则容易滑丝。锚塞硬度的一般要求，在顶锚后锚塞的齿纹能稍微压入钢丝表面，获得可靠的锚固。因此，锚塞制作完成后，应按批抽取 10% 的试样，对每个试样实测 3 点硬度，该 3 点除应符合设计要求外，其硬度之差也不得大于 3 个单位。如试验有 1 个不合格，应加倍进行复试，如仍有 1 个不合格，则认为该批不合格。

第四节　预应力钢绞线张拉锚固体系

一、国内常用锚固体系简介

我国生产预应力钢绞线锚具的厂家众多，且各成体系，目前国内应用较为广泛的锚固体系是 OVM 体系，品种也较为齐全，为本节重点介绍内容。其他体系结构和操作方法大同小异，不作详细介绍。

1. XM 型预应力张拉锚固体系

XM 型预应力张拉锚固体系是一种以钢绞线及高强钢丝为预应力筋的后张体系，该体系是由中国建筑利学研究院结构所与河南省交通规划设计院、中原预应力工艺设备厂等单位合作研制的国产第一代楔片式锚具产品。

XM 型锚固体系的锚具属于有顶压器顶压的锚固装置。该体系在中原预应力工艺设备厂生产已有多年历史，据称现在可锚固标准强度为 1 860MPa 级的 ϕ15.2mm、ϕ15.7mm 钢绞线和 7ϕ5mm 的高强钢丝束，其锚固回缩值最小可接近 4mm。

2. HVM 型预应力张拉锚固体系

HVM 型预应力张拉锚固体系是由柳州海维姆建筑机械有限公司开发研制的一种后张体系。该型锚固体系具有良好的自锚性能，无需顶压器，适用于锚固 2 000MPa 及以下的预应力钢绞线。HVM 于近年与 OVM 合并，统称 OVM。

3. OVM 型预应力张拉锚固体系

OVM 型预应力张拉锚固体系原是由柳州市建筑机械总厂、同济大学、东南大学、广东省公路工程处协同研制的一种后张体系。这种预应力体系是在广泛吸收用户意见，总结其他群锚锚具的生产、使用经验的基础上，综合其他锚具的优点，重新组合构造参数，通过多次优化设计和性能试验研制成功的。OVM 型锚固体系具有良好的自锚性能，无需顶压器，适用于锚固国内外多种不同强度、不同规格的钢绞线或平行钢丝束。

OVM 型体系于 1990 年 9 月通过省级科学技术成果鉴定，现由柳州市建筑机械总厂生产，该产品质量通过 ISO 9001—1994 质量保证体系及中国 CQC 和英国 BSI 的认证，经国内外权威检测机构的检验，主导产品技术性能指标符合中国 GB 标准、国际 FIP 标准、英国 BS 标准及日本 JIS 标准的要求。

4. VSL 型预应力张拉锚固体系

1997 年 VSL 国际有限公司与合肥四方交通机电有限责任公司在中国大陆合资成立了“威胜利工程有限公司”。

VSL 后张体系比较完善，有多个系列和各种不同类型的锚具、连接器及配套的张拉设备，可以满足不同结构、不同场合的各种需要。

5. YM 型预应力张拉体系

YM 型钢绞线预应力张拉锚固体系是原交通部“七五”、“八五”期间的重大科技项目—大吨位钢绞线成套张拉设备和大吨位锚具的研究成果，是由原交通部公路规划设计院和原交通部新津筑路机械厂负责，安徽省四方交通工程设备厂参加共同研制的。

该体系属于无顶压的锚固体系，现由原交通部新津筑路机械厂与合肥四方交通工程设备厂生产。

6. XYM 型预应力张拉锚固体系

XYM 型预应力张拉锚固体系是由中原预应力工艺设备厂与原交通部公路规划设计院合作共同研制的一种钢绞线预应力体系。该体系结构形式介于 XM 型与 YM 型之间，兼有两者的特点。该体系于 1992 年在河南省开封市通过省级鉴定。

根据预应力筋形式的不同，可分为 XYM5、XYM7、XYM8 高强钢丝型和 XYM15、XYM13 钢绞线型。其性能指标和试验参数均达到《预应力筋用锚具、夹具和连接器》(GB/T 14370—

2000)要求及满足国际预应力混凝土协会《关于后张预应力体系的验收建议》即FIP(1991)标准要求。

7. B&S型预应力张拉锚固体系

B&S型预应力张拉锚固体系是北京市建筑工程研究院研制并开发的现代高效预应力体系,预应力筋采用钢绞线。该体系于1992年通过部级鉴定,符合国标《预应力筋用锚具、夹具和连接器》和国际预应力混凝土协会(FIP)《关于后张预应力体系的验收和应用建议》(1981年)的要求。

该体系可锚固强度达1 860MPa级的钢绞线预应力筋,预应力的张拉锚固既可以采用自锚,也可以采用弹簧式或液压式顶压器顶压锚固。

8. TM型预应力张拉锚固体系

TM型预应力张拉锚固体系是由铁道部大桥局郑州预应力设备公司研制的一种后张法群锚体系。该体系从1992年5月开始研制,于1994年1月通过铁道部鉴定,鉴定认为该产品工艺先进,质量稳定,达到了设计要求的技术指标。

TM型锚具适用于锚固标准强度为1 570MPa级~1 860MPa级的ϕ15.0mm~ϕ15.7mm的钢绞线。锚具可以自锚,也可以采用顶压器顶压锚固。

9. STM型预应力张拉锚固体系

STM型预应力张拉锚固体系是由上海铁道大学申铁预应力锚具厂研制的一种钢绞线群锚体系。STM型锚具适用于锚固标准强度为1 570MPa~1 860MPa级的ϕ15.2mm、ϕ15.7mm的高强度钢绞线及平行钢丝束。锚具可以自锚,也可以采用顶压器顶压锚固。

10. JM型预应力张拉锚固体系

JM型锚固体系采用的是一种传统式锚具,早期JM型锚具主要用于锚固粗钢筋和低强度的7似钢绞线。现在许多单位与工厂对这种锚具加以改进与完善,除仍可用于锚固粗钢筋之外,也可用于锚固高强度的钢绞线。交通部门对这类锚具使用较少,主要在建筑部门使用。

11. BUPC无黏结预应力筋张拉锚固体系

BUPC无黏结预应力体系是北京市建筑工程研究院的研究成果,该体系于1981年通过建设部的技术鉴定,是建设部1991年公布的首批科技成果推广项目之一。BUPC建成了国内第一条自动化挤压成套无黏结预应力筋生产线,并形成了锚固产品加工体系,在国内首次进行了无黏结预应力长期耐久性的工程试验研究。

BUPC的锚固体系是专为无黏结预应力筋配套而设计的,主要包括甲、乙两种类型。甲型锚固体系主要用于钢丝束;乙型锚固体系主要用于钢绞线。

二、国外预应力张拉锚固体系简介

1. 法国弗莱西奈体系(FREYSSINET)

法国的弗莱西奈国际公司(Freyssinet Interational)是世界上最著名的预应力公司之一,在世界上首先使用高强度的钢筋给混凝土施加预应力,并将这一先进的技术应用于工业领域;该公司目前有多种系列产品,如锚固12根钢丝和12根钢绞线的锥形锚系列、锚固12根钢绞线的V系列、锚固多根钢绞线的群锚系列(K系列)以及锚固单根钢绞线的F. K. K单索锚系列。

2. 瑞士VSL体系

VSL国际公司(VSL INTERNATIONAL)是一个预应力专业公司,该公司于1956年开始使用VSL后张系统(VSL Post-TensjoningSystems)。是世界上首先使用钢绞线群锚体系的公司。

也是首先在受拉构件上应用钢绞线的制造商之一。1997 年 VSL 国际有限公司与合肥四方交通机电有限责任公司在中国大陆合资成立了“威胜利工程有限公司”。

VSL 后张体系比较完善,有多个系列和各种不同类型的锚具、连接器及配套的张拉设备,可以满足不同结构、不同场合的各种需要。

3. 英国 CCL 体系

CCL 有限公司是世界上最大的预应力设备制造商之一 ,它大量生产和销售先张法及后张法多种预应力设备与体系,广泛地应用于桥梁、建筑、储槽等工程。

CCL 公司 1954 年首次使用单根钢绞线后张系列,称作 CCL Multiforce System。其基本形式与 VSL 相似,它的锚杯为圆形平面,锚孔按同心圆排列并与锚杯的轴线平行,夹片开式与三片式两种。

4. 德国地伟达(DYWIDAG)体系

地伟达股份公司的英文全称为 Dyckerhoff and Widamnn Aktiengesellsckaft,简称 DYWIDAG,创立于 1865 年,是原德国最富经验和最大的建筑工程公司之一该公司在国内有 44 家分公司,在世界上 33 个国家设有分公司施工处或代表处。

地伟达预应力混凝土施工法是地伟达公司开发的一种施工方法,该方法主要是采用高强粗钢筋作为预应力筋使用。这种顶应力体系施工非常简便,可有效地对各种结构体系施加预应力,因此,自 1956 年以来,该方法已广泛用于世界各地的预应力施工。

地伟达体系的粗钢筋是一种热轧并有屈服点的合金钢,有光圆钢筋和精轧螺纹钢筋两种。光圆钢筋是采用机械在其两端冷轧出螺纹(其螺纹为非对称性螺纹,这一形状既可提高抗折强度,也可提高抗疲劳强度),再使用地伟达体系的锚具及连接器,就可以实现张拉锚固及钢筋的任意接长了。精轧螺纹钢筋是在钢筋的全长表面轧制出连续不断的螺纹形,这比机械加工的螺纹更耐久,可以容许在钢筋的任何一点进行锚固和螺纹连接,而且与混凝土之间有较好的握裹力。因此,精轧螺纹钢筋除了作为预应力筋使用外,还广泛应用于地锚、临时性结构并可作为吊杆使用。

地伟达公司除著名的精轧螺纹钢筋预应力体系之外,近年来也推出了钢绞线预应力体系。

地伟达预应力体系的产品以精制、完美而著称。其铺具与众不同,具有自己的特色,从粗钢筋的张拉端预留穴到钢绞线锚的压浆管、压浆帽等细微之处都有定型设计。该公司为了保护自己的技术信誉,采用独家经营,尽量不单独出售锚具及张拉设备。苏通大桥连续钢构竖向预应力筋采用地伟达的产品。

5. 瑞士 BBRV 体系

BBRV 公司是瑞士的一家预应力公司,该公司的钢丝束镦头锚具是 1945 年在瑞士开发研制出来的,后经发明人的不断改进,而形成一个完整的系列。取锚具的发明者 M · Bikenmaier · A · Brandestini · M · R. Ros及施工方法的发明者 K · Vogt 四人名字的开头字母,命名为 BBRV 体系,现在世界上 40 多个国家使用。

三、OVM 型预应力张拉锚固体系

OVM 型锚固体系分为圆锚(OVM)、扁锚(BM)、环锚(HM)、拉索群锚、吊杆锚、系杆锚及锚锭锚固系统等系列;品种齐全,可以满足各种不同的预应力混凝土结构的需要。

(一)OVM 型锚固体系

1. 圆锚锚具

OVM 圆锚锚具除可锚固标准强度为 1 860 ~ 2 000MPa 及以下级别的 ϕ12.7、ϕ12.9、ϕ15.24、ϕ15.7mm 钢绞线外，还开发了锚固 ϕ17.78mm 钢绞线及 ϕ21.8mm、ϕ28.6mm 由 19 根钢丝组成的高强钢绞线的单孔锚。

(1)张拉端锚具

OVM 多根钢绞线张拉端锚固体系是 OVM 型预应力体系的主要元件，其组成和工作原理与其他夹片式张拉锚具基本相同，也可作为固定端锚具使用，夹片为两片四开式的；锚具的结构见图 3-18，其成套设计参数见表 3-13。

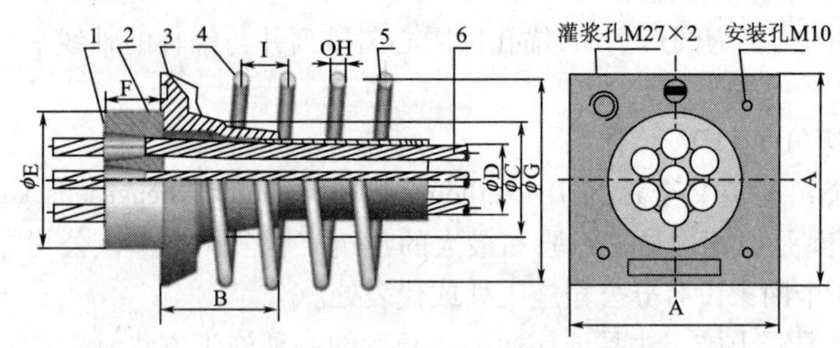

图 3-18　OVM 张拉端体系构造图

1-夹片；2-锚板；3-锚垫板；4-螺旋筋；5-波纹管；6-预应力筋

OVM. M15、OVM. M13 锚具参数表　　表 3-13

型　号	锚垫板		波纹管	锚板	螺旋筋				张拉千斤顶型号
	$A \times B \times \phi C$	安装孔孔距	ϕD（内径）	$\phi E \times F$	ϕG	ϕH	I	N	
OVM. M15-1	80×80×φ14	—	—	φ46×48	φ80	φ6	30	4	YDC240QX
OVM. M13-1	80×80×φ14	—	—	φ43×43	φ80	φ6	30	3	YDC240QX
OVM. M15-2	115×100×φ80	80	45	φ85×48	φ115	φ8	40	4	YCW100B
OVM. M13-2	115×100×φ80	80	45	φ75×50	φ110	φ8	30	3	YCW100B
OVM. M15-3	135×110×φ83	95	50	φ85×48	φ130	φ10	50	4	YCW100B
OVM. M13-3	120×130×φ80	85	45	φ80×50	φ120	φ10	50	3	YCW100B
OVM. M15-4	165×120×φ83	120	55	φ100×48	φ150	φ12	50	5	YCW100B
OVM. M13-4	135×130×φ80	95	50	φ90×50	φ135	φ10	50	3	YCW100B
OVM. M15-5	180×130×φ93	135	55	φ115×48	φ170	φ12	50	5	YCW100/150B
OVM. M13-5	145×130×φ80	105	50	φ100×55	φ145	φ12	50	4	YCW100B
OVM. M15-6	210×100×φ108	145	70	φ126×48	φ200	φ12	50	5	YCW150B
OVM. M13-6/7	165×130×φ94	120	60	φ115×56	φ165	φ14	50	4	YCW100B
OVM. M15-7	210×160×φ108	145	70	φ126×50	φ200	φ12	50	5	YCW150/250B
OVM. M13-8	190×150×φ100	135	60	φ130×55	φ176	φ16	50	4	YCW150B
OVM. M15-8	220×160×φ125	160	80	φ143×53	φ216	φ14	50	5	YCW250B
OVM. M13-9	190×150×φ108	135	70	φ137×60	φ190	φ16	50	4	YCW150B
OVM. M15-9	240×180×φ125	180	80	φ152×53	φ240	φ14	50	5	YCW250B

续上表

型号	锚垫板		波纹管	锚板	螺旋筋				张拉千斤顶型号
	$A\times B\times\phi C$	安装孔孔距	ϕD（内径）	$\phi E\times F$	ϕG	ϕH	I	N	
OVM. M13-10/11	216×180×ϕ134	160	80	ϕ157×80	ϕ218	ϕ16	50	5	YCW150B
OVM. M15-10	270×210×ϕ140	200	90	ϕ166×55	ϕ270	ϕ16	60	5	YCW250B
OVM. M13-12	216×180×ϕ137	160	80	ϕ157×60	ϕ216	ϕ16	50	5	YCW150B
OVM. M15-11	270×210×ϕ140	200	90	ϕ166×57	ϕ270	ϕ16	60	5	YCW250B
OVM. M13-13	230×180×ϕ136	190	80	ϕ157×80	ϕ230	ϕ16	60	5	YCW250B
OVM. M15-12	270×210×ϕ140	200	90	ϕ166×60	ϕ270	ϕ16	60	5	YCW250/350B
OVM. M13-14	230×180×ϕ135	190	80	ϕ165×65	ϕ230	ϕ16	60	5	YCW250B
OVM. M15-13	270×210×ϕ140	200	90	ϕ166×65	ϕ270	ϕ16	60	5	YCW350B
OVM. M13-15/16	240×245×ϕ140	200	90	ϕ195×70	ϕ240	ϕ16	60	5	YCW250B
OVM. M15-14	285×220×ϕ152	210	90	ϕ175×62	ϕ285	ϕ16	60	5	YCW350B
OVM. M13-17	240×245×ϕ140	200	90	ϕ195×70	ϕ240	ϕ18	60	5	YCW250B
OVM. M15-15	300×240×ϕ170	225	90	ϕ195×65	ϕ300	ϕ16	60	5	YCW350B
OVM. M13-18/19	270×245×ϕ154	200	90	ϕ195×70	ϕ265	ϕ18	60	5	YCW250B
OVM. M15-16	300×240×ϕ170	225	90	ϕ195×65	ϕ300	ϕ18	60	5	YCW350/400B
OVM. M13-20	290×340×ϕ176	220	90	ϕ217×70	ϕ290	ϕ18	60	5	YCW350B
OVM. M15-17	300×240×ϕ170	225	90	ϕ195×70	ϕ300	ϕ18	60	5	YCW350/400B
OVM. M13-21/22	290×340×ϕ176	220	90	ϕ217×80	ϕ290	ϕ18	60	5	YCW350B
OVM. M15-18	310×250×ϕ174	230	100	ϕ205×70	ϕ310	ϕ18	60	6	YCW400B
OVM. M13-23/24	300×355×ϕ185	220	100	ϕ230×80	ϕ310	ϕ18	60	6	YCW400B
OVM. M15-19	310×250×ϕ174	230	100	ϕ205×73	ϕ310	ϕ18	60	6	YCW400B/500B
OVM. M13-25/26	300×355×ϕ185	220	100	ϕ230×85	ϕ310	ϕ18	60	6	YCW400B
OVM. M15-20	320×280×ϕ188	230	120	ϕ224×75	ϕ320	ϕ20	60	6	YCW500B
OVM. M13-27	300×355×ϕ185	220	100	ϕ230×85	ϕ310	ϕ20	60	6	YCW400B
OVM. M15-21/22	320×260×ϕ168	230	120	ϕ224×78	ϕ320	ϕ20	60	6	YCW500B
OVM. M13-28/29	315×370×ϕ190	230	105	ϕ245×85	ϕ315	ϕ20	60	6	YCW400B
OVM. M15-23/24	350×295×ϕ210	260	120	ϕ244×82	ϕ350	ϕ20	60	6	YCW850A
OVM. M13-30/31	315×370×ϕ190	230	105	ϕ245×85	ϕ315	ϕ20	60	6	YCW500B
OVM. M15-25/26/27	350×295×ϕ210	260	120	ϕ244×85	ϕ350	ϕ20	60	6	YCW650A
OVM. M13-32/33	370×470×ϕ216	280	120	ϕ270×110	ϕ370	ϕ20	60	7	YCW500B
OVM. M15-28/29	390×346×ϕ222	290	130	ϕ260×88	ϕ390	ϕ20	60	7	YCW650A
OVM. M13-34	370×470×ϕ216	280	120	ϕ270×110	ϕ370	ϕ20	60	7	YCW500B
OVM. M15-30/31	390×348×ϕ222	290	130	ϕ280×90	ϕ390	ϕ20	60	7	YCW850A
OVM. M13-35/36	370×470×ϕ216	280	120	ϕ270×110	ϕ370	ϕ20	60	7	YCW500B
OVM. M15-32/33/34	465×390×ϕ246	350	140	ϕ298×95	ϕ465	ϕ20	60	8	YCW650/900A

续上表

型号	锚垫板		波纹管	锚板	螺旋筋				张拉千斤顶型号
	$A\times B\times\phi C$	安装孔孔距	ϕD（内径）	$\phi E\times F$	ϕG	ϕH	I	N	
OVM. M13-37	370×470×ϕ216	280	120	ϕ270×110	ϕ370	ϕ20	60	7	YCW650A
OVM. M15-35/36/37	465×390×ϕ247	350	140	ϕ296×100	ϕ465	ϕ20	60	8	YCW650/900A
OVM. M13-38/39	390×500×ϕ240	290	130	ϕ310×120	ϕ390	ϕ20	60	7	YCW650A
OVM. M15-38/39	500×450×ϕ288	376	160	ϕ324×105	ϕ500	ϕ20	60	8	YCW900A
OVM. M13-40/41/42	390×500×ϕ240	290	130	ϕ310×120	ϕ390	ϕ20	60	7	YCW650A
OVM. M15-40/41/42	500×450×ϕ286	376	160	ϕ324×112	ϕ500	ϕ22	60	8	YCW900A
OVM. M13-43/44	390×500×ϕ240	290	130	ϕ310×130	ϕ390	ϕ22	60	7	YCW650A
OVM. M15-43/44/45	500×450×ϕ286	376	160	ϕ324×112	ϕ500	ϕ22	60	8	YCW900/1200A
OVM. M13-45/46/47	465×500×ϕ250	340	140	ϕ330×130	ϕ465	ϕ22	60	8	YCW900A
OVM. M15-46/47	540×510×ϕ295	400	160	ϕ344×115	ϕ540	ϕ22	60	8	YCW1200A
OVM. M13-48/49	465×600×ϕ250	340	140	ϕ330×132	ϕ465	ϕ22	60	8	YCW900A
OVM. M15-48/49	540×510×ϕ295	400	160	ϕ344×116	ϕ540	ϕ22	60	8	YCW1200A
OVM. M13-50/51/52	465×500×ϕ250	340	140	ϕ330×135	ϕ465	ϕ22	60	8	YCW900A
OVM. M15-50/51/52	540×510×ϕ295	400	160	ϕ344×120	ϕ540	ϕ22	60	8	YCW1200A
OVM. M13-53/54	465×500×ϕ250	340	140	ϕ330×140	ϕ465	ϕ22	60	8	YCW900A
OVM. M15-53/54/55	540×510×ϕ295	400	160	ϕ344×130	ϕ540	ϕ22	60	8	YCW1200A
OVM. M13-55	465×500×ϕ250	340	140	ϕ330×140	ϕ465	ϕ22	60	8	YCW900A

注：OVM. M15-1、OVM. M13-1 配套锚垫板尺寸（长×宽×高）80×80×ϕ14 可以根据用户的要求特殊设计。

（2）固定端锚具：有扁 P 型锚具、圆 P 型锚具、H 型锚具三种

a. OVM 固定端扁 P 型锚具

适用于需要把后张力直接传至梁端时的情况。它包括挤压套（含三角型钢丝挤压簧）、螺旋筋、锚板、约束圈等。挤压套、挤压簧与钢绞线采用专业的 GYJA 型挤压器挤压锚固。锚具的结构见图 3-19，其成套设计参数见表 3-14。也可采用 P 锚与 OVM 圆锚组合成固定端锚具，见图 3-20。

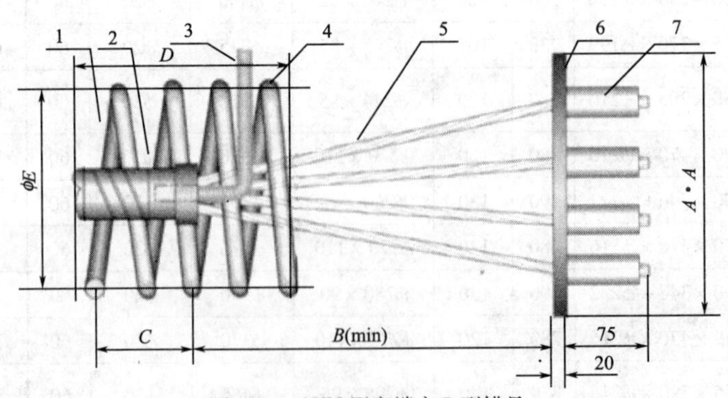

图 3-19　OVM 固定端扁 P 型锚具

1-波纹管；2-约束圈；3-出浆管；4-螺旋筋；5-钢绞线；6-固定锚板；7-挤压头

OVM. P15、OVM. P13 固定端 P 型锚尺寸表 表 3-14

尺寸 \ 规格	2	3	4	5	6/7	8	9	10	11	12	13	14	15	16	17	18	19
$A \times A$	100·80 (90×70)	120 (100)	150 (120)	170 (140)	200 (150)	220 (170)	220 (170)	250 (220)	250 (220)	250 (220)	250 (220)	260 (250)	260 (250)	260 (250)	290 (250)	300 (250)	300 (250)
B(min)	180 (120)	180 (120)	240 (180)	300 (180)	380 (300)	440 (380)	440 (380)	500 (440)	500 (440)	500 (440)	500 (440)	560 (500)	560 (500)	560 (500)	720 (500)	720 (500)	720 (500)
C	110 (85)	110 (85)	110 (110)	110 (110)	120 (110)	120 (110)	120 (110)	135 (120)	135 (120)	135 (120)	135 (135)	135 (135)	135 (135)	135 (135)	135 (135)	135 (135)	135 (135)
D	200 (200)	200 (200)	250 (200)	250 (200)	250 (200)	250 (200)	250 (200)	250 (250)	250 (250)	250 (250)	250 (250)	300 (250)	300 (250)	300 (250)	300 (250)	300 (250)	300 (250)
ϕE	150 (130)	150 (130)	170 (150)	200 (170)	200 (170)	240 (200)	240 (200)	240 (216)	240 (216)	240 (216)	240 (216)	270 (240)	270 (240)	270 (240)	270 (240)	270 (240)	270 (240)

b. OVM 固定端圆 P 型锚具

采用 P 锚与 OVM 圆锚组合成固定端锚具，结构紧凑，适用于有空间要求的固定端，可有效增加预应力施加长度，避免在固定端预应力钢绞线与混凝土直接黏结，减少钢绞线腐蚀。圆 P 型锚具布置与普通圆锚相同。结构见图 3-20。

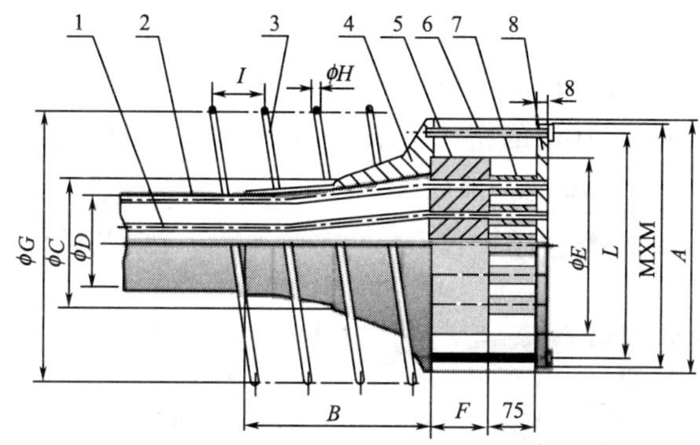

图 3-20 OVM 固定端圆 P 型锚具

1-预应力筋；2-波纹管；3-螺旋筋；4-锚垫板；5-锚板；6-螺钉；7-挤压套；8-压板

c. OVM 固定端 H 型锚具

适用于需要把后张力传至混凝土时的情况。它包括带犁形自锚头的一段钢绞线、支托梨形自锚头用的钢筋支架、螺旋筋、约束圈、金属波纹管等。钢绞线梨形自锚头采用专用 YH3 型压花机挤压成形。锚具的结构见图 3-21，其成套设计参数见表 3-15。

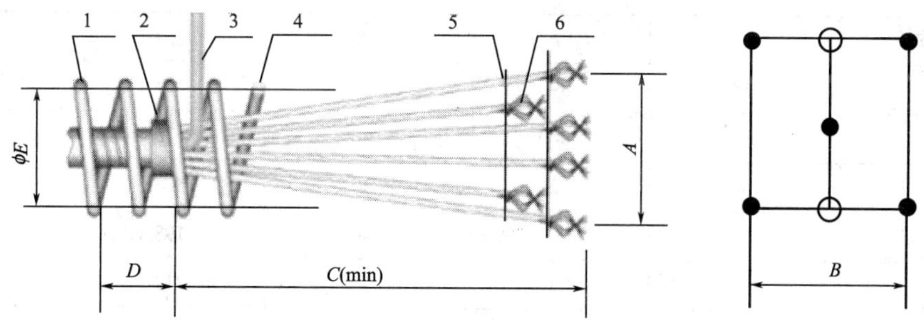

图 3-21 OVM 固定端 H 型锚具

1-波纹管；2-约束圈；3-排气管；4-螺旋筋；5-支架；6-钢绞线梨形自锚头

固定端 H 型锚固体系参数表 表 3-15

型号	钢绞线根数	A	B	C(min)	D	ϕE
OVMLH1S-3	3	190(130)	90(70)	950(650)	145(145)	–
OVMLH1S-4	4	190(150)	210(170)	950(650)	145(145)	–
OVMLH1S-5	5	200(180)	220(180)	950(650)	145(145)	–
OVMLH1S-6/7	6/7	210(170)	230(190)	1 300(850)	155(155)	200(170)
OVMLH1S-9	9	270(220)	310(250)	1 300(850)	155(155)	240(200)
OVMLH1S-12	12	330(270)	390(310)	1 300(850)	155(155)	240(200)
OVMLH1S-19	19	390(310)	470(390)	1 300(950)	155(155)	270(240)
OVMLH1S-27	27	450(410)	520(430)	1 700(1 150)	155(155)	320(270)
OVMLH1S-31	31	510(430)	570(470)	1 700(1 150)	165(155)	390(320)
OVMLH1S-37	37	510(430)	690(570)	2 000(1 680)	185(165)	390(390)
OVMLH1S-43	43	550(560)	750(580)	2 500(1 680)	210(185)	465(390)
OVMLH1S-55	55	520(560	850(680)	2 500(1 980)	240(185)	500(390)

注:括号内为 OVM. H13 参数。

(3)连接器

OVMl5(13)L 连接器有单根和多根两种形式,单根作为接长预应力筋用;多根作为接长预应力束,通常用于连续梁中。连接器的挤压头采用 GYJA 型挤压器挤压成型,连接器的结构见图 3-22,其成套设计参数见表 3-16、表 3-17。

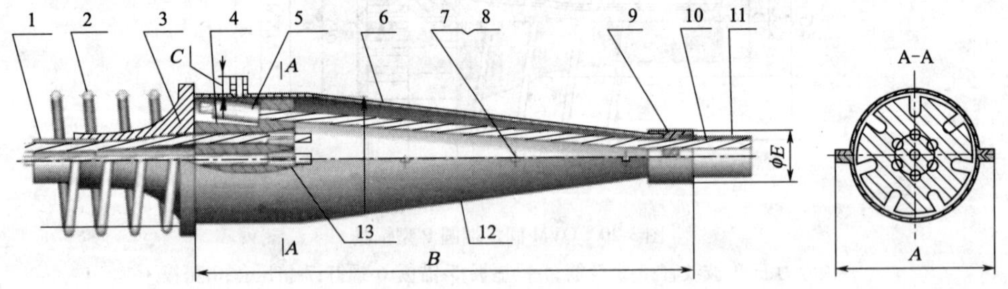

图 3-22 连接器结构图

1-波纹管;2-螺旋筋;3-锚垫板;4-连接体;5-挤压头;6-保护罩 I;7-六角螺栓;8-六角螺母;9-约束圈;10-钢绞线;11-波纹管;12-保护罩 II;13-夹片

OVM. L15 连接器参数表 表 3-16

连接器型号	A	B	C	ϕD	ϕE
L15-(2~3)	214	590	40	154	80
L15-4	230	660	40	170	85
L15-5	244	722	40	184	85
L15-(6~7)	258	722	40	198	100
L15-8	272	739	40	212	110
L15-9	282	783	40	222	110
L15-(10~13)	298	809	40	238	120

续上表

连接器型号	A	B	C	ϕD	ϕE
L15-14	308	809	40	248	120
L15-(15~17)	332	915	40	272	120
L15-(18~19)	336	932	40	276	140
L15-(21~22)	356	1 020	40	295	170
L15-(25~27)	386	1 074	40	326	180
L15-31	434	1 241	40	374	180

OVM. L13 连接器参数表 表 3-17

连接器型号	A	B	C	ϕD	ϕE
L13-(2~3)	184	606	25	144	65
L13-4	194	628	25	154	70
L13-5	204	677	25	164	70
L13-(6~7)	219	694	25	179	80
L13-9	241	791	25	201	90
L13-12	261	791	25	221	100
L13-19	300	918	25	260	120
L13-(26~27)	376	1 130	25	313	150
L13-31	429	1 340	25	366	155
L13-35	471	1 503	25	408	160

OVM18(张拉端锚具、固定端 P 型锚具)、OVM22、OVM28 型锚具:主要用于锚固 ϕ17.78mm 钢绞线与由 19 根钢丝组成的 ϕ21.8mm、ϕ28.6mm 高强钢绞线。

2. 扁锚

OVMl5BM 扁锚主要使用在后张构件厚度较薄的部位,适用于 ϕ15.24、ϕ15.7、ϕ12.7、ϕ12.9 钢绞线。张拉端锚具、固定锚具、连接器的结构分别见图 3-23 ~ 图 3-25,其成套设计参数分别见表 3-18 ~ 表 3-20。

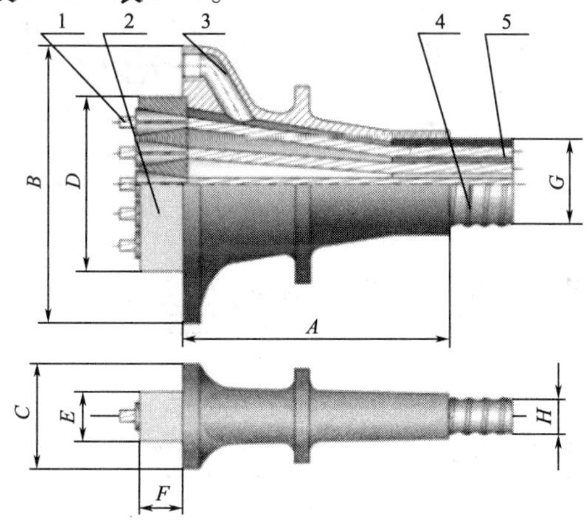

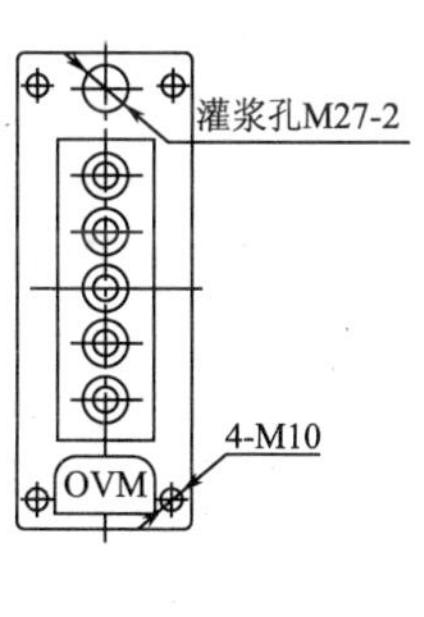

图 3-23 五孔 BM 张拉端锚具结构

1-夹片;2-锚板;3-锚垫板;4-波纹管;5-钢绞线

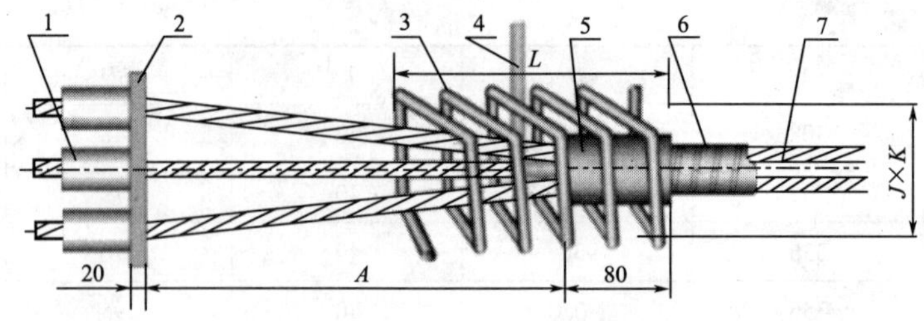

图 3-24　BM 固定端锚具结构图

1-挤压头;2-固定端锚板;3-螺旋筋;4-出浆管;5-约束圈;6-扁波纹管;7-钢绞线

BM13、BM15 工作锚基本参数　　表 3-18

钢绞线根数	锚垫板(mm)	锚板(mm)	波纹管内径尺寸
	A B C	*D E F*	*G H*
2	150 160 80	80 48 50	50 19
3	190 200 90	115 48 50	60 19
4	235 240 90	150 48 50	70 19
5	270 270 90	185 48 50	90 19

BM13、BM15 固定端 P 型锚参数表　　表 3-19

钢绞线	固定端锚板	螺旋筋	约束圈外形	扁波纹管内径	*A*
根数	长 宽	$L \times J \times K$	长 宽	长 宽	(min)
2	140 70	300×130×100	80 50	50 19	190
3	180 70	300×170×100	90 50	60 19	250
4	220 70	300×210×100	100 50	70 19	320
5	260 70	350×250×100	120 50	90 19	400

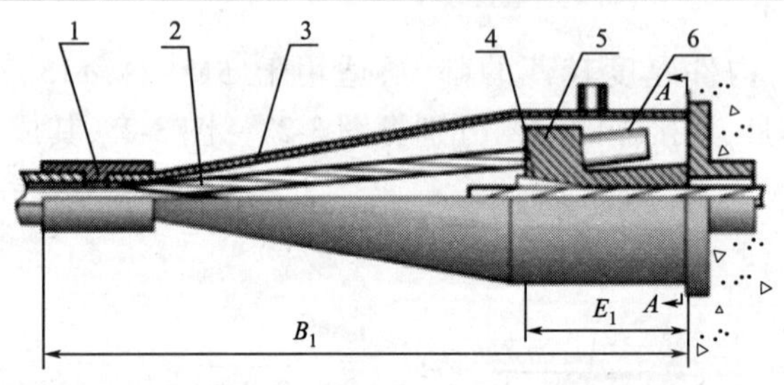

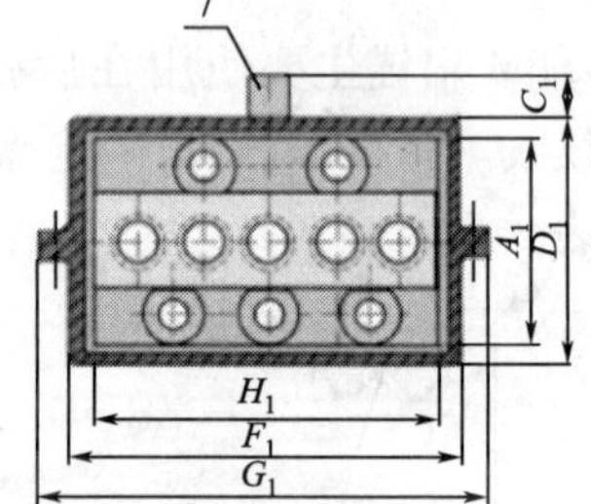

图 2-25　BM 连接器结构

1-约束圈;2-钢绞线;3-保护罩;4-工作夹片;5-连接体;6-挤压套(挤压簧);7-排气管

BM15L、BM13L 型扁形连接器参数表(mm)　　表 3-20

钢绞线根数	A_1	B_1	C_1	D_1	E_1	F_1	G_1	H_1
2	100	700	25	118	135	90	130	80
3	100	700	25	118	135	125	165	115
4	100	750	25	118	135	160	200	150
5	100	750	25	118	135	195	235	185

3. 环锚

OVMl5HM 环锚锚具主要用于水电站压力水隧洞、排砂洞的预力混凝土衬砌结构和大型污水池等环形预应力结构,也可用做预应力筋连接器。环锚的结构见图 3-26,其成套设计参数见表 3-21。

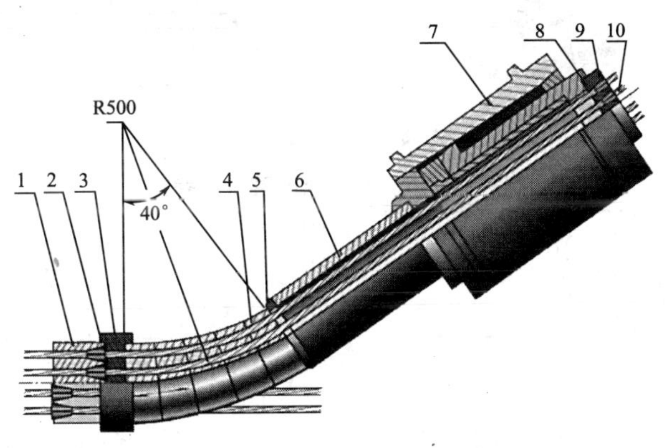

图 3-26 HM 锚的结构

1-HM 锚板;2-工作夹片;3-限位板;4-偏转器;5-过渡块;6-延长筒;7-千斤顶;8-工具锚板;9-工作夹片;10-钢绞线

OVM. HM15 环锚主要尺寸表 表 3-21

规格	工作锚板	限位板	工具锚板	配用千斤顶
	长×高×厚	长×高×厚	外径×高	
HM15~2	160×50×65	-	-	YDC240QX
HM15-4	160×90×80	-	-	-
HM15-6	160×130×100	-	-	-
HM15-8	210×160×120	-	-	-
HM15-8T	219×130×120	-	-	-
HM15-12	290×180×120	190×110×50	Ø184×70	YCW250A(B)
HM15-14	320×180×125	190×140×50	Ø250×72	YCW350A

4. 拉索群锚

拉索群锚采用钢绞线做预应力筋,主要用于斜拉桥的拉索,与平行钢丝索相比,具有施工重量轻,操作方便等优点。拉索群锚的结构分别见图 3-27~图 3-28,其成套设计参数见表 3-22。

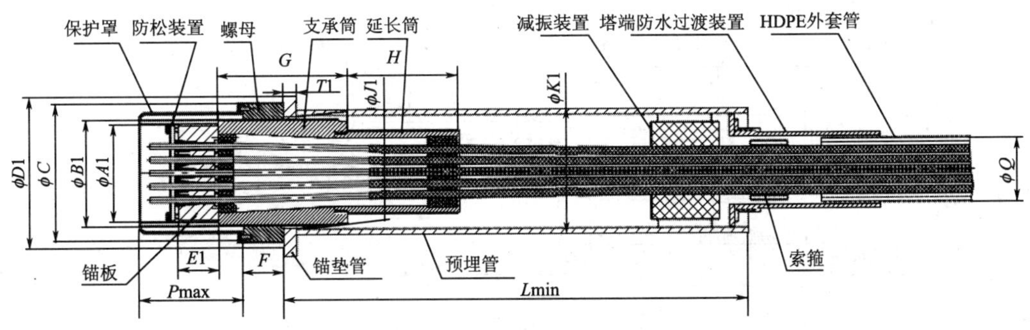

图 3-27 张拉端锚具(塔端)

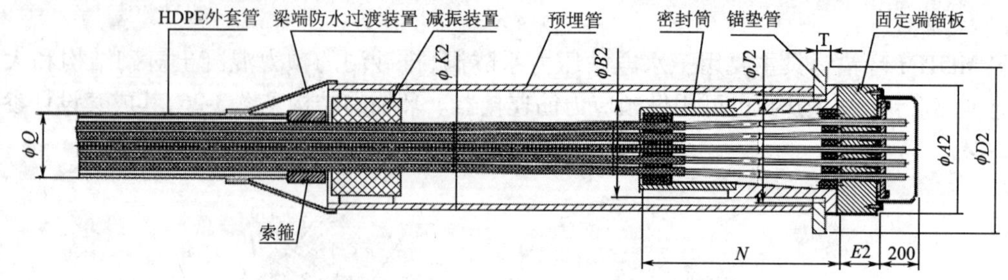

图 3-28　固定端锚具(梁端)

OVM250 拉索群锚成套设计参数　　表 3-22

尺寸 \ 锚具规格	张拉端锚板(mm)		张拉端支承筒(mm)		保护罩(mm)	张拉端螺母(mm)		延伸筒(mm)	张拉端预埋管(mm)	固定端锚板(mm)		固定端支承筒(mm)		固定端预埋管(mm)	PE 护管		配套千斤顶
	A	F	B	H	C	D	G	J	K	L	M	N	P	Q	圆管	HALF 管	型号
OVM250-19	φ270	100	φ285	400	φ295	φ360	120	400	φ300	φ360	180	400	φ250	φ300	φ155	φ132	YDCS3000
OVM250-22	φ270	100	φ285	400	φ295	φ360	120	400	φ300	φ360	180	400	φ250	φ300	φ155	φ170	YDCS3000
OVM250-27	φ270	100	φ285	400	φ295	φ360	120	400	φ300	φ360	180	400	φ250	φ300	φ180	φ170	YDCS3000
OVM250-31	φ310	140	φ330	450	φ340	φ420	150	400	φ345	φ420	220	400	φ320	φ345	φ200	φ170	YDCS5500
OVM250-34	φ310	140	φ330	450	φ340	φ420	150	400	φ345	φ420	220	400	φ320	φ345	φ200	φ170	YDCS5500
OVM250-37	φ335	150	φ350	500	φ360	φ450	150	400	φ365	φ450	220	500	φ320	φ365	φ200	φ170	YDCS5500
OVM250-43	φ335	150	φ350	500	φ360	φ450	150	400	φ365	φ450	220	500	φ320	φ365	φ230	φ195	YDCS5500
OVM250-55	φ370	180	φ390	600	φ400	φ500	180	500	φ410	φ460	280	600	φ360	φ380	φ235	φ195	YDCS6500

5. 吊杆锚

OVMDS(K)吊杆锚分为冷铸式及墩头式两种,镦头式吊杆锚的结构及成套设计参数见图 3-29,成套设计参数见表 3-23、表 3-24。

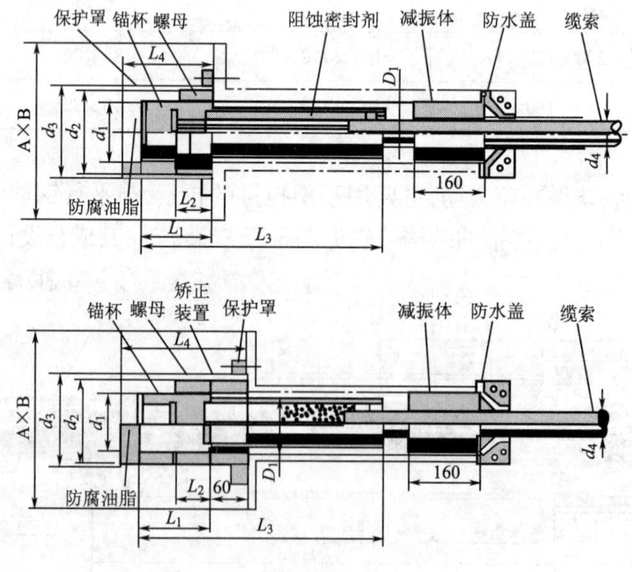

图 3-29　吊杆锚的结构(尺寸单位:mm)

OVMDS(K)5 吊杆锚成套设计参数 表 3-23

吊杆规格	锚杯直径	螺母直径	保护罩外径	缆索外径	预埋管孔径	锚杯长度	螺母长度	锚具总长	保护罩长度	钢垫板	钢丝直径	吊杆破断力
	d_1 (mm)	d_2 (mm)	d_3 (mm)	d_4 (mm)	D_1 (mm)	L_1 (mm)	L_2 (mm)	L_3 (mm)	L_4 (mm)	$A \times B$ (mm)	mm	kN
OVMDS(K)5-24	ϕ90	ϕ130	ϕ150	ϕ50	ϕ100	100	40	450	190	240×240	ϕ5	787
OVMDS(K)5-37	ϕ110	ϕ150	ϕ180	ϕ55	ϕ120	120	50	600	210	270×270	ϕ5	1 213
OVMDS(K)5-55	ϕ125	ϕ180	ϕ210	ϕ61	ϕ140	140	60	800	240	350×270	ϕ5	1 803
OVMDS(K)5-61	ϕ145	ϕ210	ϕ240	ϕ65	ϕ160	150	70	800	250	350×350	ϕ5	2 000
OVMDS(K)5-73	ϕ150	ϕ220	ϕ250	ϕ69	ϕ165	150	70	800	250	350×350	ϕ5	2 393
OVMDS(K)5-85	ϕ155	ϕ230	ϕ260	ϕ71	ϕ170	150	80	800	250	380×350	ϕ5	2 787
OVMDS(K)5-91	ϕ170	ϕ240	ϕ270	ϕ75	ϕ185	170	80	850	270	400×360	ϕ5	2 984
OVMDS(K)5-109	ϕ175	ϕ250	ϕ280	ϕ78	ϕ190	170	90	850	270	400×360	ϕ5	3 574
OVMDS(K)5-127	ϕ190	ϕ260	ϕ290	ϕ85	ϕ205	180	90	870	280	400×400	ϕ5	4 217
OVMDS(K)5-151	ϕ195	ϕ270	ϕ300	ϕ92	ϕ210	180	100	870	280	420×400	ϕ5	4 950
OVMDS(K)5-163	ϕ195	ϕ270	ϕ300	ϕ95	ϕ210	180	100	870	280	420×400	ϕ5	5 345

OVMDS(K)7 吊杆锚成套设计参数 表 3-24

吊杆规格	锚杯直径	螺母直径	保护罩外径	缆索外径	预埋管孔径	锚杯长度	螺母长度	锚具总长	保护罩长度	钢垫板	钢丝直径	吊杆破断力
	d_1 (mm)	d_2 (mm)	d_3 (mm)	d_4 (mm)	D_1 (mm)	L_1 (mm)	L_2 (mm)	L_3 (mm)	L_4 (mm)	$A \times B$ (mm)	mm	kN
OVMDS(K)7-24	ϕ105	ϕ160	ϕ190	ϕ55	ϕ115	115	50	450	200	270×270	ϕ7	1 542
OVMDS(K)7-37	ϕ140	ϕ200	ϕ270	ϕ69	ϕ150	140	70	750	230	360×270	ϕ7	2 378
OVMDS(K)7-55	ϕ160	ϕ240	ϕ270	ϕ78	ϕ175	160	80	920	260	360×360	ϕ7	3 535
OVMDS(K)7-61	ϕ175	ϕ250	ϕ280	ϕ83	ϕ190	170	80	920	270	400×360	ϕ7	3 921
OVMDS(K)7-73	ϕ185	ϕ250	ϕ280	ϕ88	ϕ200	170	90	920	270	400×360	ϕ7	4 692
OVMDS(K)7-85	ϕ190	ϕ260	ϕ290	ϕ95	ϕ205	180	90	970	280	400×400	ϕ7	5 463
OVMDS(K)7-91	ϕ210	ϕ180	ϕ310	ϕ101	ϕ225	180	100	970	280	430×400	ϕ7	5 848
OVMDS(K)7-109	ϕ215	ϕ290	ϕ320	ϕ105	ϕ230	180	100	970	280	430×400	ϕ7	7 005
OVMDS(K)7-127	ϕ240	ϕ310	ϕ340	ϕ115	ϕ255	190	110	1050	290	460×460	ϕ7	8 162
OVMDS(K)7-151	ϕ250	ϕ330	ϕ360	ϕ119	ϕ265	190	110	1050	290	500×500	ϕ7	9 704
OVMDS(K)7-163	ϕ250	ϕ330	ϕ360	ϕ123	ϕ265	190	110	1050	290	530×530	ϕ7	10 475

6. 系杆锚

钢绞线系杆拉索是由钢绞线成品索或多根无黏结筋与 OVMXG 系杆锚具组成的受拉杆件。应用于混凝土或钢结构中,如钢管拱结构中。系杆拉索中的锚具的主要特性是:在低应力状态下具有可靠锚固性能和整体结构具有可靠防腐措施。锚固的结构形式分为永久式锚固结构和可换索式锚固结构两种。系杆锚的结构分别见图 3-30,其成套设计参数见表 3-25。

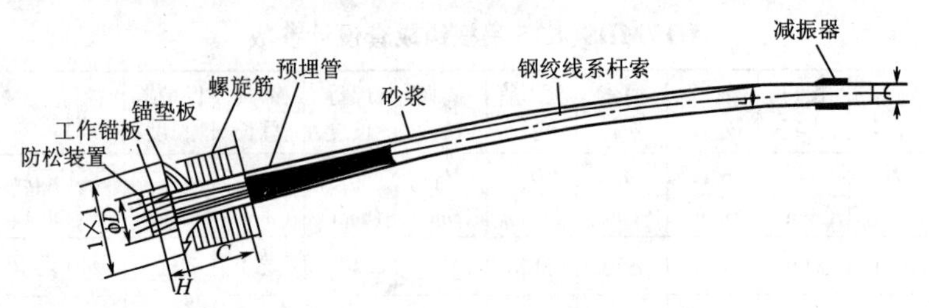

图 3-30 永久式系杆锚锚固结构

永久式系杆锚成套设计参数(mm) 表 3-25

尺寸 规格	ϕD	H	$A\times A\times C$	d_1	d_2	d_3
OVMXG15-7	ϕ135	60	210×210×160	ϕ240	ϕ80	ϕ56
OVMXG15-12	ϕ175	70	270×270×210	ϕ330	ϕ100	ϕ72
OVMXG15-19	ϕ217	90	310×310×250	ϕ400	ϕ115	ϕ88
OVMXG15-27	ϕ260	120	350×350×295	ϕ470	ϕ130	ϕ106
OVMXG15-37	ϕ310	140	465×465×390	ϕ570	ϕ145	ϕ123

注:①d_2 为预埋管内径;

②d_3 为钢绞线成品索外挤 PE 后的外径;

③OVMXG15 系杆锚具中锚板必须与相应规格的锚垫板、螺旋筋配套使用,否则将会影响系统整体锚固性能;

④钢绞线系杆索也可用单根无黏结钢绞线集束组成。

(二)张拉千斤顶

OVM 型预应力体系配有多个系列千斤顶,可以满足各种不同的需要。

1. YCWA 系列千斤顶

YCWA 通用型预应力穿心式千斤顶是一种通用性较强的张拉机具,以主机为主,当配用不同的附件时,可适用于张拉 OVM 夹片群锚,DM 型镦头锚和 LZM 型冷铸锚,用于先张、后张法的预应力工。

2. YCWB 系列千斤顶

YCWB 系列轻量化千斤顶是在原 YCWA 系列千斤顶的基础上,为了更好的满足用户及工程的需要,保持与发展该机型技术先进,质最上乘的优势,采用计算机分析与优化设计相结合,特别是千斤顶油缸采用预应力处理的先进工艺,通过反复试验,多处试用和专家评审,于 1998 年开发成功的新型轻量化千斤顶。它不仅体积小、重量轻,而且强度高、密封性能好、可靠性高。它是原 YCWA 系列千斤顶的换代产品。该产品获得国家发明专利及实用新型专利各一项。YCWB 系列轻型千斤顶和原 YCWA 系列千斤顶一样可广泛应用于先张法及后张法的预应力施工。它是一种通用性较强的张拉机具设备,配用不同的附件,分别张拉 OVM 夹片群锚、DM 镦头锚和 LZM 冷铸锚。

3. YCW 变形系列千斤顶

YCW400-250DY 和 YCW550-250DY 型千斤顶是专门张拉 19 孔和 27 孔特殊锚具的声 Φ15.2mm。喷涂 PC 钢绞线的专用千斤顶。YCW400-250T 型千斤顶是专门张拉 Φ15.2mm 喷涂 PC 钢绞线的专用千斤顶,该产品已获得国家实用新型专利。其具有如下特点:千斤顶带有止转机构,防止其在张拉过程中活塞与油缸相对转动,有利于千斤顶与工作锚板的对位;千斤顶的导向块上带有标尺,可方便观察到其张拉的长度;千斤顶的内部有穿心导向管,钢绞线可一次顺利的穿入工具锚板；千斤顶采用轻量化设计。这些千斤顶的体积小，重量轻，预应力张拉便利快捷。

4. YCQ 型千斤顶

YC50Q 和 YC75Q 型千斤顶是专门用于 OVM22 及 OVM28 单孔锚及对应的 22 和 28 钢绞线的单根张拉千斤顶，是一种带顶压器的前卡式千斤顶。可用于先张法、后张法的预应力混凝土结构、桥梁等的施工中。它们均带有止转机构，可以防止在张拉过程中活塞、油缸及穿心套之间产生相对转动；自带的标尺，可以方便的观察张拉过程中的张拉行程，更利于安全施工；千斤顶前部的顶压器通过主顶的回程油路进油，通过回程，减少了两油路，使结构得到极大简化，便于施工现场及设备的维护；前卡式的设计，可以减少预留钢绞线的长度；而穿心套中包含锚杯的一体式设计，极大的方便了夹片的更换及维护。可用于替代原 YC50DY 及 YC75DY 千斤顶，使用更安全、更方便、结构更简明。YC50Q 和 YC75O 型千斤顶已获得国家实用新型专利。

5. YC(L)系列千斤顶

YC(L)型千斤顶为穿心、拉杆式千斤顶，主要用于张拉吊杆锚、冷铸镦头等，配置不同的附件还可组成几种不同的张拉形式，可用于先张法或后张法张拉。

6. YDCQ 型千斤顶

YDC240Q 型千斤顶是一种预应力穿心前卡式千斤顶，用于 OVM15、OVM13 有黏结筋和无黏结筋的单根张拉。

(三)预应力的施加方法

OVM 型体系预应力的施加采用自锚式千斤顶，千斤顶的后部采用自动工具锚，前部采用限位板。见图 3-31。

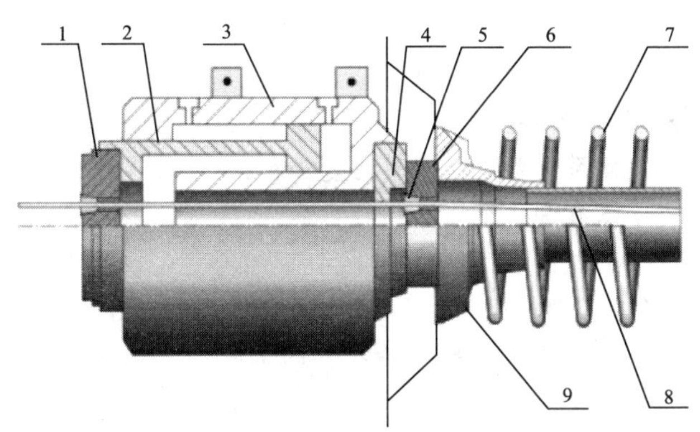

图 3-31 张拉端锚具与千斤顶安装示意图

1-工具锚；2-活塞；3-油缸；4-限位板；5-工作夹片；6-工作锚板；7-螺旋筋；8-钢绞线；9-锚垫板

1. 主要特点

OVM 型体系的基本特点是：

(1)OVM 型锚具的夹片为两片四开式；

(2)OVM 型体系的产品种类较多，可以满足不同的结构需要；

(3)夹片采用锯齿形螺纹，对钢绞线损伤小，自锚能力强。

2. 注意事项

(1)工具夹片为三片式，工作夹片为两片式，二者不能混用。工作锚具也不能多次重复使用；

(2)锚具要妥善保管,使用时不应有锈、水及其他污物。安装锚具时,去掉夹片包装纸(不放有退锚灵)即可安装,注意保持夹片表面、锚板锥孔面干净。但当预应力束较长,需反复张拉锚固时,建议在锚板锥孔内涂少量润滑剂(如退锚灵),这样既有利于工作夹片的跟进和退锚,又有利于锚具的多次锚固;工具夹片外表面和工具锚板锥孔内表面使用前亦涂上润滑剂,并经常清除夹片表面杂物,可使退锚灵活。当夹片开裂或牙面破坏时一定要更换,不得再使用;

(3)张拉时应有安全措施,张拉千斤顶后面不能站人;

(4)钢束在锚固时的回缩值,在设计时推荐按6mm计算;

(5)在预应力张拉时,锚具部分的摩阻损失推荐按2.5%考虑;

(6)在构件端部锚座的布置(见图3-32);锚具如布置在槽口锚穴内(见图3-33)。

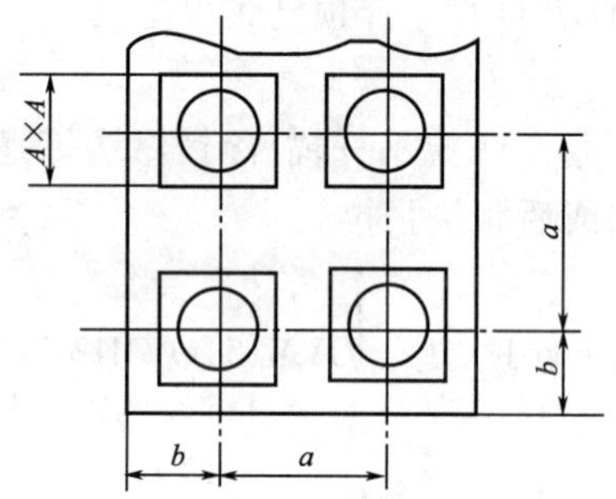

图3-32 锚垫板布置最小间距

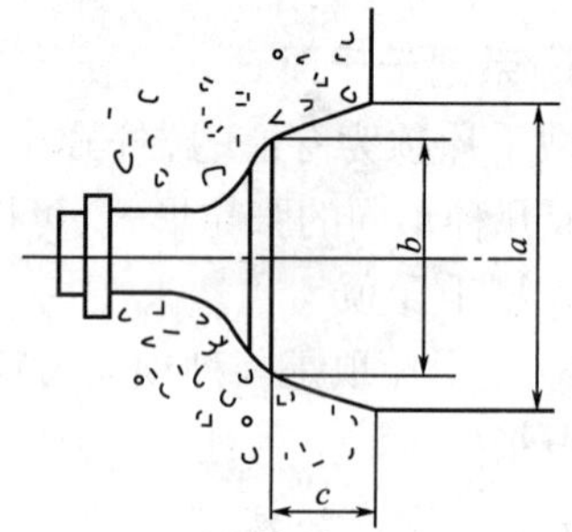

图3-33 锚束的槽口尺寸

思考题

1. 后张锚固体系由哪几部分组成?
2. 根据锚固原理,锚具分为哪几类?
3. 预应力粗钢筋锚固体系有哪些?常用的是哪种,与何种千斤顶配套使用?
4. 预应力钢丝锚固体系有哪些?
5. 国内预应力钢绞线锚固体系有哪些?
6. 国外著名的锚固体系有哪些?
7. OVM圆锚和扁锚的张拉端、固定端、连接器的构成?

第四章　预应力设备

学习目标

1. 掌握预应力设备的种类；
2. 熟悉预应力用高压油泵的组成；
3. 掌握油泵的操作及注意事项；
4. 熟悉张拉设备的种类；
5. 了解张拉设备的工作原理；
6. 掌握张拉设备的工作条件及操作；
7. 熟悉卷管机的主要结构；
8. 掌握灰浆泵的使用方法和使用过程中的注意事项；
9. 了解穿索机的主要结构和使用原理；
10. 了解其他预应力设备的使用。

第一节　预应力用高压油泵

高压油泵和液压拉伸机、千斤顶组成了高效预应力张拉机组。高压油泵的作用是向液压千斤顶的各个油缸供油，使它们按照所需速度伸出或回缩。当然，也可以使用电动机带动蜗轮蜗杆、螺纹杆或滑轮组对预应力筋进行张拉或冷拉，甚至可以用手动螺杆张拉器张拉冷拔钢丝。但是，这些手段都是针对低强的低碳冷拔钢丝、中强钢丝和 II、III、IV 级冷拔热轧钢筋的，他们或属于非标准设备、未纳入专业厂家生产计划，没有稳定的供货货源、不能满足用户的需要，因此不再进行介绍。

高压油泵按驱动方式可分为手动或电动两种。在无电源情况下进行小规模生产时选用手动油泵。一般工程中，都选用工作效率高、操作方便，劳动强度小的电动油泵，完成张拉、冷拉、提升、顶推、起重、钢筋压接接头等工作，手动高压油条由泵体、油箱、注油孔、吸油阀、排油阀、变量阀、截止阀及压力表组成。

使用时，先由注油孔注入油液，用油堵堵住注油孔、用钢丝编织胶管连接油泵出油孔和千斤顶油缸油口，就可供油。这时，先关闭截止阀，截断千斤顶油缸和油泵油箱的通路，然后摇动手柄、带动油泵泵体活塞，可以向千斤顶油缸供油。在低压状态下，变量阀让大注塞移动，能高速大排油量供油，在高压状态下，变量阀让小注塞移动，能以小排油量供油，以降低操作者的劳动强度。油路中的油液压力用压力表显示。为使千斤顶油缸处于回油状态，可以打开截止阀，让千斤顶油缸和油泵油箱连通。当然，打开截止阀时操作宜缓不宜急，以保证锚固可靠、压力表安全。

电动高压油泵有很多种。在20世纪50年代末和20世纪60年代初期,大量使用58M 4型油泵。这种油泵构造简单、制造方便,但额定油压低,与目前常用千斤顶的使用压力不匹配,而且压力跳动值过大、压力表指针摆幅过宽,不好读数,所以早已停止生产。为解决油液压力摆动过大、难于读数问题,20世纪60年代中期生产了A 6—400型油泵。它是由电动机、泵体、节流阀、截止阀、油压表组成。由于这种泵体的活塞是径向排列,加工难度大,所以被铀向柱塞泵取代。

20世纪70年代末期,设计试制了ZB4—500型油泵,广泛应用于预应力张拉和冷拉、墩头、结构试验等操作。目前用量、产量最大,是我国预应力张拉操作时使用的主要油泵。

为适应更高油压的需要,1984年研制成功了ZB3/630型电动油泵。

为适应特小流量(如使用小千斤顶在高空张拉单根钢绞线时)的需要,20世纪80年代研制成功ZB0.8/500和ZB0.6/530型电动小油泵,该泵体以小、质量轻(空泵35kg),特别便于搬运;其流量也足够用于对墩头器供油。

为适应特大千斤顶对大流量的需要,20世纪80年代研制成功ZB10/320—4/800型电动二级定量泵。该油泵变量机械利用变量阀,在主路油压达到预定值之后,将大流量回路油流卸压至零,以减少功率消耗。

上述油泵均为轴向柱塞泵,除变量机构外,均由节流阀、溢流阀、油压表、单向阀组成基本回路。在工程中,有不同需要时,可将双油路合二而一,又增设三位四通换向阀以满足快速张拉和回路的要求。也可以在每个油路上安置三位四通换向阀,使每个油路能够驱动一台单作用千斤顶。

一、电动油泵分类

根据建筑机械行业统一标准,预应力用电动油泵的类型代号,应符合表4-1规定。

预应力用电动油泵的类型代号 表4-1

叶片泵	齿轮泵	径向柱塞泵	轴向柱塞泵
YBC	YBY	YBJ	YBZ

预应力用电动油泵的型号代号说明(例单级定量泵)

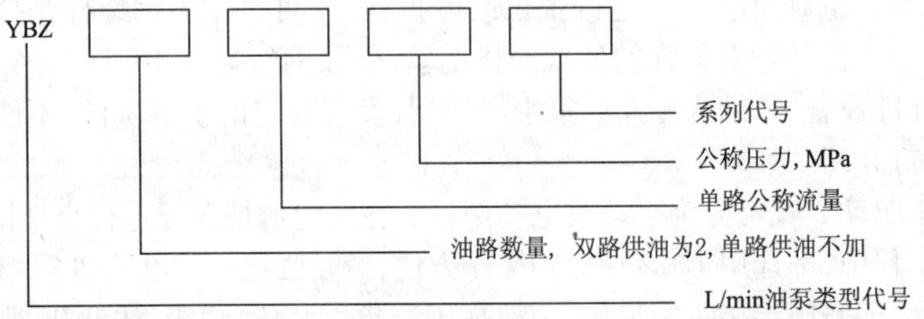

二、预应力用电动油泵对环境的要求

1. 油泵用油应采用50℃,运动黏度为12~60N/mm^2、杂质直径不大于137μm、具有一定防锈能力的工业用油(如通常用20号机械油、冬季用10号机械油,或相应的液压用油)。所以,油泵中油路应随时注意清洁,防止在安装油管、加油时,把污垢、泥沙带入柱塞套的间隙,摩损表面,进入阀口阀门造成各阀门失效;油泵中的油液氧化变质后应及时更换,通常在半年或500工时之后更换一次。

2. 油泵中使用聚氨酯制造的密封圈时,应注意防水、防潮,以延长使用寿命。油泵中使用铜质密封圈时，过冬后要及时拧紧，防止密封圈漏油。

3. 在单相或三相供电电源中，均应设置可靠的零线，保证预应力用电动油泵的电机外壳不带电，防止漏电伤人，

4. 油压表精度不低于1.5级，量程为最大使用压力的1.4～2.0倍。

三、电动油泵的验收

预应力用电动油泵应进行进场验收，验收的条件应和出厂检验的条件相当：

1. 电气绝缘良好，接零良好，电气开关通断均正常。

2. 油箱加入规定油液，加入量为该预应力用电动油泵的下限。

3. 空载启动油泵电机，进行节流、换向、截止阀操作，油路出油、油量应该正确；阀门操作应轻便；电机、油泵运转应正常，无震动和噪声。运转2min后，检验空载流量，空载流量三次测量的平均值不低于设计理论值的95%，不高于理论流量的110%。

测量流量时可以从回油管中用量杯接取，计算单位接取时间内接取量，即为实际流量。

4. 在空载检验合格后，可进行满载运行检验。它包括压力波动、阀的密封和容积效率检验。

5. 当预应力用电动油泵为变量泵时，应进行变量压力检验。进行变量压力检验时，将变量阀调节到设计给定变量压力后，调节节油阀实现变量，观测出油量改变瞬间的油压值三次，每次观测值和设计给定值之差不应大于1MPa。

6. 超载运行性能检验

完成满载运行检验后，堵住出油口和卸荷阀，调节节流阀使油压稳定在公称压力的1.2倍，连续运转3min，运转应正常，无异常的震动、噪声和压力波动。

四、预应力张拉中常用油泵

（一）ZB4/50型电动油泵

ZB4/50型电动油泵是预应力混凝土行业用量最多的油泵，自1979年试生产以来，一直使用至今。主要用于预应力索的张拉、预应力筋的墩头、结构或构件试验的加荷、液压起重、液压顶推和液压提升等情况做供油泵源。其优点是性能稳定、和现有液压千斤顶配套性好、适应范围广、加工性能好、价格低廉；缺点是重心偏高易倾覆、吊运不便、和大千斤顶配套使用时油箱容积不够。

1. 结构和性能

油泵由泵体、控制阀、油箱小车和电气设备（电动机、开关、引线）等组成。见图4-1。

2. 工作条件

设计采用20号机械油（冬季用10号机械油），50℃运动黏度力12～19N/mm^2，油内不含水、酸性杂质。新泵加油前应把油箱、泵体、管路和千斤顶清洗干净。否则，泥砂、棉丝、铁屑等杂物带入油路后，轻则使吸排油阀失灵、油泵不出油或少出油、影响张拉效率，重则产生不正常的磨损和刮伤，甚至造成事故。油泵用油每半年或产生变质、混浊情况时，应该更换一次。油液上表面和油箱顶板

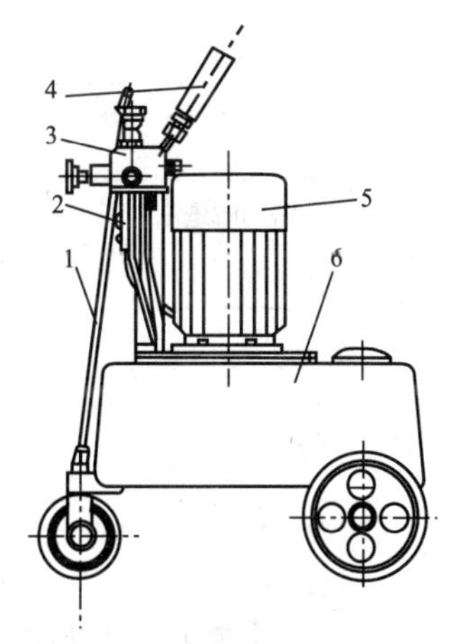

图4-1　ZB4/50型电动油泵外形

1-拉手；2-电源开关；3-控制阀；4-压力表；5-电动机及油泵；6-小车

的距离不得小于30mm,以保证泵内轴承的润滑和冷却,油液上表面和油箱顶板的距离不得超过100 mm,以免吸空。所以,当千斤顶工作油缸过大时,需附设副油箱以保证供油。

油箱进油口的油滤由160目铜丝网制成,泵下油滤由200目铜丝网制成。油滤应经常清洁,以防堵塞。

夏季使用油泵时,应注意油液温度不得超过50℃,必要时,应采取适当措施加以冷却。

电动机电源应为三相电压的交流电源,电动机功率3.0kW。电源用三相四线10~15A插座,电气绝缘、接零均应良好。

3. 排气和试运转

由于长途运输和长期存放,泵内可能存有空气、泵内所存空气会造成压力表指针跳动、流量不足、甚至不排油的情况。因此,在使用、标定之前,要打开卸荷阀让油泵空运转,直到回油管中的液流无气泡、排量达到设计值为止。

4. 安全阀(即溢流阀)调整

关闭卸荷阀、封闭出油嘴、打开节流阀,旋转安全阀体至最外位置,之后启动电动机,再关闭节流阀,然后缓缓旋进安全阀阀体。使油压表示值达到既定数值,最后旋紧阀体上的锁紧螺母,使安全阀动作压力为既定压力。注意,安全阀最高压力不应超过油泵额定压力。

5. 节流阀、卸荷阀、单向阀的性能和操作

节流阀手轮轴线为水平方向,手轮旋转接近阀体时,油泵出油进入油箱的比例减小、流向出油口的比例增加;手轮旋进到抵紧阀体时油泵出油完全经出油口流入千斤顶,手轮旋转退离阀体时油泵出油完全流回油箱。所以本阀能调整千斤顶活塞伸出或回缩速度、调整油路压力。

卸荷阀手轮轴线为垂直方向,手轮向下旋紧时,经单向阀至出油口的油液不能流回油箱,只能流向出油口;手轮向上旋松后,经单向阀和千斤顶内的油可以流回油箱,故本阀能卸荷。

单向阀使经过节流阀和安全阀的油液不经卸荷阀不能返回油箱,起到了保持荷载的作用。见表4-2。

电动油泵各控制阀的操作 表4-2

工作情况	节流阀		卸荷阀		千斤顶应用举例
	左	右	左	右	
空载运转	开	开	任意	任意	—
左(右)路进油 右(左)路进油	关 (开)	开 (关)	关 (开)	开 (关)	张拉或液压回程
左右路同时进油	关	关	关	关	持荷同时顶压锚固
卸荷	开	开	开	开	卸荷或弹簧回程
左(右)单路进油	关 (开)	开 (关)	关	开	LD10 墩头器墩头
左(右)单路回油	开	开	开	开	LD10 墩头器卸荷,回程

注:①降压时打开卸荷阀使油压降低,到要求数值时关闭卸荷阀;

②持荷的方法

a. 当油路密封良好,预应力索较短,构件或结构刚度好时,关闭卸荷阀和电动机持荷。这时预应力索内应力变化不大,即油压应保持不变。

b. 当油路漏油,预应力索较长,构件或结构刚度较差时,关闭卸荷阀并随时调整节流阀,使压力稳定在规定值。这时千斤顶油缸的伸长波动在某一数值(油路漏油时)或不断持续伸长(当预应力索过长,松弛过大和结构、构件弹性压缩和混凝土蠕变过大时)。

6. 故障及排除方法

电动油泵的故障及排除方法可参看表4-3。

电动油泵的故障及排除　　表4-3

故　　障	原　　因	排 除 方 法
排量不足	1. 泵内存气	空转运行排气
	2. 外漏	查找、处理漏点
	3. 油箱缺油	添新油
	4. 油液黏度超差	添新油调整黏度
	5. 油液污染	排放脏油清洗油箱换新油
	6. 泵内油网堵塞	清洗干净换新油
	7. 柱塞簧损坏	更换
	8. 柱塞与柱塞套磨损	更换组件
	9. 吸、排油阀失效	更换组件
压力不足	1. 泵内存气	空转运行排气
	2. 外漏	查找、处理漏点
	3. 安全阀调定压力低	重新调整安全阀控制压力
	4. 安全阀、节流阀、吸、排油阀、柱塞与柱塞套损坏	更换新件
持荷时油压回降	1. 外漏	查找、处理漏点
	2. 单向阀失灵或卸荷阀失效	更换新件
泄露	1. 螺纹松动	拧紧
	2. 密封垫圈、垫片失效	更换新件
	3. 焊缝或管路破裂	补焊或更换新件
	4. 吸、排油阀、柱塞与柱塞套损坏	更换新件

7. 安全注意事项

(1)电源必须用三相四线380伏交流电源,零线必须可靠联接,电路绝缘应良好,严防触电。

(2)油管及其接头应按规定制造。

(3)油压表在下列情况之一时,应与对应千斤顶一起进行校验。

使用新的或刚修复的油压表时;

使用指针不能退回零点的油压表时;

使用新的或刚修复的千斤顶时;

张拉过程中预应力筋突然断裂时;

长期停用,重新启用时。

校验的测力设备可选用材料试验机、测力计或压力传感器。这些设备的不确定度向不大于1.5%。

(4)启动电机时,应注意检查各阀门手轮位置,保证空载启动。

(5)油路有压力后,不得拆卸接头及油压表,以免油液喷出。

(6)经常注意油箱中油液液面,及时添油。

(二) ZB0.8/50 型电动小油泵

本油泵是预应力混凝土行业中的轻小型油泵。1984 年试生产并转产,主要用于小张拉力的预应力拉伸机、小型前卡式钢丝、钢绞线拉伸机、YC18 和 YC20 型液压千斤顶等,也用于LD10 型液压墩头器。对张拉、墩头速度要求不高时,也可以用于张拉力为600 ~ 800kN 的液压千斤顶,如 YC600、YL600 等,当然,也可以用于其他小型液压机具。如起重千斤项、液压支架、液压弯曲、液压切断、液压压接等。优点是可换向、体积小、重量轻、操作简单、携带方便和应用范围广等,对高空作业、狭窄坑道和箱内作业、流动性作业尤为适用。

1. 构造

电动小油泵由泵体、组合控制阀、铸铝油箱及左右手把、铝壳微电机和电器开关等部分组成。

2. 工作条件

设计采用优质矿物油。油内不含水、酸及其他杂质混合物。一般可采用 20 号机械油、冬季用 10 号机械油。灌油前应把油箱、泵体和管路清洗干净,油液需要过滤。油泵用油每半年或产生变质、混浊情况时,应该更换一次。

工作时、油箱中油液温度为 40℃ ~ 50℃ 为宜。不应超 60℃,必要时可采取适当措施予以降温。

油液的最高、最低位置界线用油尺查看。

电动机电源为三相 380V 相电压的交流电源,引线用三相四线制插座。电气部分绝缘、接零均应保持良好。

3. 排气与试运转

由于初次运转前,泵内各容油窨可能充有空气,运转时将产生流量不足、压力不稳甚至不升压等情况。因此,应先将换向阀手柄居中(0 位),启动电动机,让油泵空运转至排出的油液中无气泡为止。这时,电动机、油泵应无噪音。

4. 控制阀操作

操作各手轮、手柄时,应缓慢、均匀,不可猛扭,以防损伤阀口。每次启动电动机前,应将调压用安全阀拧松、截止阀拧到常开位置、换向阀手柄居中(0 位),电动机启动后再调整阀门输油升压。见表 4-4。

电动小油泵与带分离的液压顶楔器的千斤顶配套使用操作程序 表 4-4

工序	进回油情况			截止阀位置			备注
	张拉缸	顶压缸	回程缸	换向阀位置	左(A 路)	右(B 路)	
张拉	进油	回油	回油	A	开	开	
持荷	持荷				关	开	关闭电动机
顶压锚固	持荷	进油	浮动	B	关	开	
回程	回油	浮动	进油	B	开	开	

使用本油泵时,持荷方法有:

(1)使用带液压顶楔(或顶压)器的千斤顶、在预应力索不长、结构或构件刚度好,持荷时千斤顶压降很少时,关闭截止阀和电动机持荷;

(2)使用其他千斤顶时,如果预应力索不长、结构或构件刚度好,持荷时千斤顶压降很少时,可不关闭截止阀、依靠组合阀内的单向阀持荷;

(3)持荷时千斤顶内油压压降较大,影响张拉质量时,必需连续或不时地开启电动机,通过组合阀中的单向阀和截止阀向千斤顶张拉油缸供油。

第二节　预应力张拉设备

一、设 备 分 类

1. 按预应力筋品种不同分类

预应力张拉设备品种繁多,按混凝土构造所用的预应力筋种类型可分为以下 3 类:

(1)粗钢筋预应力张拉设备

采用穿心式千斤顶,用于张拉单根精轧高强螺纹钢筋。其优点是施工方便、操作简单、锚固可靠;缺点是受钢筋强度限制,适用于较小的钢筋混凝土构件。

(2)高强钢丝束预应力张拉设备(锥锚式千斤顶)

用于高强钢丝束 4 ~24 根,直径为 5mm 或 6mm 的高强钢丝束。其优点是适用于中小长度的混凝土构件,成本较低,易于操作,施工质量较好;缺点是只能张拉 24 根钢丝,不能做群锚,对混凝土构件的截面尺寸有影响。见图 4-2。

图 4-2　锥形锚张拉千斤顶

(3)钢绞线预应力张拉设备(群锚千斤顶)

目前已形成系列产品,可张拉 1 ~60 根钢绞线,还可以向更多根发展。已广泛应用于大中型桥梁等混凝土构件的施工中。其优点是可按需要选用钢绞线根数,采用群锚技术,合理控制桥梁等混凝土构件的截面尺寸,减轻构件总质量,降低施工成本,张拉吨位更大;缺点是张拉吨位大要求液压系统压力高,密封件易损坏。见图 4-3。

图 4-3　夹片群锚张拉千斤顶

2. 按张拉千斤顶工作原理分类

预应力张拉设备按张拉千斤顶工作原理可分为以下三大类:

1)单作用千斤顶

单作用千斤顶只能完成张拉预应力筋一个动作,一般可用于张拉端部带螺丝端杆锚具的预应力筋。

2)双作用千斤顶

双作用千斤顶能完成张拉和顶压两个动作,一般用于张拉锚具是由锚环和锚塞组成的预应力筋。

3)三作用千斤顶

三作用千斤顶能完成张拉、顶压和自动退楔三个动作,其构造原理,适用范围与双作用千斤顶相同。

3. 按照预应力用液压千斤顶产品国家标准的报批稿,预应力用液压千斤顶的机型分类。见表4-5。

预应力用液压千斤顶分类和代号 表4-5

机型	拉杆式	穿心式			锥锚式	台座式
		双作用	单作用	拉杆式		
代号	YDL	YDCS	YDC	YDCL	YDZ	YDT

预应力用液压千斤顶的型号由机型代号、基本参数组成

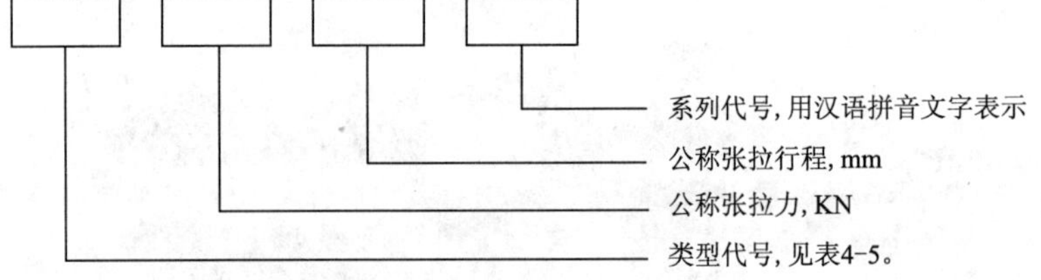

例如,公称张拉力为650kN、公称行程为200mm的双作用穿心式液压千斤顶(原YC 60-200)的型号为YDCS 650-200,公称张拉力为650kN、公称行程为150mm的拉杆式单作用千斤顶(原YL60—150)的型号为YDL 650-150。

二、液压千斤顶工作条件

预应力用液压千斤顶对环境的要求:

(1)液压千斤顶用油和预应力用电动油泵处于同一油路中,对油品、杂质要求相同:要求油液50℃,运动黏度为12~60N/mm^2,杂质直径不大于137μm具有一定防锈能力(通常用20号机械油,冬季气温降低或工作用油压较低时用10号机械油,夏季酷暑或使用油压较高时用30号机械油、或相应的液压用油)。油液应注意清洁,防止在安装油管时把污垢、泥砂、棉丝带入油缸,造成缸体拉毛、摩阻增加,甚至损坏油缸。通常在半年或使用500h后更换一次油液。

(2)使用聚氯酯制造的防尘圈和密封圈时,应注意防水、防潮,以延长使用寿命。

(3)设计中应注意保证千斤顶张拉操作用的空间。一般情况下,直径方向内有10~20mm间隙,长度方向上应长于张拉油缸完全伸出后的千斤顶总长度和完成张拉后外露的预应力筋长度之和。

(4)千斤顶在使用前和使用中应该进行标定,标定可以在工厂、工地、科研、学校或检测机关等单位进行,标定用的标准仪器可选用材料试验机、压力试验机或压力(拉力)传感器。该标准仪器的不确定度不得大于1%。

由于每台千斤顶液压配合面实际尺寸和表面粗糙度不同,密封圈和防尘圈松紧程度不同,造成千斤顶内摩擦阻力不同,而且摩阻要随油压高低、使用时间的变化而改变。所以,千斤顶要与工程中使用的油压表、油管一起进行配套标定。标定在下列情况下应该进行:

(1)新千斤顶初次使用前;

(2)油压表指针下能退回零点;

(3)千斤顶、油压表和油管进行过更换或维修后;

(4)千斤顶使用超过 6 个月或 200 次后;

(5)停放三个月不用后,重新使用之前。

三、拉杆式千斤顶

拉杆式千斤顶是由两个联动的单作用活塞缸组合而成,大油缸(主缸)张拉,小油缸(副缸)回程,具有张拉力强、回程快的特点。拉杆式千斤顶构造简单,操作方便,应用较广。见表 4-6。

YDL 型拉杆式千斤顶操作见表 表 4-6

<table>
<tr><th>顺序</th><th>名称</th><th>前油嘴</th><th>后油嘴</th><th>操作、动作情况</th></tr>
<tr><td rowspan="4">1</td><td rowspan="4">准备</td><td>回油</td><td>回油</td><td>联结电路、油路</td></tr>
<tr><td colspan="2">轮流进油和回油</td><td>千斤顶往复动作排气,要求回油路中无气泡,千斤顶活塞无爬行、无跳动为止</td></tr>
<tr><td>回油</td><td>回油</td><td>连接连接头、螺丝端杆和墩头锚具</td></tr>
<tr><td>回油</td><td>回油</td><td>千斤顶就位,注意张拉头和连接头的位置应准确无误</td></tr>
<tr><td>2</td><td>张拉</td><td>进油</td><td>回油</td><td>1. 撑脚移向垫板的正确位置
2. 张拉并持荷后拧紧张拉螺母</td></tr>
<tr><td rowspan="2">3</td><td rowspan="2">回程</td><td>回油</td><td>回油</td><td>打开截止阀,让活塞在预应力筋回弹作用下回缩</td></tr>
<tr><td>进油</td><td>进油</td><td>开动回程阀,活塞回程</td></tr>
<tr><td>4</td><td>准备</td><td>回油</td><td>回油</td><td>1. 活塞复位后,打开截止阀,关闭电动机
2. 卸下千斤顶和连接头,切断电路</td></tr>
</table>

工作时,由靠近撑脚的前油嘴进油、靠近端盖或端盖的后油嘴回油,则液压千斤顶的活塞和活塞杆回缩,可以张拉预应力索;相反,前油嘴回油、后油嘴进油时,液压千斤顶回程。

四、穿心式千斤顶

YC 型穿心式千斤顶是 种适应性较强的千斤顶,它既适用于张拉采用 JM12 型和 XM 型锚具的预应力钢丝束、钢筋束和钢绞线束,而且配置撑脚、拉杆等附件后,又可作为 YL 型拉杆式千斤顶使用。因此,它是我国目前最常用的预应力筋张拉的千斤顶之一。已经形成了张拉吨位为 180KN、200KN、600KN、和 1 200KN 等系列产品。穿心式千斤顶的结构特点是沿其轴线有一穿心孔道,供穿预应力筋用,穿心式千斤顶是由一个双作用张拉活塞油缸和一个单作用顶压活塞油缸组合而成,空心的张拉活塞同时又是顶压缸的缸体,其工作过程分张拉、顶压和回程 3 个步骤。

(一)YC20 型穿心式千斤顶

YC20 型千斤顶是一种体积小、质量轻,并具有多功能组合式千斤顶,全套张拉设备包括:双坡度工具锚、千斤顶本身、弹性顶压头、液压坝压器、液控顶压阀和拉杆式张拉组件等，以适应各种张拉工艺。图 4-5 所示为 YC20 型穿心式千斤顶结构及张拉组装示意图。见图 4-4。

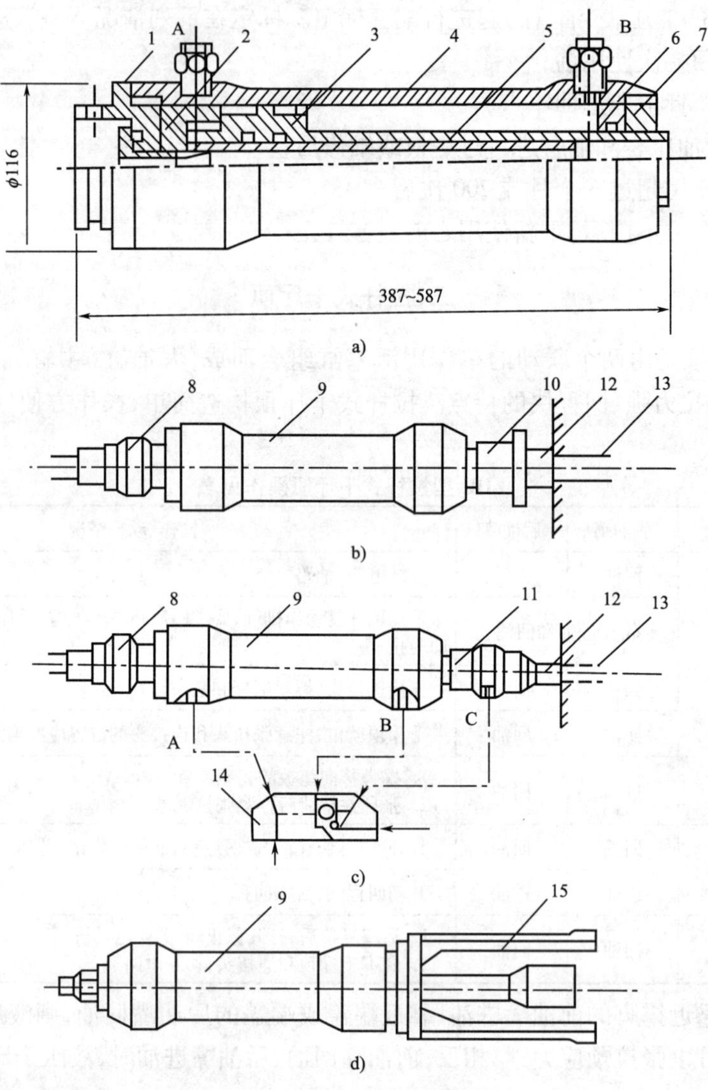

图 4-4　YC20 型穿心式千斤顶结构及张拉组装示意图(尺寸单位：mm)

a)YC20 型千斤顶；b)连续张拉组装；c)后张法张拉组装；d)改装成 n 型千斤顶外形示意图

1-连接盖；2-缸体后盖；3-活塞；4-缸体；5-穿心套；6-缸体前盖；7-前盖压帽；8-双坡度工具锚；9-千斤顶；10-弹性顶压头；11-液压顶压器；12-锚具；13-预应力筋；14-油控顶压阀；15-撑脚

(二)YC60 型穿心式千斤顶

YC60 型千斤顶主要由张拉油缸、顶压油缸、顶压活塞、穿心套、保护套、端盖堵头、连接套、撑套、回程弹簧和动静密封套等部件组成，其构造如图 4-5 所示。

张拉预应力筋时，A 油嘴进油，B 油嘴回油，连接套和撑套联成一体右移顶住锚环；张拉油缸及堵头和穿心套联成一体带动工具锚向左移张拉。顶压锚固时，在保持张拉力稳定的条件下，B 油嘴进油，顶压活塞、保护套和顶压头联成一体左移将锚塞强力推入锚环内。张拉锚固完毕，A 油嘴回油，B 油嘴进油，则张拉油缸在液压力作用下回程，当 A、B 油嘴同时回油时，顶压活塞在弹力作用下回油。

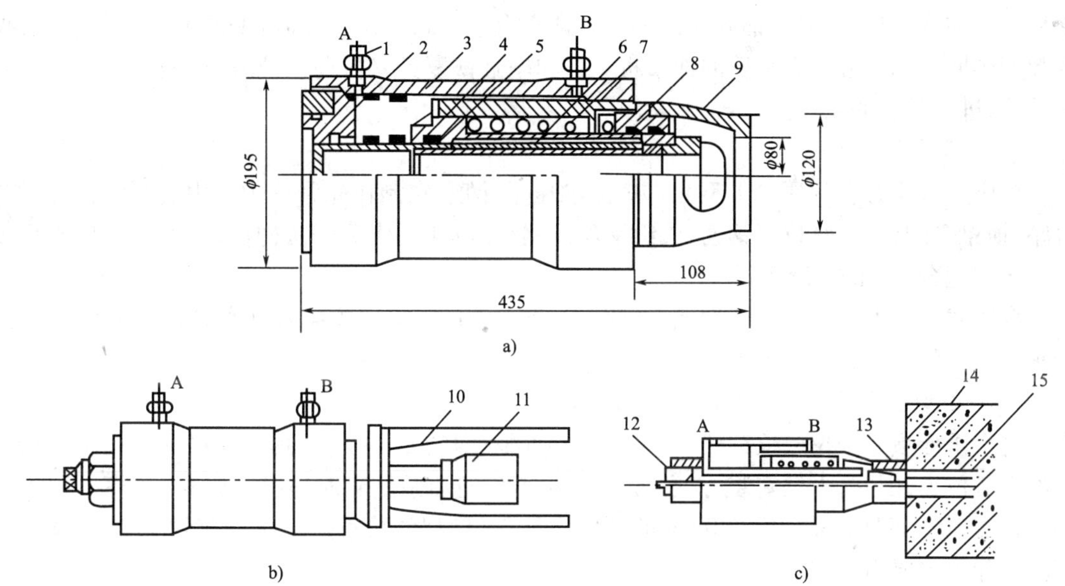

图 4-5　YC60 型穿心式千斤顶（尺寸单位：mm）

a）结构示意图；b）改装成 YL60 型；c）工作原理

1-端盖螺母；2-端盖；3-张拉油缸；4-顶压活塞；5-顶压油缸；6-穿心套；7-回程弹簧；8-连接套；9-撑套；10-撑脚；11-连接头；12-工具锚；13-预应力筋锚具；14-构件；15-预应力筋

（三）YC120 型穿心式千斤顶

YC120 型穿心式千斤顶如图 4-6 所示，它主要适用于张拉大吨位钢铰线。YC120 千斤顶的主要特点是：它由张拉千斤顶和顶压千斤顶两个独立部件“串联”而成，具有构造简单、制作精度容易保证、装拆修理方便和通用性强等优点。YC120 千斤顶拆去顶压千斤顶，改装拉杆、撑脚等附件后，可以作为 1 200KN 穿心拉杆式千斤顶使用，其代号为 YCL 120 型穿心拉杆式千斤顶。

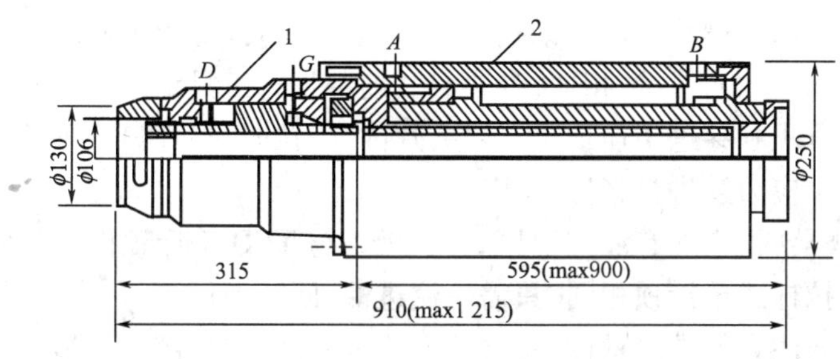

图 4-6　YC120 型穿心式千斤顶（尺寸单位：mm）

1-顶压千斤顶；2-张拉千斤顶

（四）锥锚式千斤顶

锥锚式千斤顶（YZ 型）是由两个单作用活塞缸组合而成，油缸均靠弹簧复位。其中，大缸为张拉缸，小缸为顶压缸。锥锚式千斤顶主要用于张拉钢质锥形锚具的预应力钢丝束。

YZ 型千斤顶，其工作原理是：当张拉预应力筋时，首先把预应力用楔块锚固在锥形卡环上，然后高压涌液通过主缸油嘴进入主缸，主缸向左移动的同时，带动固定在主缸上的锥形卡环也向左移动，预应力筋即被张拉。张拉完成后，关闭主缸进油阀，打开副缸的进油阀，使高压油液通过副缸油嘴进入副缸，由于主缸没有回油，仍保持一定的油压，则副缸活塞及压头向右移动顶压锚塞,将预应力筋锚固在锚环上。预应力筋锚固后,高缸,副缸同时回油,通过主缸拉力弹簧的回缩和副缸压力弹簧的伸长将主缸和副缸恢复到张拉前的位置,放松楔块即可拆除千斤顶,进行下次的张拉。

(五)台座式千斤顶

台座式预应力千斤顶(YT型),即普通油压千斤顶,在制作先张法预应力混凝土构件时与台座、横梁等配合,可张拉粗钢筋、成组钢丝或钢绞线;在制作后张法构件时,普通油压千斤顶与张拉架配合,可张拉粗钢筋。

台座式预应力千斤顶是铺设地下电缆、上下水管道而需完成穿越顶管工程的设备,也可用于预应力钢筋混凝土结构施工中。

(六)小型前卡式钢丝、钢绞线千斤顶

这个千斤顶是张拉单根钢绞线和七根一束钢丝索的专用设备,其工具锚安装在千斤顶前部的中心位置,因此,不仅安装方便,和原ZB4/500型油泵配套时,安装、张拉、顶楔回程操作一次只需30s,而且只需预留240mm的预应力筋就可以张拉,每拉一次可节约600mm预应力筋。千斤顶主要用于:

1. 预应力板式结构的现场后张施工。这时,预应力索为单根,平面分散布置,需要高空操作,本千斤顶操作简单、速度快、体小轻便,能满足要求;

2. 岩石和土壤锚固的外锚头张拉,这时,预应力筋为大吨位索,总数不很多,锚头位置分散在各高度的部位,用大型千斤顶时,搬运它们难度太大,可用本千斤顶"蚂蚁啃骨头"式的逐根张拉;

3. 在预制厂内长线台座法生产预应力构件时,用来拧紧各根预应力筋,使之受力均匀;

4. 在多根预应力筋用大千斤顶同时张拉时,若出现滑丝现象,可以补拉处理。由于本千斤顶配有顶楔力为38kN的液压顶楔器,可保预应力筋不再滑丝;

5. 张拉箱梁内部或T梁腋下和大吨位千斤顶难以就位的直线或单波曲线束;

6. 用测力卸锚器代替液压顶楔器,可将锚具随着预应力筋的移动,拉离锚垫板,以测量预力筋的现存拉力;也可以将楔片从锚环锥孔内拉出、取下,将预加拉力卸除。

千斤顶构造和普通穿心千斤顶相似,唯穿心套前部带有工具锚。当回程到底时,工具夹片被顶开,预应力筋可以顺利穿进千斤顶工具锚夹片内,张拉时,夹片离开顶铁,被张拉弹簧顶进锚环锥孔,自动夹紧预应力筋进行张拉。

当使用液压顶楔器时,应配有液控顶压阀,其操作与YCD千斤顶操作相同,当使用测力卸锚器时,操作和普通拉杆式千斤顶相同,只需轮流进油,回油即可。

使用千斤顶时,要注意保护工具锚:每天卸下清洗一次,将齿部积垢清除,并在夹片圆锥面上涂抹石墨粉一层。

第三节　管道成型机具

后张法预应力混凝土构件,必须留有穿过钢丝束或钢绞线的预留孔道,20世纪80年代以前国内工程施工中,采用橡胶抽胶拔管和人工白铁管,既费时又费力。现在都采用接缝质量好、耐压、抗渗、生产效率高的壁厚在0.25~0.5mm范围内的波纹管。而这种波纹管是在施工现场,采用专门的卷管机来卷制的。

卷管机根据波纹管成形的不同进行分类。目前国内大致有两种:一种是心轴式,另一种是环圈式。前者用螺旋导向,环绕在心轴上的波纹带随主轴转动,经接缝工具压花,压紧而使波纹管成形;后者是波纹带径环圈内圈与接缝工具成形,接缝不经压花而只是压紧。心轴式卷管机较多,在其压波纹装置中改变滚轮的形状,可以卷制单波、双波和多波形式的波纹管。单波、双波纹圆形管应用广泛,扁形管用于薄壁预应力工程。

一、卷管机的主要结构

卷管机主要由钢带盘支架、导向润滑装置、压波纹装置、成管装置、切割装置、传动系统、冷却系统、电器控制系统、机体和辅助装置(波纹管支架、点焊机)等部件所组成。

1. 钢带盘支架

钢带盘支架由转轴、支架组成。支架为型钢焊成的框架结构,起支承作用。轧制符合要求的钢带经热处理后成卷放入盘内,装在支架的转轴上,钢带随卷管机主轴运转。

2. 导向润滑装置

导向润滑装置主要由润滑槽和钢带侧边导向组成,润滑槽用薄钢板焊成方形盒,在其上装有3个滚动轴。钢带进入润滑轴后,其表面附有一层较薄的油膜,使得压波纹装置中的滚轮在辗压钢带过程中保证有充分的润滑,以延长其使用寿命。钢带侧边导向由定位块和滚柱构成。用以控制钢带准确地进入压波纹装置,可用螺钉调整钢带通过适当的间隙。

3. 压波纹装置

压波纹装置主要由滚轮组、上下支承块、调整螺钉、送进手轮组成,滚轮组可配置三对、五对、七对均可,配置较多的滚轮组可以使钢带辗压变形平缓,阻力较小,容易辗压成理想的形状和尺寸。每对滚轮之间的间隙为0.3~0.5mm。由于采用螺栓、螺母、弹簧垫圈连接,钢带搭接部分能顺利通过。钢带经导向润滑装置后,依次用送进手轮穿过每对滚轮,环绕在心轴上咬合接缝。在主轴和滚花轮、压紧轮的带动下,使钢带向前移动,滚轮转动辗压钢带。

4. 成管机构

成管机构主要由拆边装置、顶针装置、滚花装置和成管中心部分等组成,成形后的波纹钢带沿着螺旋环绕过心模后,依次进行拆边、滚花、压紧等接缝工序。拆边和顶针装置用来保证波纹钢带接缝处的倾斜度,压顶的松紧度可上下调节,用螺钉固定。滚花装置用来对波纹管接缝处进行滚花,以提高接缝处紧密性和连接强度,同时利用滚花齿轮一接缝的咬合力,与主轴一道,带动波纹管旋转送出。压紧装置用来对接缝处进一步压实,保证接缝强度。滚花装置和压紧装置可上,下左右移动,并绕自身轴转动,以调整波纹管的螺距、螺旋角以及对它压紧力的大小。星盘用以支承螺旋导向,星盘的空间大小决定了波纹管最大直径的尺寸。心模套在心轴上,不同管径配以相应的心模,螺旋导向,中心齿轮。较小的心模与心轴做成一体。

5. 切割装置

切割装置由砂轮、电机、轴、轴承、传动带组成。砂轮可以用圆钢锯片代替。切割速度一般要求快,同时波纹管切口不能有飞边,以免在波纹管边接时因飞边而刮伤预应力钢铰线或钢丝束。当波纹管转动送出需要的长度时,停机进行切割。

6. 传动系统

传动系统包括电机、V形皮带、减速器、主轴、齿轮等。其传动路线是:电动机—皮带—减速器—皮带—主轴。为提高卷管速度,其传动路线是:电动机—皮带—主轴。再由主轴上中心齿轮分别传动滚花装置和压紧轮带动旋卷送出。

7. 冷却系统

冷却系统主要由乳化液箱、管路、电动油泵、调节阀、喷嘴等组成。乳化液箱和电动油泵置于机体内部。在机体外面,设置集液槽,溅落的乳化液经过滤后流回乳化液箱。冷却系统主要用于成管机构中的部件与管接触处的冷却和润滑。在卷制过程中,成管机构中的部件会发热磨损,为提高使用寿命,需要及时冷却和润滑,同时,冷却液冲洗波纹管表面的油膜,提高波纹管与混凝土的黏结性能。

8. 电气控制系统

电气控制系统由主回路和控制回路组成。电源一般为三相50Hz380V,控制回路为单相220V。主电机和切割机采用互锁保护,电机采用过载保护,主回路和控制回路采用短路保护,操作方式较简单。

9. 机体

机体由钢板、型钢焊接而成,用以支承导向润滑装置、压波纹装置、成管机构、传动系统、冷却系统和电器控制系统。在机体两侧,焊有吊装块,便于卷管机工地转移的吊运。

10. 辅助装置包括波纹管支架和点焊机

波纹管支架用槽钢和角钢焊成,其长度视波纹支承,可以减少波纹管过长引起的附加阻力。点焊机是用来焊接钢带,使波纹管道连续成形。

二、卷管机的操作

操作前须对整机的装配、成管中心部分的选配、电路的连接、润滑油液面、冷却润滑液面及齿轮减速器的润滑油进行检查。检查主心轴的旋转方向,正确的方向是:朝着立板看时主心轴按反时针转动,电机按顺时针转动。操作步骤如下:

(1)安装所需要的成管中心部分器件;

(2)将钢带送入压波纹装置;

(3)调整钢带方向,确定压波纹装置的位置;

(4)调整顶针装置;

(5)调整拆边装置;

(6)调整滚花装置和压紧装置,用调整手把拧紧滚花轮和压紧轮,使滚花轮靠着心模推压接缝,并有花纹,用压紧轮压紧,然后拧紧滚花轮和压紧轮手把螺杆上的锁紧螺母;

(7)按下电动油泵开关;

(8)启动卷筒机,卷到400mm长管子停机;

(9)启动切割机,切下这段管子;

(10)测量螺距并按3)、6)条调整;

(11)启动卷管机,分别取1 000mm、5 000 mm的管子后停机、切割、调整;

(12)管子符合要求后,继续启动卷筒机,卷到所需长度的管,再停机、切割;

(13)当钢带用完时,应及时停机,将新换上来的钢带与原钢带点焊连接,启动卷筒机继续工作。

三、维护和维修

此设备常在野外施工现场工作,条件恶劣,因此,应特别加强清洁维护工作。压波纹装置中的滚轮、齿轮成管中心部分的齿轮,应适时去除污垢,防止锈蚀。对于运动件,如齿轮轴承等应及时加注润滑油、润滑脂;保持减速箱、冷却润滑油箱和钢带润滑油槽中的冷却润滑液不冻结,在冬季加防冻剂;对于易损件,如滚花轮、滚轮,一旦磨损,应及时更换;定期对油路和电路进行检查,出现故障及时排除;各紧固件如有松动,应及时紧固;对于外购件,如主电机、切割电机、电动油泵、减速箱,维护和维修见有关产品说明书。

第四节 灌浆设备

后张法预应力构件孔道灌浆用的灰浆泵,按其动力方式分手动和电动两种。

一、手动灰浆泵

手动灰浆泵是由泵体、干柄、灰浆桶、搅拌叶片、吸浆管、贮油室及压力表等部分组成。泵体由皮碗及上阀体和下阀体组成。由于手柄上下运动,使皮碗往复,泵体内造成真空,将灰浆吸入泵体内。这时下阀体球阀被灰浆压力关闭,同时依靠灰浆的压力冲开上阀体而进入灰浆管压出,随着手柄不间断的运动,灰浆即被连续压出。见图4-7。

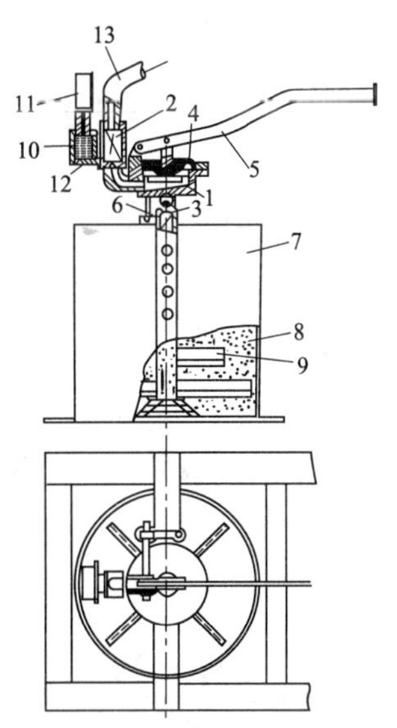

图4-7 手动灰浆泵

1-泵体;2-上阀体;3-下阀体;4-皮碗;5-手柄;6-吸浆管;7-灰浆桶;8-灰浆;9-拌叶;10-贮油室;11-压力表;12-胶皮碗;13-出浆管

二、电动灰浆泵

目前常用的电动灰浆泵,一般都依靠活塞推动,它有带隔膜和不带隔膜两种型式。

1. 隔膜式灰浆泵

隔膜式灰浆泵的构造特点是,在活塞前面有一块软质隔膜,活塞用液体作中间媒介。工作时电动机通过齿轮传动使活塞作往复运动,灰浆经吸入球阀至隔膜室,当隔膜被压时浆冲开上球阀压到管路中。见图4-8。

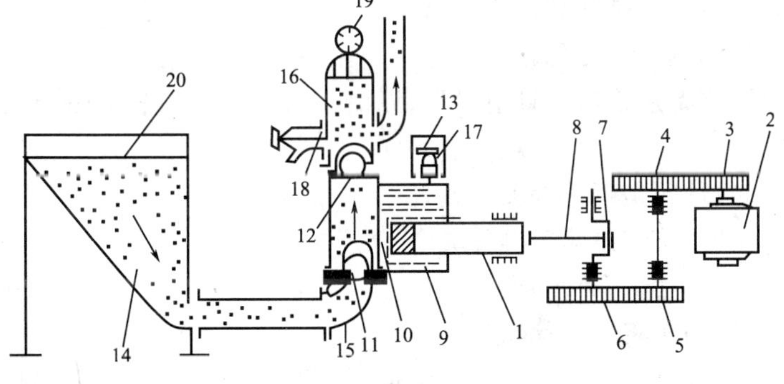

图4-8 隔膜式灰浆泵

1-活塞;2-电动机;3、4、5、6-齿轮;7-曲轴;8-连杆;9-泵室;10-胶皮隔膜;11、12-球阀;13-灌水装置;14-受料槽;15-吸入管;16-空气室;17-安全阀;18-泄浆装置;19-压力表;20-筛

2. 无隔膜式灰浆泵

无隔膜式灰浆泵的特点是没有隔膜,活塞直接接触砂浆。当活塞在压力冲程时,泵体中的灰浆将吸入阀关闭,堵住灰浆入口的通道,灰浆即被活塞压入输浆管路中。当活塞在吸入冲程

时，由于运动产生的真空作用和灰浆的反压力使排出阀关闭，灰浆即靠自身的重量由灰浆斗中流入泵体。为了保证泵体与活塞间的密封性，其间装有填料（石棉或线制的盘根），填料的紧密度由活塞压盖来调节。见图4-9。

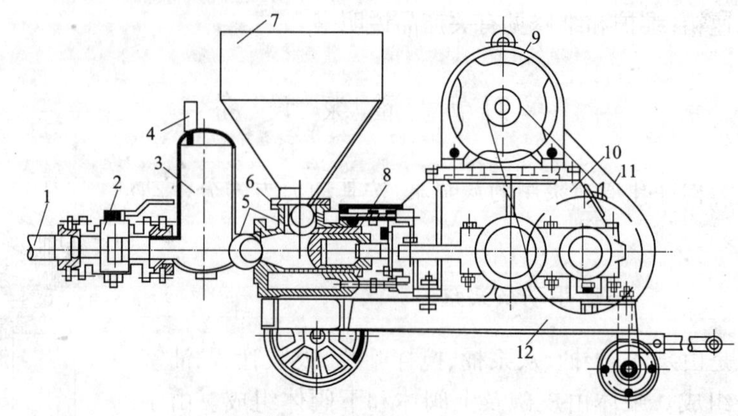

图4-9 无隔膜式灰浆泵

1-输浆管；2-三通阀；3-积浆罐；4-压力表；5-球阀；6-缸体；7-灰浆斗；8-活塞；9-电动机；10-减速箱；11-防护罩；12-车架

隔膜式灰浆泵与无隔膜式灰浆泵比较，其优点是，活塞不易磨损，因此比较耐用。缺点是结构较复杂，灰浆在泵内曲回移动，容易造成分层现象。

三、使用与维修

1. 使用灰浆泵之前应作好下列工作：

（1）检查球阀是否损坏或存有干灰浆等。

（2）检查各部零件是否松动。

（3）检查皮带轮旋转方向，是否与泵上规定的相同。

（4）检查管道及泵内是否清洗过。

（5）检查管子接头是否牢固。

2. 灰浆泵起动时应作以下各项工作：

（1）首先进行清水试车，试验和检查各管道接头和泵体盘根是否漏水。漏水将导致送灰浆时把稀浆漏掉，剩下干浆，形成阻塞。

（2）干泵试水后，将稀灰浆送入管道循环，以润滑管道，尤其是第一次使用新管子更为重要，避免管道阻塞。

（3）试水时要检查球阀是否正常工作。

（4）使用时要先开动灰浆泵然后再放灰浆。

3. 灰浆泵工作时应注意下列事项：

（1）随时搅拌灰斗内灰浆，防止沉淀。

（2）注意压力专指针。当压力超过使用限值时，应关闭电源，待压力降低后再启动，避免压力过高引起胶管爆裂。

（3）电动机应安装可靠的地线以防触电。灰浆泵上的防护罩不得随意卸下。

（4）经常检查齿轮箱内的润滑油，发现油底不清洁时，及时更换新油。

（5）使用过程中，发现故障。严禁带电检修，以防灰浆突然喷出伤人。

4. 灰浆泵工作完后应注意事项

(1)用完后,泵和管道必须清洗干净,不得留有余灰。

(2)清理中,特别注意球形阀处灰浆更应清洁干净,以保证球形阀正常工作。

(3)球形阀或活塞发现破裂或磨损时,应予以更换。

第五节　穿　索　机

穿索机是为在后张法预应力混凝土施工中将单根预应力钢绞线穿入混凝土构件预留孔道,再按设计要求将钢绞线截断成适当长度的设备。预应力构件往往根据不同的受力需要而有不同的结构形式,预留孔道的大小和长短也多种多样,孔道还常常有平弯和竖弯,孔道的成孔可能是金属波纹管,也可能是橡胶油拔管,施工现场的环境和条件一般都比较恶劣。因此,人工穿索往往会遇到诸多困难和麻烦,有时甚至无法完成。采用穿索机穿引钢引线效率高,可大大提高施工进度、施工质量并减轻劳动强度。

一、分　　类

1. 按驱动方式分类

穿索机根据其驱动方式的不同,可分为液压式穿索机和机械式穿索机。液压式穿索机由液压泵供给压力油,液压马达驱动穿索装置。这类机器技术先进,易于实现速度和推力的调节。机械式穿索机则采用电动机直接与减速器连接,在驱动工作装置的形式。这种机型造价较低、传动效率较高。

2. 按动力传动及工作装置分类

穿索机也可根据动力传动部分与工作装置部分的不同配置分为分体式穿索机和整体式穿索机。分体式穿索机的动力传动与工作装置是各自独立的机构,如液压穿索机即为此种类型。穿索机部分与油泵车部分相对独立,中间由液压软管相连接。这种穿索机的工作装置部分——即穿索机部分的质量和体积都很小(可以小于200kg),因此轻便、灵活、移位方便,适应各种施工现场的工作。整体式穿索机动力驱动和工作装置都配置在同一个机架上,适于在地形地貌比较好或较少移动和改变工作位置的地方施工。

3. 按对钢绞线传递方式分类

穿索机根据对钢绞线的不同传递方式可分为双滚轮直接挤压推进式和双滚轮—链条传递式。

(1)双滚轮直接挤压推进式

双滚轮直接挤压推进式是将钢绞线置于上、下滚轮弧槽之间,下滚轮为主动轮,既作钢绞线传递,又作钢绞线和上滚轮的支撑,上滚轮只对钢绞线施加一定的压紧力。这种类型的机器,传动机构较复杂,因此挤压轮的组数不宜太多(一般采用两组),这样也就限制了穿索机速度的变化和推力的增加。

(2)双滚轮、链条传送式

双滚轮、链条传送式的链条由下滚轮托住,链条上固定由弧形槽板,钢绞线放置在弧形槽板上,有带弧槽的上滚轮压紧。当链条被链轮驱动时,依靠链条实现钢绞线的水平运动。这类穿索机传动部分为链轮和链条,结构简单,可以设置较多的滚压轮(可达四组),因此,能够获得较大的推力和较宽的调速范围。

二、主要结构及工作原理

1. 液压穿索机

液压穿索机配备液压泵驱动液压马达，带动主动链轮，通过链条完成穿索工作，托链轮起支撑链条和平衡压紧轮压力的作用。链条上的每只链节都装有弧槽钢板，钢绞线由机器端头的后导管穿入，经过弧槽钢板由前导管穿出进入导向管和连接架，或不需导向管直接进入连接架，在穿入预紧力构件的预留孔道中。

液压换向阀控制马达的正、反转或停止，实现钢绞线的前进、倒退或停止运动。调速阀可以控制马达的回转速度，从而可以改变钢绞线的推进速度而实现速度的无级调节。

四只压紧轮以每两只为一组，用销轴装到一个三角支架上，再把两个相同的三角支架以同样的方法与一个大三角架铰接，大三角架又铰接在压杆上。使四个压紧轮处于浮动状态，当向压杆施加压紧力时，四只压紧轮同时向下均匀的压在钢绞线上。

2. 机械式穿索机

机械式穿索机由电动机驱动，通过联轴器，减速箱驱动主动齿轮和主动滚轮轴，主动齿轮又通过中间齿轮带动从动齿轮和滚轮轴，从而使最终齿轮和滚轮可同步转动。

与滚轮的安装部位相对应的上方安装有两只压紧轮，两只压紧轮的安装方式与液压穿索机相类似，整台机器两组滚轮同时工作。

上下滚轮都有弧形槽，钢绞线从槽中通过。钢绞线在机器上的进出部位以及两组滚轮之间的部位都有导向管为钢绞线导向。

钢绞线的前进、倒退和停止都由电动机直接控制。

三、使 用 技 术

1. 使用与管理

穿索机应有专门的操作人员使用、维护和管理。机器使用前，先固定在预应力梁端部相应位置；有导向软管时，可将机器放在预应力梁附近的位置固定，导向软管的长度一般不大于6m。将连接架固定在孔道四周的构造钢筋上。对于液压穿索机，应将液压泵的高压软管快速接头连接到穿索机的接头座上。工作前，先启动电机，液压泵和液压马达无负荷运转2～3min。松开压紧的顶紧螺杆，将压紧轮组抬高，将钢绞线顺链上凹槽穿出，在放回压紧轮组，给压紧梁一定的压紧力。在钢绞线端戴一个刚制子弹头状的钢绞线帽，以减少穿索时的钢绞线端部散乱。当一根细钢绞线穿够长度后，用手提砂轮机切断，即可进行下一根穿索工作。

在穿索长度较大时，应配备两支无线电步话机，便于在较长的预应力梁梁两端的工作人员联系使用。

由于预应力梁的孔道成孔形状复杂，往往还存在平弯和竖弯，使穿索阻力增加。因此，在较长的孔道（长度超过70m）时，孔道横截面与钢束（所穿钢绞线的总根数）横截面之比不应小于2.5。在实际穿索工作中，梁上预留孔道的孔径可以选择规范的孔径略大些。

2. 维护

（1）穿索机为露天作业，每班应检查、清除上滚轮、链板上的油垢或污物，防止其工作时污染钢绞线。

（2）检查液压系统有无渗漏现象。

（3）按照说明书在机器的各润滑点加注润滑脂。上滚轮的加脂量应适当，以免油脂过多时漏出。

第六节　其他主要设备

一、钢丝镦头器

采用镦头锚的高强钢丝，在高精度下料后需经镦头器将其端头镦压成圆形球体。镦头器是一种专用的、便于手提的液压设备。见图 4-10。

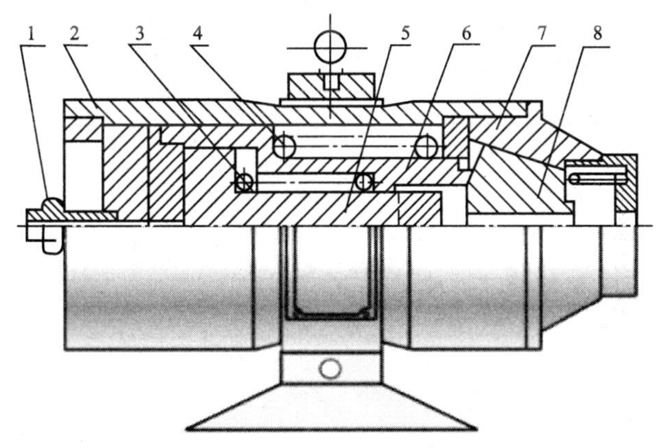

图 4-10　钢丝镦头器

1-油嘴；2-壳体；3-镦头活塞回程弹簧；4-夹紧活塞回程弹簧；5-镦头活塞；6-夹紧活塞；7-锚杯；8-夹片

工作时，压力油进入油缸后，先推动夹紧活塞，使之压缩夹紧活塞回程弹簧并用夹片夹住钢丝，油压逐渐升高，当压力升至顺序阀开启油压后，油液通过顺序阀进入夹紧活塞内的油缸，推动墩头活塞和墩头模。使之压缩墩头活塞回程弹簧并墩粗钢丝，当油压升高到规定数值后。钢丝墩头的镦粗头即可达到要求，油泵可以回油，这时，夹紧活塞内的油液可通过回油阀回油，各零件在回程弹簧作用下复位。

因此，使用本机时只需将钢丝放入夹片的中心，并抵紧墩头模后，用油泵向墩头器供油至规定数值即可回油，取出已成形钢丝。

使用缴头器时，切忌将钢丝放入三个夹片的间隙之中，这可能损坏夹片。每天必需将锚环夹片卸下，清除污垢并在锥面上抹石墨粉。墩头尺寸应符合规定，允许有不交叉、不贯通整个墩头的裂缝。

二、钢绞线端头挤压器

后张预应力钢绞线的固定端锚具，可以用带挤压头的钢绞线和锚板（钢板）组成。挤压头是由专用的挤压器将挤压套固定在钢绞线的端头而形成的，挤压器也是一种能手提式的液压设备。见图 4-11。

三、钢绞线压花器

后张预应力钢绞线固定端锚具的另一种形式，是将钢绞线的末端利用压花器顶压成圆球形的钢丝花。压花器是一种专用、轻便的液压设备。见图 4-12。

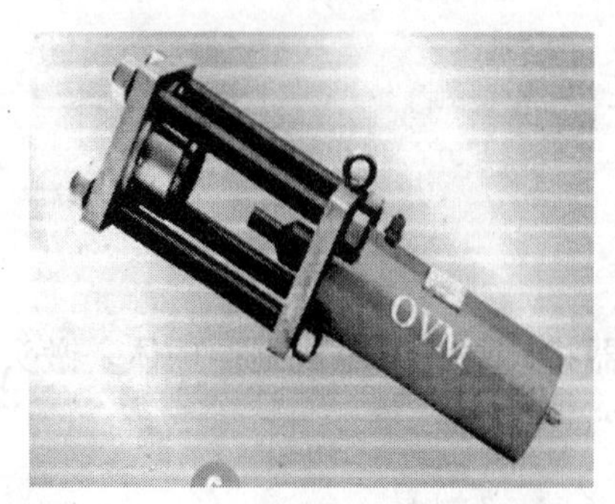

图 4-11　钢绞线挤压器

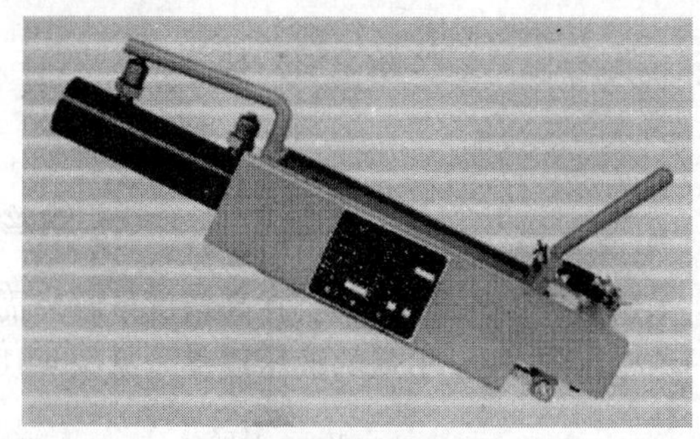

图 4-12　钢绞线压花器

思考题

1. 预应力千斤顶型号的表示方法。
2. 操作油泵时的注意事项。
3. 灰浆泵日常的使用和维修应注意的要点有哪些?
4. 为什么采用穿索机?

第五章　预应力施工工艺及质量控制

学习目标

1. 掌握先张法、后张法的定义、施工流程、各自优缺点；
2. 掌握预应力筋下料、穿孔的施工要点；
3. 了解预应力的力学性能；
4. 熟悉预应力混凝土浇筑的过程；
5. 掌握先张法、后张法施工的张拉及放张程序及施工要点；
6. 掌握后张法灌浆的施工操作；
7. 熟悉真空灌浆工艺；
8. 熟悉体外预应力施工方法。

根据混凝土浇筑和对预加应力材料施加应力的先后次序，可以将施加预应力方法归结为先张法和后张法两种。

第一节　概　　述

一、先　张　法

先张法是在灌筑混凝土前张拉预应力筋，并将张拉的预应力筋临时固定在台座或钢模上，然后浇注混凝土，当混凝土达到设计强度时，混凝土与预应力筋已具有足够的黏结力，之后放松预应力筋的一种施工方法。先张法一般适用于生产中小型的预应力混凝土构件。先张法生产有台座法和机组流水法（模板法）两种。

台座法是构件在专门设计的固定台座上生产。如预应力筋的张拉、锚固、混凝土的浇筑、养护和预应力筋的放松等工序均在台座上进行。预应力筋一端用锚夹具固定在台座上，另一端用张拉设备进行张拉后，用夹具锚固在横梁上。预应力筋放张的，其拉力由台座承受，台座稍有变形、滑移或倾角均会引起较大的预应力损失，故台座必须具有足够的强度、刚度和稳定性，在设计时，应对此进行验算和校核。台座法一般可生产中型或某些大型构件，一次可同时生产很多根构件。由于制作长度较长，又称长线生产法。是我国当前应用较广泛的一种预制预应力构件的生产方法。

机组流水法，又称模板法，是利用模板作为固定预应力筋的承 J 力架，构件连同模板通过固定的机组，按流水力方式完成其每一生产过程，生产效率高，机械化程度也较高，一般用于生产中小型构件。但出于模板要求承受预应力筋的张拉反力，故耗钢量较多，建厂一次投资也较多。

先张法预应力施工工艺流程图如图5-1所示。

先张法预应力混凝土构件施工工序如图5-2所示。

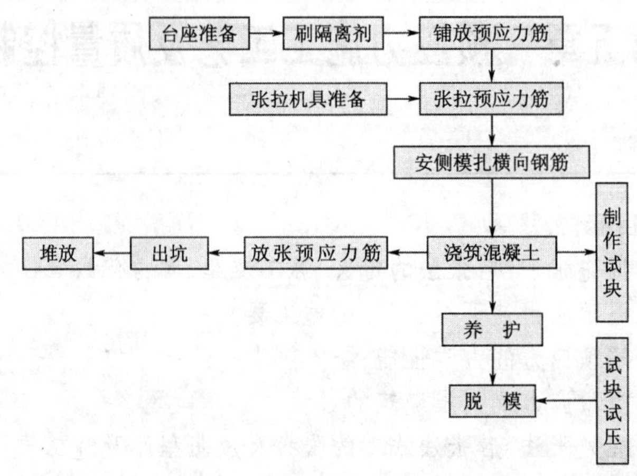

图5-1　先张法预应力施工工艺流程图

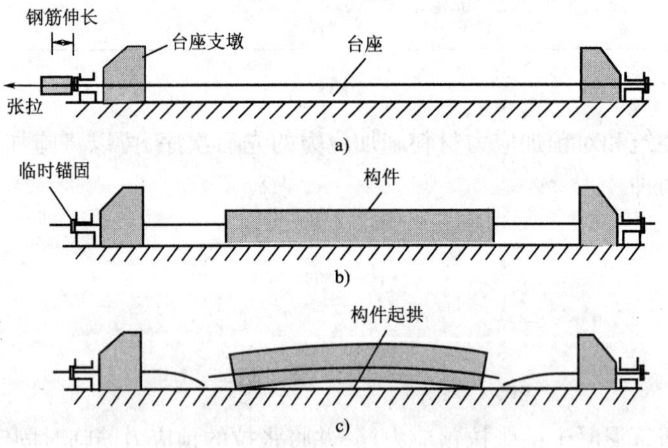

图5-2　先张预应力工序示意

a)预应力筋张拉;b)混凝土施工;c)预应力筋放张

先张预应力工艺的要点为:按设计要求张拉预应力筋并用专用夹具临时固定在台座上(此时预应力筋的反作用力由台座承受),然后浇筑混凝土;待混凝土养护达到一定强度和龄期(一般应不低于混凝土强度等级的75%;混凝土龄期达到某一数值,以保证具有足够的黏结力和避免过大徐变。此简称混凝土强度和龄期双控制)后,放松预应力筋,利用预应力筋的弹性回缩力及其与混凝土之间的黏结作用使混凝土获得预压应力。先张预应力混凝土的关键在于预应力筋的弹性回缩力和预应力筋与混凝土之间的黏结力,而预应力筋弹性回缩力存在的先决条件是对预应力筋施加预应力。

先张预应力工艺简单、工序少、效率高、质量易保证,且能省去锚固预应力筋所用的永久锚具。但其在工厂化或成批生产时,常采用专门的张拉台座,需要较大的基建投资,还应考虑交通运输条件。预应力筋一般采用直线或折线布置,适宜于预制大批生产的中小型构件。

二、后　张　法

（一）工艺流程

后张法是指在完成混凝土浇筑、养护达一定强度后才进行预应力筋张拉的方法。箱梁后张法预应力施工工艺流程图如图5-3所示。

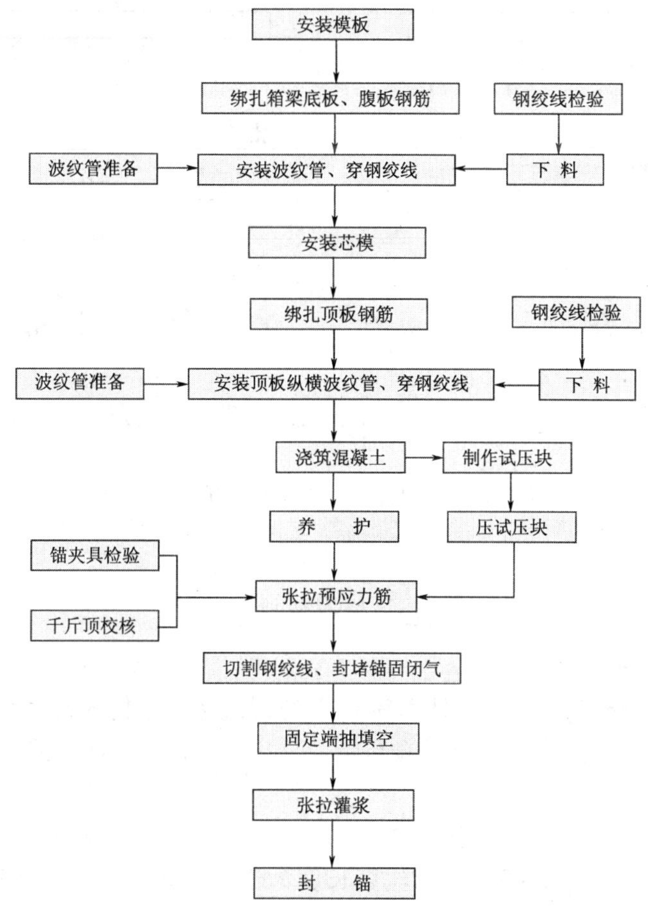

图5-3　后张法预应力施工工艺流程图

（二）后张法施工工艺

后张法典型的施工工序如图5-4所示。

后张预应力工艺的要点为：在构件混凝土浇筑之前按预应力筋的设计位置，通过预埋管道或其他方法形成预留孔道（或明槽）；待混凝土养护达到一定强度和龄期（一般应不低于混凝土强度等级的75%，混凝土龄期达到某一数值）后，将预应力筋穿入孔道内；以混凝土构件本身作为支承件，张拉预应力筋使混凝土构件压缩；待张拉力达到设计值后，用特制的锚具将预应力筋锚固于混凝土构件上，使混凝土获得永久的预压应力；在预留孔道内压注水泥浆，以保护预应力筋并使其与混凝土黏结成整体。

后张法是通过锚具锚固预应力筋从而保持预加力的永久作用。因而，后张法适用性较强，它可以是预制构件，也可以是在施工现场支架上施工的混凝土构件等。但后张法施工工艺相对复杂，锚具耗钢量较大。

在后张预应力混凝土构件中，为了防止预应力筋的锈蚀和使预应力筋与构件混凝土结合成整体，在预应力筋张拉完毕之后，即需在预留孔道内压注水泥浆。水泥浆的强度等级一般不低于构件混凝土强度的80%，且不低于30MPa。为了减少水泥浆结硬过程中的收缩及泌水，宜采用具有低含水量、流动性好、最小渗出及膨胀性等特性的外加剂，但不得含有对预应力筋或水泥有害的化学物质。

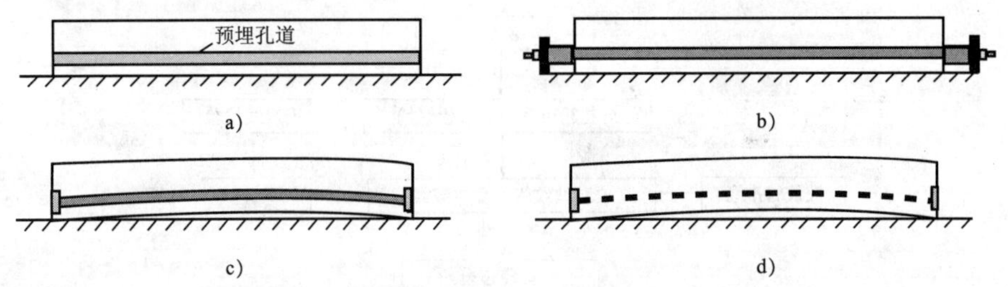

图5-4 后张预应力工序示意

a)预留孔道；b)穿预应力筋、张拉；c)预应力筋锚固；d)孔道压浆、封锚

第二节 施工质量控制的一般规定

预应力混凝土工程应由有预应力施工资质的组织承担施工任务。施工单位应定期组织施工人员进行技术培训。

一、预应力筋制作

（一）预应力筋下料

（1）预应力筋的下料长度应通过计算确定，计算时应考虑结构的孔道长度或台座长度、锚夹具厚度、千斤顶长度、焊接接头或镦头预留量、冷拉伸长值、弹性回缩值、张拉伸长值和外露长度等因素。

钢丝束两端采用镦头锚具时，同一束中各根钢丝下料长度的相对差值，当钢丝束长度小于或等于20m时，不宜大于1/3 000；当钢丝束长度大于20m时，不宜大于1/5 000，且不大于5mm。长度不大于6m的先张构件，当钢丝成组张拉时，同组钢丝下料长度的相对差值不得大于2mm。钢丝镦头尺寸不应小于规定值，头型应圆整端正。钢丝镦头的圆弧形周边出现纵向微小裂纹时其裂纹长度不得延伸至钢丝母材，不得出现斜裂纹或水平裂纹。

（2）钢丝、钢绞线、热处理钢筋、冷拉Ⅳ级钢筋、冷拔低碳钢丝及精轧螺纹钢筋的切断，宜采用切断机或砂轮锯，不得采用加热、焊接或电弧切割。在预应力筋近旁对其他部件进行气割或焊接时，应防止预应力筋受焊接火花或接地电流的影响。

（3）预应力筋下料应在平坦、洁净的场地上进行。其下料长度应采用钢尺丈量，使用砂轮锯或专用切筋器切断。钢丝下料时，对表面有电接头或机械损伤的钢丝应剔除。

（二）冷拉钢筋接头

（1）冷拉钢筋的接头，应在钢筋冷拉前采用一次闪光顶锻法进行对焊，对焊后尚应进行热处理，以提高焊接质量。钢筋焊接后其轴线偏差不得大于钢筋直径的1/10，且不得大于2mm，轴线曲折的角度不得超过4°。采用后张法张拉的钢筋，焊接后尚应敲除毛刺，但不得减损钢筋截面面积。

(2)预应力筋有对焊接头时，除非设计另有规定，宜将接头设置在受力较小处，在结构受拉区及在相当于预应力筋直径30倍长度的区段(不小于500mm)范围内，对焊接头的预应力筋截面面积不得超过该区段预应力筋总截面面积的25%。

(3)冷拉钢筋采用螺丝端杆锚具时，应在冷拉前焊接螺丝端杆，并应在冷拉时将螺母置于端杆端部。

(三)预应力筋镦粗

预应力筋镦头锚固时，对于高强钢丝，宜采用液压冷镦；对于冷拔低碳钢丝，可采用冷冲镦粗；对于钢筋，宜采用电热镦粗，但Ⅳ级钢筋镦粗后应进行电热处理。冷拉钢筋端头的镦粗及热处理工作，应在钢筋冷拉之前进行，否则应对镦头逐个进行张拉检查，检查时的控制应力应不小于钢筋冷拉的控制应力。见表5-1。

钢丝镦头压力与头型尺寸 表5-1

钢丝直径(mm)	镦头压力(MPa)	头型尺寸(mm)	
		直径	高度
ϕp_5	32~36	7~7.5	4.7~5.2
ϕp_7	40~45	10~11	6.7~7.3

轧钢筋，不应采取控制冷拉率的方法。

(1)当采用控制应力方法冷拉钢筋时，其冷拉控制应力下的最大冷拉率，应符合表5-2的规定。冷拉时应检查钢筋的冷拉率，当超过表中的规定时，应进行力学性能检验。

冷拉控制应力及最大冷拉率 表5-2

钢筋级别	钢筋直径(mm)	冷拉控制应力(MPa)	最大冷拉率(%)
Ⅳ级	10~28	700	4.0

(2)当采用控制冷拉率方法冷拉钢筋时，冷拉率必须由试验确定。测定同炉批钢筋冷拉率时，其试样不少于4个，并取其平均值作为该批钢筋实际采用的冷拉率。测定冷拉率时钢筋的冷拉应力应符合表5-3的规定。

测定冷拉率时钢筋的冷拉应力 表5-3

钢筋级别	钢筋直径(mm)	冷拉控制应力(MPa)
Ⅳ级	10~28	700

注：当钢筋平均冷拉率低于1%时，仍应按1%进行冷拉。

冷拉多根连接的钢筋，冷拉率可按总长计，但冷拉后每根钢筋的冷拉率应符合表5-2的规定。

(3)钢筋的冷拉速度不宜过快，宜控制在5MPa/s左右。冷拉至规定的控制应力(或冷拉率)后，应停置1~2min再放松。冷拉后，有条件时宜进行时效处理。应按冷拉率大小分组堆放，以备编束时选料。冷拉钢筋时应做记录。

当采用控制应力方法冷拉钢筋时，对使用的测力计应经常进行校验。

(四)预应力筋的冷拔

预应力筋采用冷拔低碳钢丝时，应采用6~8mm的Ⅰ级热轧钢筋盘条拔制。拔丝模孔为盘条原直径的0.85~0.9，拔制次数一般不超过3次，超过3次时应将拔丝退火处理。拉拔总压缩率应控制在60%~80%，平均拔丝速度应为50~70m/min。冷拔达到要求直径后，应进行检验，以决定其组别和力学性能(包括伸长率)。

(五)预应力筋编束

预应力筋由多根钢丝或钢绞线组成时,同束内应采用强度相等的预应力钢材。编束时,应逐根理顺,绑扎牢固,防止互相缠绕。

(六)钢绞线挤压

钢绞线挤压锚具挤压前,在钢绞线端头安装异形钢丝衬套与挤压套,并在挤压套外表面涂润滑油,钢绞线、挤压模与活塞杆应在同一轴心线上。液压挤压机的压力表读数按生产厂提供的参数控制,钢绞线端头应露出成型后挤压锚具的外端。挤压锚具应与锚垫板固定可靠。钢绞线挤压锚具成型后,钢绞线外端应露出挤压头 2 ~ 5mm。见图 5-5。

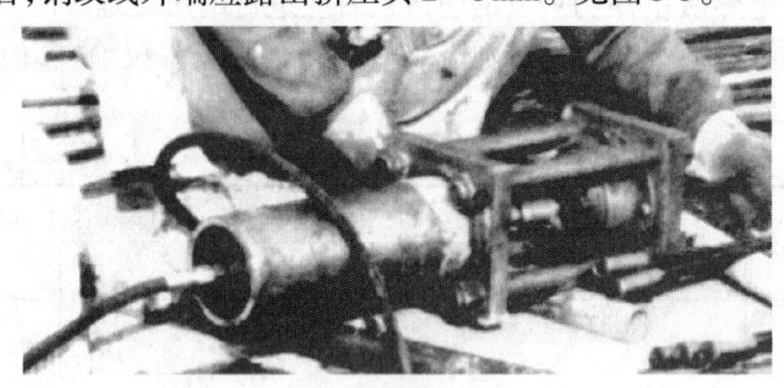

图 5-5　挤压锚施工

质量要点为异形钢丝弹簧圈必须满挤压锚环

(七)钢绞线压花锚

钢绞线压花锚具成型时,梨形头尺寸和直线段长度应不小于设计值,其表面不得有污物。液压压花机的压力表读数按生产厂提供的参数控制;成型后的梨形头尺寸:对 ϕS15.2 钢绞线为 $\phi95 \times 150$mm;对 ϕS12.7 钢绞线为 $\phi80 \times 130$mm。

二、混凝土的浇筑

(1)混凝土用料(水泥、细集料、粗集料、水)及配合比应符合本规范第 11 章的有关规定。可掺入适量的外加剂,但不得掺入氯化钙、氯化钠等氯盐。从各种组成材料引进混凝土中的氯离子总含量(折合氯化物含量),不宜超过水泥用量的 0.06%,当超过0.06%时,宜采取掺加阻锈剂、增加保护层厚度、提高混凝土密实度等防锈措施;对于干燥环境中的小型构件,氯离子含量可提高 1 倍。

(2)混凝土的水泥用量不宜超过 500kg/m^3,特殊情况下不应超过 550kg/m^3。

(3)浇筑混凝土时,宜根据结构的不同型式选用插入式、附着式或平板式等振动器进行振捣。对箱梁腹板与底板及顶板连接处的承托、预应力筋锚固区以及其他钢筋密集部位,宜特别注意振捣。

浇筑混凝土时,对先张构件应避免振动器碰撞预应力筋;对后张结构应避免振动器碰撞预应力筋的管道、预埋件等。并应经常检查模板、管道、锚固端垫板及支座预埋件等,以保证其位置及尺寸符合设计要求。

(4)纵向拼接的后张梁,梁段接缝应符合设计规定,施工注意事项可参照本规范各有关章节执行。

(5)浇筑箱形梁段混凝土时,应尽可能一次浇筑完成;梁身较高时也可分两次或三次浇筑;梁身较低时可分为两次浇筑。分次浇筑时,宜先底板及腹板根部,其次腹板,最后浇顶板及翼板。

(6)混凝土浇筑完成并初凝后,应立即开始养护。

三、施加预应力

(一)机具及设备

施加预应力所用的机具设备及仪表应由专人使用和管理,并应定期维护和校验。千斤顶与压力表应配套校验,以确定张拉力与压力表之间的关系曲线,校验应在经主管部门授权的法定计量技术机构定期进行。

张拉机具设备应与锚具配套使用,并应在进场时进行检查和校验。对长期不使用的张拉机具设备,应在使用前进行全面校验。使用期间的校验期限应视机具设备的情况确定,当千斤顶使用超过6个月、初次在使用过程中出现不正常现象、检修以后应重新校验。弹簧测力计的校验期限不宜超过2个月。

(二)施加预应力的准备工作

(1)对力筋施加预应力之前,必须完成或检验以下工作:

①施工现场应具备经批准的张拉程序和现场施工说明书;

②现场已有具备预应力施工知识和正确操作的施工人员;

③锚具安装正确,对后张构件,混凝土已达到要求的强度;

④施工现场已具备确保全体操作人员和设备安全的必要的预防措施。

(2)实施张拉时,应使千斤顶的张拉力作用线与预应力筋的轴线重合一致。

(3)对于预应力筋,应采用型式和吨位与其相符的千斤顶整束张拉锚固。对直线形或平行排放的预应力钢绞线束,在确保各根预应力钢绞线不会叠压时,也可采用小型千斤顶逐根张拉工艺,但必须将"分批张拉预应力损失"计算在控制应力之内。

(4)千斤顶安装时,工具锚应与前端工作锚对正,使工具锚与工作锚之间的各根预应力钢材相互平行,不得扭绞错位。

工具锚夹片外表面和锚板锥孔内表面使用前宜涂润滑剂,并应经常将夹片表面清洗干净。当工具夹片开裂或牙面缺损较多,工具锚板出现明显变形或工作表面损伤显著时,均不得继续使用。

(5)对于一些有特殊要求的结构或张拉空间受到限制时,可配置专用的变角块,并应采用变角张拉法施工。设计和施工中应考虑因变角而产生的摩阻损失,但预应力筋在张拉千斤顶工具锚处的控制应力不得大于$0.8f_{ptk}$。

(6)采用连接器接长预应力筋时,应全面检查连接器的所有零件,必须执行全部操作工艺,以确保连接器的可靠性。

(三)张拉应力控制

(1)预应力筋的张拉控制应力应符合设计要求。当施工中预应力筋需要超张拉或计入锚圈口预应力损失时,可比设计要求提高5%,但在任何情况下不得超过设计规定的最大张拉控制应力。

(2)预应力筋采用应力控制方法张拉时,应以伸长值进行校核,实际伸长值与理论伸长值的差值应符合设计要求,设计无规定时,实际伸长值与理论伸长值的差值应控制在6%以内,否则应暂停张拉,待查明原因并采取措施予以调整后,方可继续张拉。

(3)预应力筋的理论伸长值ΔL(mm)可按式(5-1)计算:

$$\Delta L = \frac{P_P L}{A_P E_P} \tag{5-1}$$

式中：P_P——预应力筋的平均张拉力(N)；

L——预应力筋的长度(mm)；

A_P——预应力筋的截面面积(mm^2)；

E_P——预应力筋的弹性模量(MPa)。

(4)预应力筋张拉时，应先调整到初应力，该初应力宜为张拉控制应力 σ_{con} 的10%～15%，伸长值应从初应力时开始量测。力筋的实际伸长值除量测的伸长值外，必须加上初应力以下的推算伸长值。对后张法构件，在张拉过程中产生的弹性压缩值一般可省略。

预应力筋张拉的实际伸长值 ΔL(mm)，可按式(5-2)计算：

$$\Delta L = \Delta L_1 + \Delta L_2 \tag{5-2}$$

式中：ΔL_1——从初应力至最大张拉应力间的实测伸长值(mm)；

ΔL_2——初应力以下的推算伸长值(mm)，可采用相邻级的伸长值。

(5)必要时，应对锚圈口及孔道摩阻损失进行测定，张拉时予以调整。预应力筋锚固时的内缩值比现行国家标准《混凝土结构设计规范》(GB 50010)确定的数值明显偏大时，应检查张拉设备状况及操作工艺，必要时加以调整；也可用少量增加张拉伸长值的办法解决。

(6)预应力筋的锚固，应在张拉控制应力处于稳定状态下进行。锚固阶段张拉端预应力筋的内缩量，应不大于设计规定或不大于表5-4所列容许值。

锚具变形、预应力筋回缩和接缝压缩容许值(mm) 表5-4

锚具、接缝类型		变形型式	容许值 ΔL
钢制锥形锚具		力筋回缩、锚具变形	6
夹片式锚具(用于预应力钢绞线)		力筋回缩、锚具变形	6
镦头锚具		缝隙压密	1
JM15锚具	用于预应力钢丝时	力筋回缩、锚具变形	3
	用于预应力钢绞线时		6
粗钢筋锚具(用于精轧螺纹钢筋)		力筋回缩、锚具变形	1
每块后加垫板的缝隙		缝隙压密	1
水泥砂浆接缝		缝隙压密	1
环氧树脂砂浆接缝		缝隙压密	1

(7)预应力筋锚固以后，因故必须放松时，对于支承式锚具可用张拉设备松开锚具，将预应力缓慢地卸除；对于夹片式、锥塞式等锚具，宜采用专门的放松装置将锚具松开。任何时候都不得在预应力筋存在拉力的状态下直接将锚具切去。

(8)预应力筋张拉锚固后，应对张拉记录和锚固状况进行复查，确认合格后，方可切割露于锚具之外的预应力筋多余部分。切割工作应使用砂轮锯；当使用砂轮锯有困难时也可使用氧乙炔焰，严禁使用电弧。当用氧乙炔焰切割时，火焰不得接触锚具；切割过程中还应用水冷却锚具。切割后预应力筋的外露长度不应小于30mm。

(9)预应力筋张拉时，应有安全措施。预应力筋两端的正面严禁站人。

(10)后张法预应力混凝土构件或结构在张拉预应力筋后，宜及时向预应力筋孔道中压注水泥浆。先张法生产预应力混凝土构件时，张拉预应力筋后，宜及时浇筑构件混凝土。

(11)对暴露于结构外部的锚具应及时实施永久性防护措施，防止水分、氯离子及其他有腐蚀性的介质侵入。同时，还应采取适当的防火和避免意外撞击的措施。

封头混凝土应填塞密实并与周围混凝土黏结牢固。无黏结预应力筋的锚固穴槽中，可填堵微膨胀砂浆或环氧树脂砂浆。锚固区预应力筋端头的混凝土保护层厚度不应小于20mm；在易受腐蚀的环境中，保护层还宜适当加厚。对凸出式锚固端，锚具表面距混凝土边缘不应小于50mm。封头混凝土内应配置1～2片钢筋网，并应与预留锚固筋绑扎牢固。

(12)在无黏结预应力筋的端部塑料护套断口处，应用塑料胶带严密包缠，防止水分进入护套。在张拉后的锚具夹片和无黏结筋端部，应涂满防腐油脂，并罩上塑料(PE)封端罩，并应达到完全密封的效果。也可采用涂刷环氧树脂达到全密封效果。

(13)预应力筋张拉及放松时，均应填写施工记录。

第三节　先张法施工

一、准备工作

先张法施加预应力工艺是在预制构件时，先在台座上张拉力筋，然后支模浇筑混凝土使构件成型的施工方法。先张法梁的预应力筋是在底模整理后，在台座上进行张拉已加工好的预应力筋。因而对先张法墩式台座结构的具体要求为：

(1)承力台座须具有足够的强度和刚度，其抗倾覆安全系数应不小于1.5，抗滑移系数应不小于1.3。

(2)横梁须有足够的刚度，受力后挠度应不大于2m。

(3)在台座上铺放预应力筋时，应采取措施防止沾污预应力筋。

(4)张拉前，应对台座、横梁及各项张拉设备进行详细检查，符合要求后可进行操作。

对于长线台座，预应力筋或者预应力筋与拉杆、力筋的连接，必须先用连接器串联后才能张拉。先张法通常采用一端张拉，另一端在张拉前要设置好固定装置或安放好预应力筋的放松装置。但也有采用两端张拉的方法。

张拉前，应先安装定位板，检查定位板的力筋孔位置和孔得大小是否符合设计要求，然后将定位板固定在横梁上。在检查预应力筋数量、位置、张拉设备和锚具后，方可进行张拉。见表5-5。

先张预应力筋制作安装允许偏差　　表5-5

项　　目		允许偏差(mm)
镦头钢丝同束长度相对差	束长>20m	L/5 000及5
	束长6～20m	L/3 000
	束长<6m	2
冷拉钢筋接头在同一平面的轴线偏位		2及1/10直径
力筋张拉后的位置与设计位置之间偏位		4%构件最短边长及5

先张法张拉预应力筋,分单根张拉和多根张拉;单向张拉和双向张拉。单根张拉设备比较简单,吨位要求小,但张拉速度慢,张拉的顺序应不致使台座承受过大的偏心力。多根张拉一般需有两个大吨位千斤顶,张拉速度快。数根预应力筋张拉时,必须使它们的初始长度一致,张拉后每根力筋的应力均匀。因此可在预应力筋的一端选用螺丝杆锚具和横梁、千斤顶组成张拉端,另一端选用墩粗夹具为固定端,这样可以利用螺丝端杆的螺帽调整各根力筋的初始长度。如果力筋直径较小,在保证每根力筋下料长度精确的情况下,可两端采用墩粗夹具。将多根张拉固定端的墩粗夹具改为夹片锚具,用小型穿心式张拉千斤顶先单根施加部分拉力,同时使每根预应力筋均匀受力,然后在另一端多根张拉到位,就是双向张拉,见图5-6。双向张拉速度快,预应力筋拉力均匀。此外多根张拉必须使两个千斤顶与预应力筋对称布置,两个千斤顶油路串通,同步顶进。

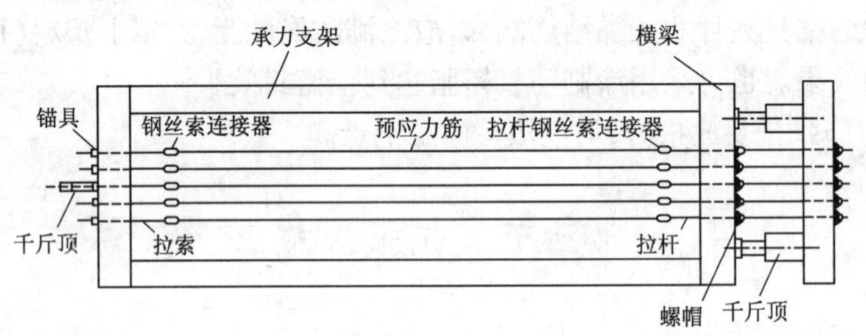

图5-6　先张法的张拉布置图

穿钢绞线。将下好料的钢绞线达到台座的一端,先张法梁钢绞线是向前推方法穿束。钢绞线穿过端模及塑料套管后在其前端安引导工具,以利于钢绞线沿直线前进。引导工具就是一根钢管,前头做成圆锥形状。穿束前各孔眼应统一编号,对号入座,防止穿错孔眼。当预应力筋为粗钢筋时,则该粗钢筋可在绑钢筋架的同时放入梁体。

二、张　　拉

(1)调整预应力筋长度,采用螺丝杆锚具,拧动端头螺帽。调整预应力筋长度,使每根预应力筋受力均匀。

(2)初始张拉

一般施加10%的张拉应力,将预应力筋校直,锚固端和连接器处拉紧适当的位置刻画标记,作为测量延伸量的基点。同时张拉多根预应力筋时,应预先调整其初应力,使相互之间的应力一致。

(3)正式张拉

①一端固定,一端单根张拉。张拉顺序由中间向两侧对称进行,如横梁、承力架受力安全也可从一侧进行。单根预应力筋张拉吨位不可一次拉至超张拉应力。

②一端固定,一端多根张拉。千斤顶必须同步顶进,保持横梁平行移动,预应力筋均匀受力。分级加载拉至超张拉应力。

③一端单根张拉,一端多根张拉:先张拉单根预应力筋,由延伸量和油表压力读数双控制施加30% ~40%的张拉力,同时使预应力筋受力均匀,先顶锚锚固一端,再张拉多根预应力筋至超张拉应力。

④预应力筋的张拉应符合设计要求,设计无规定时,其张拉程序可按表5-6的规定进行。

先张法预应力筋张拉程序 表 5-6

预应力筋种类	张拉程序
钢筋	0→初应力→1.05σ_{con}(持荷 2min)→0.9σ_{con}→σ_{con}(锚固)
钢丝、钢绞线	0→初应力→1.05σ_{con}(持荷 2min)→0→σ_{con}(锚固) 对于夹片式等具有自锚性能的锚具: 普通松弛力筋 0→初应力→1.03σ_{con}(锚固) 低松弛力筋 0→初应力→σ_{con}(持荷 2min 锚固)

注:①表中 σ_{con} 为张拉时的控制应力值,包括预应力损失值;

②超张拉数值超过规定的最大超张拉应力限值时,应按规定的限制张拉应力进行张拉;

③张拉钢筋时,为保证施工安全,应在超张拉放张至 0.9σ_{con} 时安装模板、普通钢筋及预埋件等;

④张拉过程中,应抽查力筋的预应力值,其偏差的绝对值不得超过按一个构件全部力筋预应力总值的 5%;

⑤张拉时,预应力筋的断丝数量不得超过表 5-7 的规定。

先张法预应力筋断丝限制 表 5-7

类别	检查项目	控制数
钢丝、钢绞线	同一构件内断丝数不得超过钢丝总数的	1%
钢筋	断筋	不容许

(4)持荷

按预应力筋的类型选定持荷时间 2 ~ 5min,使预应力筋完成部分徐舒,完成量为全部的 20% ~25%,以减少钢丝锚固后的应力损失。预应力筋张拉完毕后,与设计位置的偏差不得大于 5mm,同时不得大于构件最短边长的 4%。

(5)锚固

补足或放松预应力筋的拉力至控制应力。测量、记录预应力筋的延伸量,并核对实测值与理论计算值,其误差应在 ±6% 范围内,如不符合规定,则应找出原因及时处理。张拉满足要求后,锚固预应力筋,千斤顶回油至零。

三、放　张

当混凝土达到设计规定的放松强度之后,可在台座上放松受拉预应力筋(称为“放张”),放张预应力筋放张时的混凝土强度须符合设计规定,设计未规定时,不得低于设计的混凝土强度等级值的 75%。

预应力筋的放张顺序应符合设计要求,设计未规定时,应分阶段、对称、相互交错地放张。在力筋放张之前,应将限制位移的侧模、翼缘模板或内模拆除。

预应力筋放松的速度不宜太快,以砂箱放松为宜,用砂箱放张时,放砂速度应均匀一致;如采用千斤顶重新张拉法放松,放张宜分数次完成,所施加的应力值不得超过原张拉时的控制应力;对钢丝可采用逐根切割、切断、锯断或剪断的方法放松,切断位置宜在两台座之间的中部。当采用单根放松时,应分阶段,对称相互交错地进行,每根预应力筋严禁一次放完,以免最后放松的预应力筋自行崩断。单根钢筋采用拧松螺母的方法放张时,宜先两侧后中间,并不得一次将一根力筋松完。现将几种常见的放松方法介绍如下。

1. 砂箱放松法

放松的装置在预应力筋张拉前放置在非张拉端。张拉前将砂箱(图 5-7)活塞全部拉出,箱内装满干砂,让其顶着横梁。张拉时箱内砂被压实,承受横梁反力。放松预应力筋时,打开出砂口,让砂慢慢流出,活塞缩回,逐渐放松预应力筋。

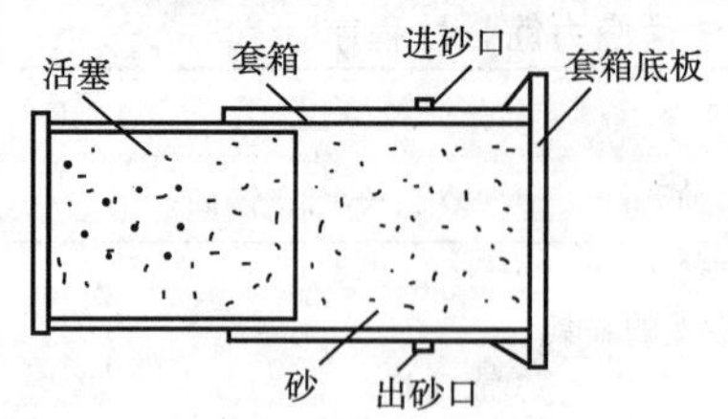

图 5-7 砂箱

2. 千斤顶放松法

如图 5-8 所示，在台座固定端的承力架与横梁之间水拉前就安放两个千斤顶，待混凝土达到规定放松强度后，即可让两千斤顶同步回程，使拉紧的力筋慢慢回缩，将力筋放松。

3. 张拉放松法

(1)在张拉端利用连接器、拉杆、双螺帽放松预应力筋，如图 5-9 所示。施加应力不应超过原张拉时的控制应力，之后将固定在横梁定位板前的双螺帽慢慢旋动，同一组放松的预应力筋螺帽旋动的距离应相等，然后再将千斤顶回油。张拉，放松螺帽，回油，反复进行，慢慢放松预应力筋。

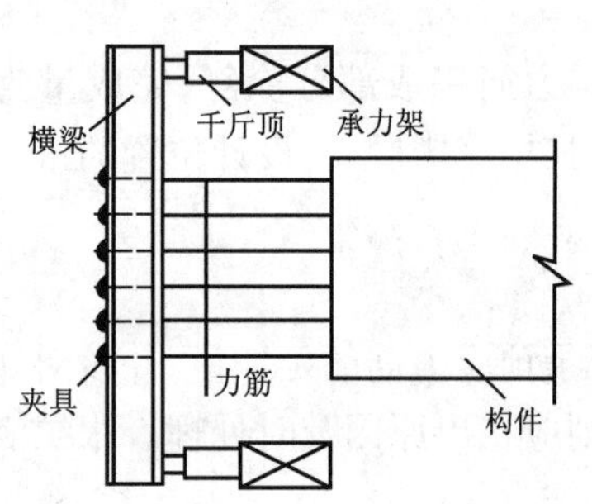

图 5-8 千斤顶放松张拉力的位置示意图

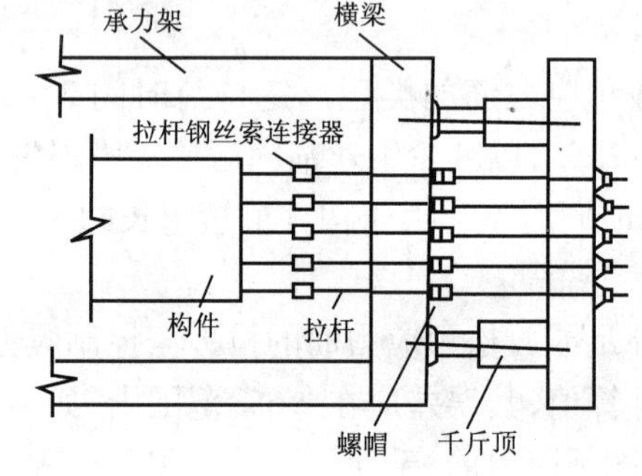

图 5-9 张拉端张拉放松示意

(2)在台座固定端设置螺杆和张拉架，张拉架顶紧横梁让预应力筋锚固在张拉架上，如图 5-10 所示，放松时，再略微拉紧力筋，让其伸长一些，然后拧松螺帽，再将千斤顶回油，力筋就慢慢回缩，张拉力即被释放。

4. 滑楔放松法

张拉前将三块钢制 U 形滑楔放在台座横梁与螺帽之间，如图 5-11 所示在中间滑楔上设置螺杆、螺丝顶住预应力筋。张拉完后，旋松螺丝，因反力作用，而使中间滑楔向上滑动，将预应力筋慢慢放松。

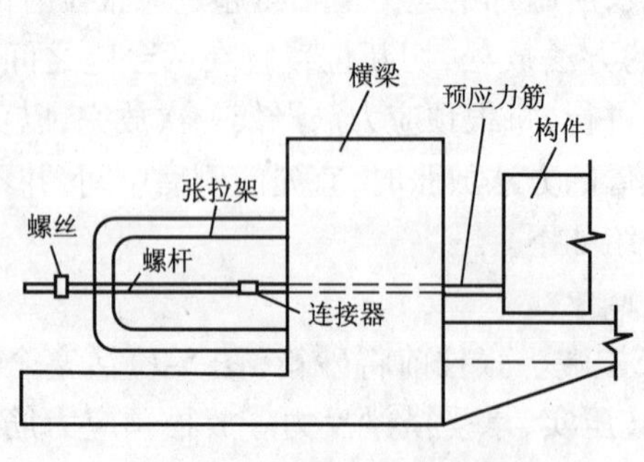

图 5-10 固定端张拉放松示意

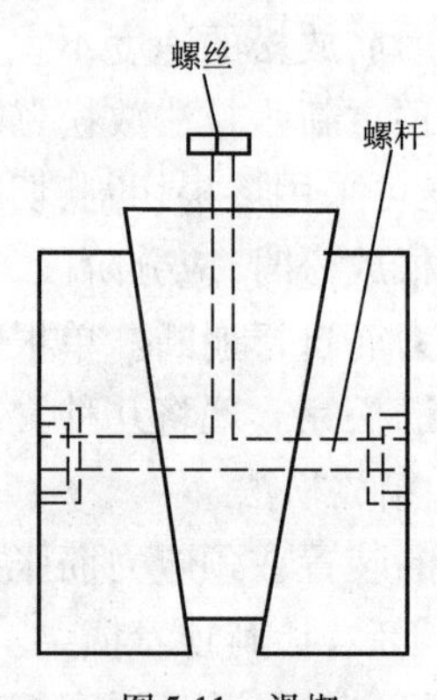

图 5-11 滑楔

5. 氧割法

简单地直接用氧炔焰沿构件端部将锚固在台座上的顶应力筋切断,这种放松预应力筋的方法对预应力冲击很大,易产生裂缝和造成大批预应力损失。氧割操作人员只准沿横向站立,严禁站在预应力筋上进行操作。

6. 手工法

即采用各种手工机具将预应力筋沿构件端部锯断或剪断,此法费工、费时。

钢筋放张后,可用乙炔—氧气切割,但应采取措施防止烧坏钢筋端部。钢丝放张后,可用切割、锯断或剪断的方法切断;钢绞线放张后,可用砂轮锯切断。

长线台座上预应力筋的切断顺序,应由放张端开始,逐次切向另一端。

第四节　后张法施工

后张法预施应力是待混凝土构件达到一定的强度后,在构件预留孔道中穿入预应力筋,用机械张拉,使预应力筋对混凝土构件施加应力。这是一项十分重要的工作,施加预应力过多或不足都会影响预制构件质量,必须按设计要求,准确地施加预应力。

后张法施加预应力的方法可分为4类:①用千斤顶机械施加应力;②电热施加应力;③用膨胀水泥施加应力;④其他方法。

一、预 留 孔 道

预留孔道是后张构件制作的特殊工序。孔道的形状、尺寸和质量对后张构件的质量有直接影响,其预留孔道主要有直线和曲线两种形式:

1. 制孔的方法

(1)埋设管道法

主要用于曲线管孔的制作。制孔时,先将薄铁皮按设计图纸卷成所需形状和尺寸的管道,或采用塑料波纹管,置于模板内,浇筑混凝土成型后,不再从构件内抽出铁皮管或塑料管而直接将预应力筋穿入管道内。

(2)抽芯管法

主要用于直线管孔制作。先将芯管预先安放在构件模板内后浇筑混凝土,在构件达一定强度后即可抽出芯管使之成孔。

抽拔制孔器的时间与预制时所处环境的气温有关,必须严格掌握。否则将会出现塌孔或拔不出的情况。一般以混凝土抗压强度达到0.4~0.8MPa时为宜。抽拔时间通过试验确定。

抽拔制孔器的顺序宜先上后下,先曲后直,分层浇筑的混凝土应根据各层凝固情况确定抽拔顺序。芯管采用橡胶管或钢管时,可用机械抽拔、抽拔时拖拉方向应和管道轴线重合。胶管先抽出芯棒,再抽胶管,抽出后清洗干净,卷盘存放。

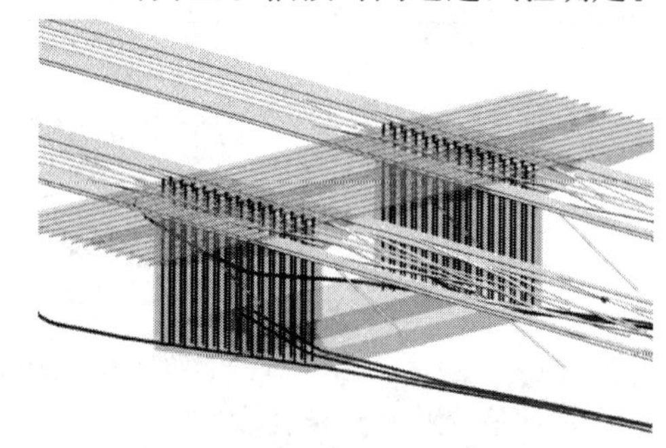

图5-12　箱梁预应力筋布置

2. 如图5-12为一箱梁的管道布置图,腹板内的纵向束为连续多波曲线束,由平直线段、斜直线段及圆弧弯曲段(弯曲半径为5m)组成。顶板及底板内的纵向束均为平直线束。采用金属波纹管留孔，安装时平直线段和斜直线段的定位钢筋间距宜为 0.8m，圆弧弯曲段的定位间距位 0.5m。

预应力筋预留孔道的尺寸与位置应正确，孔道应平顺，端部的预埋钢垫板应垂直于孔道中心线。

管道应采用定位钢筋固定安装，使其能牢固地置于模板内的设计位置，并在混凝土浇筑期间不产生位移。固定各种成孔管道用的定位钢筋的间距，对于钢管不宜大于 1m；对于波纹管不宜大于 0.8m；对于胶管不宜大于 0.5m，对于曲线管道宜适当加密。塑料波纹管定位架间距直线段设计为 1m，曲线段可规定为 0.5m（设计未给出时）。应注意随时检查是否因直线段定位架间距较大而影响线形流畅，必要时采取措施加密定位架，安装后对个别不平顺处进行调整。见图 5-13 与图 5-14。

图 5-13　腹板内曲线束管道线形不流畅

图 5-14　腹板内曲线束管道线形流畅

螺旋管安装就位过程中，应尽量避免反复弯曲，以防管壁开裂。同时，还应防止电焊火花烧伤管壁。

3. 所有管道均应设压浆孔，还应在最高点设排气孔及需要时在最低点设排水孔。压浆管、排气管和排水管应是最小内径为 20mm 的标准管或适宜的塑性管，与管道之间的连接应采用金属或塑料结构扣件，长度应足以从管道引出结构物以外。

按施工图设计要求，排气管应设置在相应区段管道曲线的最高点，排气管、压浆管的具体布置，由施工方自行安排。下图 5-15、图 5-16 为箱梁典型施工节段腹板曲线的排气管及压浆管布置图。

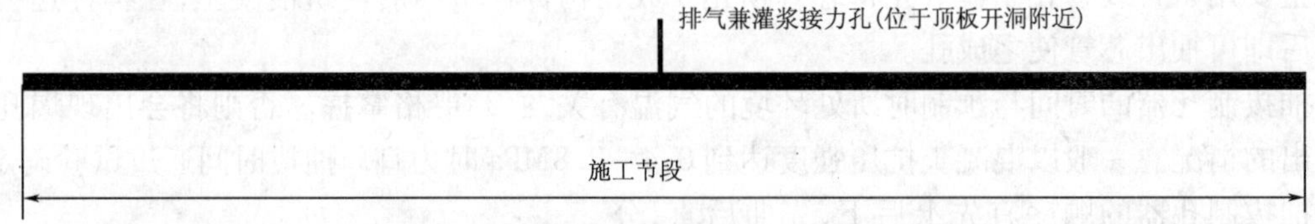

图 5-15　顶板、底板直线束灌浆孔和排气孔布置图

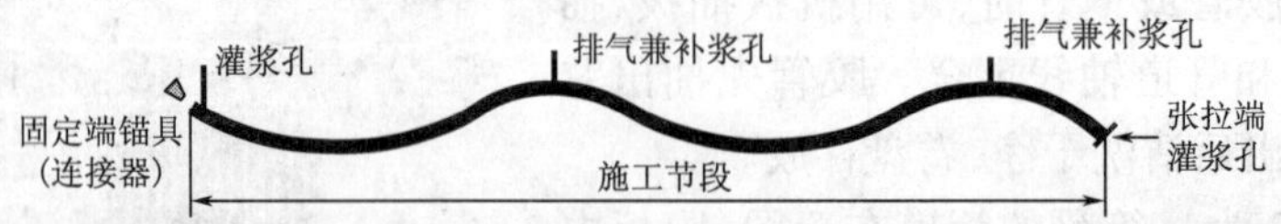

图 5-16　腹板曲线束灌浆孔、排气孔布置图

灌浆孔（泌水孔）与波纹管的连接是在波纹管上开洞，覆盖海棉垫片和塑料弧形压板并用铁丝扎牢，用增强塑料管插在接口上并将其引至构件顶面以上 400～500mm。见图 5-17。

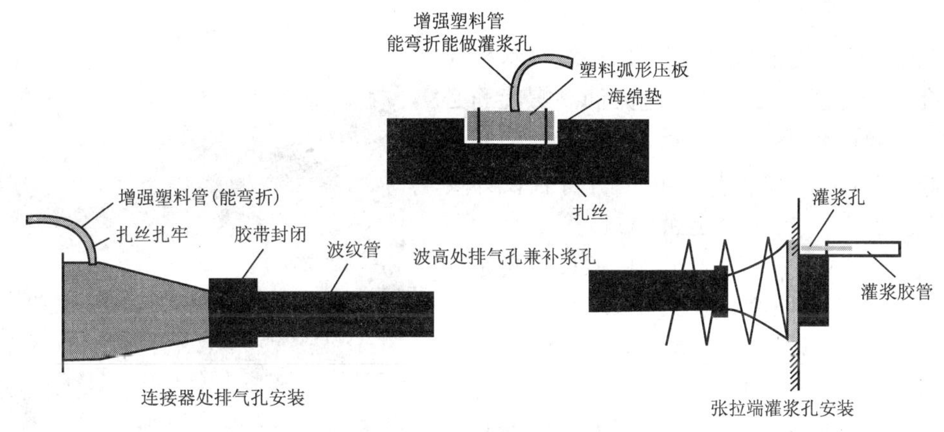

图 5-17　波纹管安装细部构造图

4. 波纹管连接

在张拉端端部,波纹管必须插入喇叭管内一定长度,接口处密封应确保完好。塑料波纹管的连接宜采用电热板热接、卡箍套连接。当采用类似于金属波纹管大一号套管旋接时,其套管应有不小于200mm 的长度,连接口处用胶带密封(自带密封圈的除外),以免漏气。见图5-18、图 5-19。

图 5-18　塑料波纹管留孔,连接器的排气孔安装
(采用高密度聚乙烯管做排气或补浆管)

图 5-19　塑料波纹管留孔,连接器的排气孔安装
(采用钢丝衬圈塑料增强管做排气管)

金属管道接头处的连接管宜采用大一个直径级别的同类管道,其长度宜为被连接管道内径的 5 ~7 倍。连接时应不使接头处产生角度变化及在混凝土浇筑期间发生管道的转动或移位,并应缠裹紧密防止水泥浆的渗入。见图 5-20、图 5-21、图 5-22。

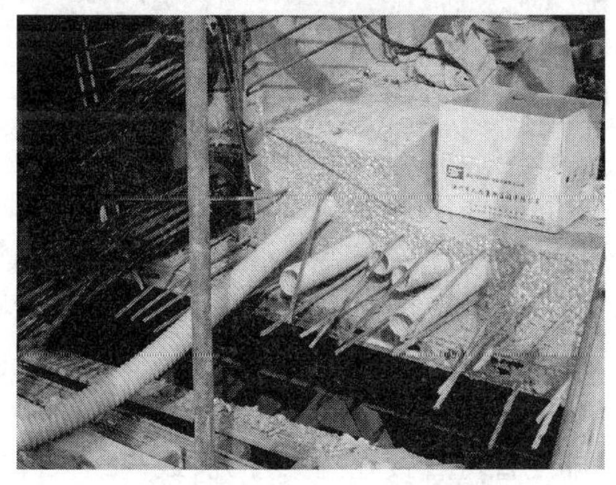

图 5-20　连续波纹的塑料波纹管留孔

图 5-21　塑料波纹管的电热板连接

5. 锚固区预埋件与加强筋施工要求

(1)波纹管应铺设平顺,端部的预埋锚垫板应垂直于孔道中心线或无黏结预应力筋。螺旋筋必须紧贴铸铁喇叭管承压板背面。波纹管安装完毕后,应检查波纹管的位置与形状是否符合设计要求,固定是否牢靠,接头处是否密封,管壁有无破损,灌浆孔与波纹管是否连接可靠、留设位置是否妥当。见图5-23、图5-24、图5-25。

(2)预留孔道或无黏结预应力筋的定位应牢固,孔道接头应密封良好。见图5-26。

(3)内埋式固定端的锚垫板不应重叠,锚具与垫板应贴紧。

图5-22 塑料波纹管接头处的连接管偏短,易拔出

图5-23 螺旋筋未紧靠铸铁承压板

图5-24 螺旋筋紧贴铸铁承压板

图5-25 螺旋筋未靠紧铸铁扁承压板

图5-26 金属扁波纹管未插入铸铁喇叭管口内

(4)金属扁波纹管用钢带制管时应注意保证规定的波高,以增加刚度。

(5)塑料扁波纹管的线刚度略差,井字型定位钢筋间距应严格按500mm设置。

(6)张拉端扁锚垫安装时,塑料波纹管与之接口应严格用胶纸封裹密封。螺旋筋应紧贴承压板。P锚的挤压锚具应紧贴承压钢板。P锚处螺旋筋应位于约束环的两侧。见图5-27、图5-28。

灌浆孔直接设置在扁铸铁承压板上,P锚处的排气管可直接在约束环处,或离约束环在

500mm 内。

图 5-27　P 锚未靠紧承压钢板

图 5-28　螺旋筋未安装于 P 锚约束环左右处

二、预应力筋安装

1. 根据穿束与浇筑混凝土之间的先后关系,可分为先穿束和后穿束两种。

1)先穿束法

先穿束法即在浇筑混凝土之前穿束。对埋入式固定端或采用连接器施工,必须采用先穿法。此法穿束省力,但穿束占用工期,束的自重引起的波纹管摆动会增大摩擦损失,束端保护不当易生锈。按穿束与预埋螺旋管之间的配合,又可分为以下三种情况:

(1)先穿束后装管:即将预应力筋先穿入钢筋骨架内,然后将螺旋管逐节从两端套入并连接;

(2)先装管后穿束:即将螺旋管先安装就位,然后将预应力筋穿入;

(3)二者组装后放人:即在梁外侧的脚手架上将预应力筋与套管组装后,从钢筋骨架顶部放入就位,箍筋应先作成开口箍,再封闭。

2)后穿束法

后穿束法即在浇筑混凝土之后穿束。此法可在混凝土养护期内进行。不占工期,便于用通孔器或高压水通孔,穿束后即行张拉,易于防锈,但穿束较为费力。

2. 根据一次穿入数量,可分为整束穿和单根穿。钢丝束应整束穿,钢绞线优先采用整束穿,也可用单根穿。穿束工作可由人工、卷扬机和穿束机进行。

1)人工穿束

人工穿束可利用起重设备将预应力筋吊起,工人站在脚手架上逐步穿入扎内。束的前端应扎紧并裹胶布、以便顺利通过孔道。对多波曲线束,宜采用特制的牵引头,工人在前头牵引,后头推送,用对讲机保持前后二端同时出力。对长度≤50m 的二跨曲线束,人工穿束还是方便的。如遇采用人力穿多跨曲线束有困难的情况,可在梁跨的中部处留设穿束助力段。

2)用卷扬机穿束

用卷扬机穿束,主要用于超长束、特重束、多波曲线束等整束穿的情况。卷扬机的速度宜慢些(每分钟约 10m),电动机功率为 1.5～2.0kW。束的前端应装有穿束网套或特制的牵引头(图 5-29)。

穿束网套可用细钢丝绳编织。网套上端通过挤压方式装有吊环,使用时将钢绞线穿入网套中(到底),前端用铁丝扎死,顶紧不脱落即可。

3)用穿束机穿束

图 5-29　卷扬机多根穿束

用穿束机穿束适用于大型桥梁与构筑物单根穿钢绞线的情况。

穿束机有两种类型:一是由油泵驱动链板夹持钢绞线传送,速度可任意调节,穿束可进可退,使用方便。二是由电动机经减速箱由两对滚轮夹持钢绞线传送。进退由电动机正反转控制。穿束时,钢绞线前头应套上一个子弹头形壳帽。

3. 穿束前应检查锚垫板和孔道,锚垫板应位置准确,孔道内应畅通,无水和其他杂物。

4. 预应力筋安装后的保护

1)对在混凝土浇筑及养生之前安装在管道中但在下列规定时限内没有压浆的预应力筋,应采取防止锈蚀或其他防腐蚀的措施,直至压浆。

不同暴露条件下,未采取防腐蚀措施的力筋在安装后至压浆时的容许间隔时间如下:

空气湿度大于 70% 或盐分过大时	7d
空气湿度 40% ~70% 时	15d
空气湿度小于 40% 时	20d

2)在力筋安装在管道中后,管道端部开口应密封以防止湿气进入。采用蒸汽养生时,在养生完成之前不应安装力筋。

3)在任何情况下,当在安装有预应力筋的构件附近进行电焊时,对全部预应力筋和金属件均应进行保护,防止溅上焊渣或造成其他损坏。

5. 对在混凝土浇筑之前穿束的管道,力筋安装完成后,应进行全面检查,检查其位置、曲线形状是否符合设计要求,螺旋管的固定是否牢靠,接头是否完好,管壁有无破损等。见表 5-8。如有破损,应及时用黏胶带修补。在混凝土浇筑之前,必须将管道上一切非有意留的孔、开口或损坏之处修复,并应检查力筋能否在管道内自由滑动。

后张预应力筋制作安装允许偏差　　表 5-8

项目		允许偏差(mm)
管道坐标	梁长方向	30
	梁高方向	10
管道间距	同排	10
	上下层	10

三、张　　拉

(一)张拉过程,见图 5-30

1. 张拉前的准备

(1)清理垫板与钢绞线表面的灰浆

(2)安装锚板

(3)装夹片

(4)安装限位板

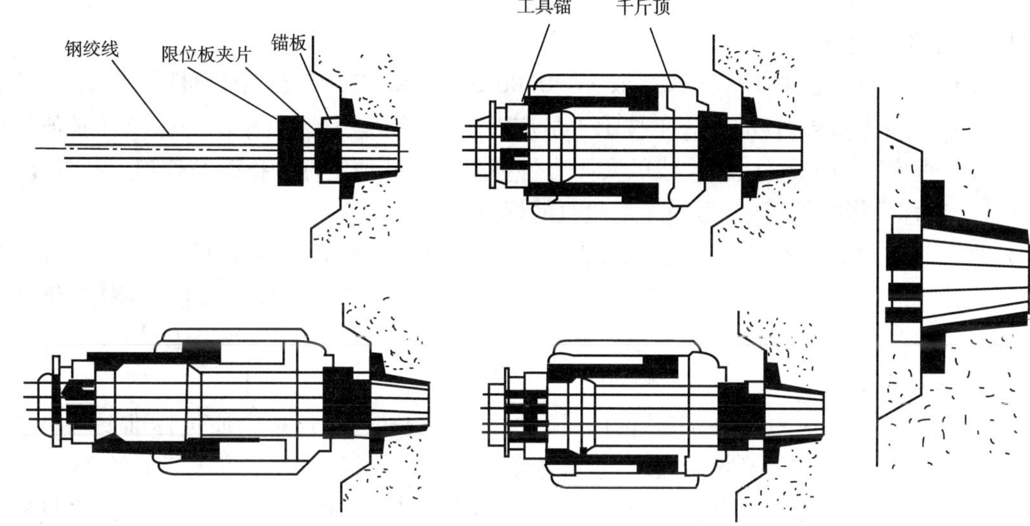

图 5-30　张拉过程

2. 张拉前的准备

(1)千斤顶就位

(2)工具锚夹片打紧

3. 张拉

(1)向张拉缸供油到设计油压值

(2)测量伸长值

4. 锚固

(1)打开截止阀将张拉油压降至零

(2)千斤顶活塞回程

5. 封端

(1)拆除千斤顶

(2)切除多余的钢绞线

(3)预应力束管道灌浆

(4)端部用混凝土封平

(二)张拉前的准备

1. 千斤顶与压力表的标定

1)进入各标段施工现场的张拉千斤顶与压力表应配套标定,并配套使用。标定时千斤顶活塞的运行方向应与实际张拉方向一致。张拉设备的标定期限不应超过半年。

2)张拉设备的正常使用范围宜在25% ~90%的额定张拉力。油管的超长、超高会影响压力表的读数。冬季和夏季油泵使用液压油的黏度不同,对压力表读数有一定影响。

3)千斤顶与压力表配套标定后,施工现场可根据有主管部门授权的法定计量试验室出具的标定报告,根据指定的张拉程序,计算分级张拉力(kN),在相应的标定区间内做线性内插,算出各级张拉力下的压力表读数。

2. 理论伸长值的计算与复核

1)主线桥的施工图设计中对预应力钢束给出了每联左右幅箱梁的材料数量及张拉伸长

量表。在附注中，说明了表中钢束的伸长量未计入张拉工作段的伸长值，其值为 $0.2\sigma_k$ 至 σ_k 的伸长量，施工时有 ±6% 的误差。

2）设计人员计算张拉伸长量时，取 $\kappa = 0.0015$，$\mu = 0.23$，钢绞线的弹性模量取 1.95×10^5MPa。按此技术参数，预应力施工技术人员应对施工图中设计人员给出的张拉伸长值作计算复核。根据实际施工条件、钢绞线的实际弹性模量以及孔道实际摩擦系数作出必要的修正，提交设计、监理及指挥部审定，做为施工验收的标准参照值。

3）当采用塑料波纹管留孔新工艺，供货至现场的塑料波纹管形式也不相同，最合理的张拉伸长值计算应以所施工标段内的圆、扁塑料波纹管做张拉摩擦系数 κ、μ 值的测定，供张拉质量检查和验收使用。

（三）张拉要点

1. 对力筋施加预应力之前，应对构件进行检验，外观和尺寸应符合质量标准要求。张拉时，构件的混凝土强度应符合设计要求，设计未规定时，不应低于设计强度等级值的 75%。

2. 预应力筋的张拉顺序应符合设计要求，当设计未规定时，可采取分批、分阶段对称张拉。例图 5-30 苏通大桥箱梁预应力筋张拉顺序图。

3. 张拉操作

（1）基本张拉力为张拉控制应力乘以钢绞线的面积和。

（2）按张拉程序分级计算各级张拉力的大小，加载的速率宜控制在 30MPa/min 内。

（3）当张拉过程中实际伸长值与计算伸长值偏差超过允许范围时，应查明原因采取措施后方可继续张拉。

（4）张拉时，张拉端部在向两侧的 45°范围内不许站人，以免钢绞线意外断丝飞出伤人。

（5）应使用能张拉多根钢绞线或钢丝的千斤顶同时对每一钢束中的全部力筋施加应力，但对扁平管道中不多于 4 根的钢绞线除外。

4. 预应力筋张拉端的设置应符合设计要求，当设计无具体要求时，应符合下列规定：

（1）对曲线预应力筋或长度大于等于 25m 的直线预应力筋，宜在两端张拉；对长度小于 25m 的直线预应力筋，可在一端张拉。

（2）曲线配筋的精轧螺纹钢筋应在两端张拉，直线配筋的可在一端张拉。

（3）当同一截面中有多束一端张拉的预应力筋时，张拉端宜分别设置在构件的两端。预应力筋采用两端张拉时，可先在一端张拉锚固后，再在另一端补足预应力值进行锚固。见图 5-31。

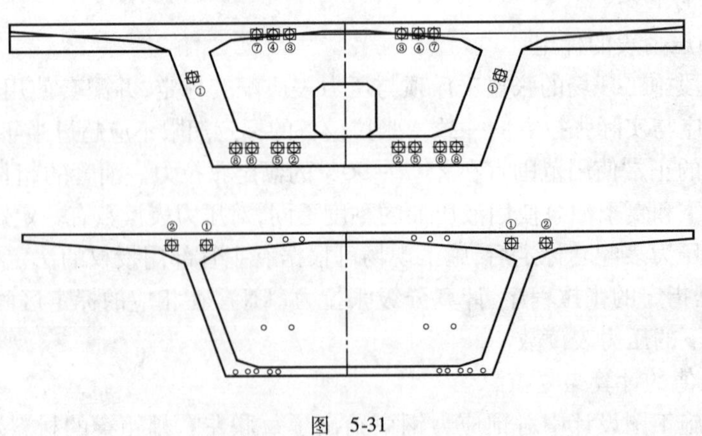

图 5-31

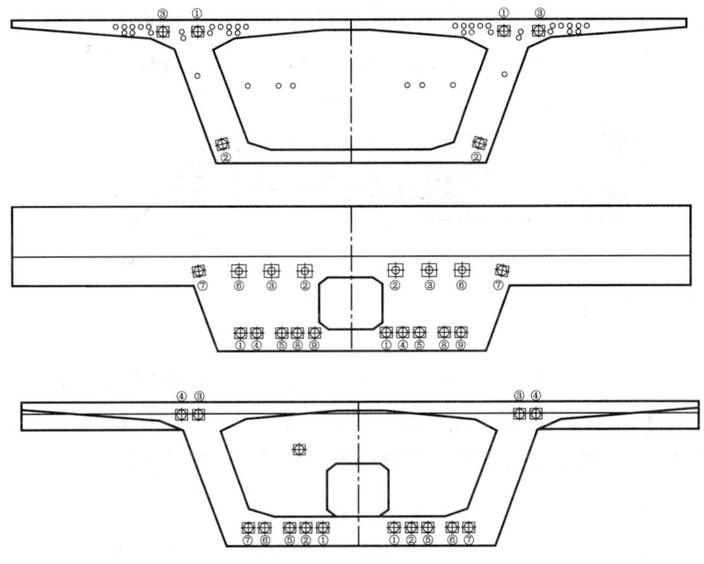

图 5-31　苏通大桥预应力筋张拉顺序图

5．后张预应力筋的张拉应符合设计要求，设计无规定时，其张拉程序可参照表 5-9 进行。

后张法预应力筋张拉程序　　表 5-9

预应力筋		张拉程序
钢筋、钢筋束		0→初应力→$1.05\sigma_{con}$（持荷 2min）→σ_{con}（锚固）
钢绞线束	对于夹片式等具有自锚性能的锚具	普通松弛力筋 0→初应力→$1.03\sigma_{con}$（锚固） 低松弛力筋 0→初应力→σ_{con}（持荷 2min 锚固）
	其他锚具	0→初应力→$1.05\sigma_{con}$（持荷 2min）→σ_{con}（锚固）
钢丝束	对于夹片式等具有自锚性能的锚具	普通松弛力筋 0→初应力→$1.03\sigma_{con}$（锚固） 低松弛力筋 0→初应力→σ_{con}（持荷 2min 锚固）
	其他锚具	0→初应力→$1.05\sigma_{con}$（持荷 2min）→0→σ_{con}（锚固）
精轧螺纹钢筋	直线配筋时	0→初应力→σ_{con}（持荷 2min 锚固）
	曲线配筋时	0→σ_{con}（持荷 2min）→0（上述程序可反复几次）→初应力→σ_{con}（持荷 2min 锚固）

注：①表中 σ_{con} 为张拉时的控制应力，包括预应力损失值；

②两端同时张拉时，两端千斤顶升降压、画线、测伸长、插垫等工作应基本一致；

③梁的竖向预应力筋可一次张拉到控制应力，然后于持荷 5min 后测伸长和锚固；

④超张拉数值超过 12.8.3 条规定的最大超张拉应力限值时，应按该条规定的限值进行张拉。

6．实际张拉伸长值测定

（1）预应力钢束张拉前应将所有钢绞线尾端切割成一个平面或采用与钢绞线颜色反差较大的颜料标注出一个平面，在任何步骤下量测引伸量均应量测该平面距锚垫板之间的距离，不得以油缸伸长值代替引伸量。

（2）张拉前钢绞线束平躺在孔道中，未处于自然绷紧状态，宜按以下步骤量取伸长值，见图 5-32。

①在张拉端部依次安装工作锚、千斤顶和工具锚，安装锚具夹片时要求缝隙均匀，基本击紧，松紧一致；

②按设计的张拉程序将钢绞线张拉至初始应力，使钢绞线处于绷紧状态，在千斤顶尾部的

工具锚后用白色油漆笔在各根钢绞线上做出平面状初应力下刻度线记号；

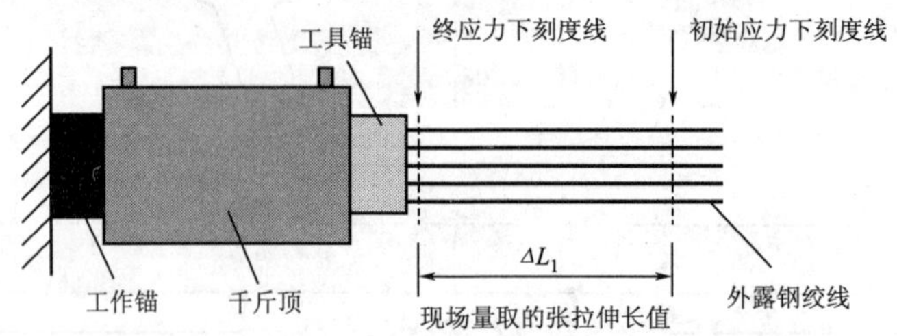

图 5-32　实际张拉伸长值的量取方法

③千斤顶连续倒缸张拉钢绞线束，张拉至张拉程序要求的最大张拉终应力时，再在千斤顶尾部的工具锚后用白色油漆笔在各根钢绞线上做出平面状终应力下刻度线记号；

④现场量取从初应力至终应力间的实测伸长值 ΔL_1（应扣除千斤顶穿心孔内从初应力至终应力差值的弹性伸长）。

(3)预应力施工技术人员应结合所在标段的不同类型预应力钢束的张拉程序，提出从张拉初应力至张拉终应力范围的计算张拉伸长值，并乘以 ±6%，给出预计张拉伸长值的允许波动范围，将此值提供给现场张拉人员作为伸长值校核预控。

7. 张拉数据整理

(1)施工现场预应力张拉质量控制的内容有：正确的预应力张拉操作、用压力表控制的各级张拉力、量取实际张拉伸长值、检查有无滑丝或断丝、锚固后夹片的平整度等。

(2)作为验收技术资料，现场量取的实际张拉伸长值应做张拉数据整理，与施工图设计给出的张拉伸长值(必要时做修正)做对比，检查是否符合差值控制范围要求，以判定张拉是否正常及有无堵孔等。

(3)整理张拉数据时，先根据从初应力至终应力之间量取的实际伸长值读数 ΔL_1，由 ΔL_1 推算初应力以下的推算伸长值 ΔL_2（或采用相邻级的伸长值），得到预应力筋张拉实际伸长值 $\Delta L(0\rightarrow1.0\sigma_k)$。当采用：初应力→$1.03\sigma_k$ 的张拉程序时，要做按相似三角形原理的计算归化，将其实测伸长数据仍表达为 $0\rightarrow1.0\sigma_k$ 的值。统一整理计算成 $0.2\sigma_k\rightarrow\sigma_k$ 的区间值，以便直接与施工设计图中给出的张拉伸长值对比，做差值判定。

8. 后张预应力筋断丝及滑移不得超过表 5-10 的控制数。

后张预应力筋断丝、滑移限制　　表 5-10

类　别	检查项目	控制数
钢丝束和钢绞线束	每束钢丝断丝或滑丝	1 根
	每束钢绞线断丝或滑丝	1 丝
	每个断面断丝之和不超过该断面钢丝总数的	1%
单根钢筋	断筋或滑移	不容许

注：①钢绞线断丝系指单根钢绞线内钢丝的断丝；

②超过表列控制数时，原则上应更换，当不能更换时，在许可的条件下，可采取补救措施，如提高其他束预应力值，但须满足设计上各阶段极限状态的要求。

9. 预应力筋在张拉控制应力达到稳定后方可锚固。预应力筋锚固后的外露长度不宜小于 30mm，锚具应用封端混凝土保护，当需长期外露时，应采取防止锈蚀的措施。一般情况下，锚固完毕并经检验合格后即可切割端头多余的预应力筋，严禁用电弧焊切割，强调用砂轮机切割。

四、后张法孔道压浆

孔道压浆是将水泥浆用压浆机压入孔内，使之填满预应力筋与孔道间的空隙，使预应力筋与混凝土之间黏结为一整体。预应力筋张拉后，孔道应尽早压浆。

(一)压浆前的准备工作

(1)割切锚外钢丝。露头锚具外部多余的预应力筋需割切，若采用烧割时应采取降温措施，以免预应力筋和锚具过热而产生滑丝现象。预应力筋割切后的余留长度不得超过2cm 。

(2)封锚。锚具外面的预应力筋间隙应用环氧树脂胶浆或棉花和水泥浆填塞，以免冒浆而损失灌浆压力。封锚时应留排气孔。

(3)冲洗孔道。孔道在压浆前应用压力水冲洗，以排除孔内粉渣等杂物，保证孔道畅通。对抽芯成型的混凝土空心孔道应冲洗干净并使孔壁完全湿润；金属管道必要时亦应冲洗以清除有害材料；对孔道内可能发生的油污等，可采用已知对预应力筋和管道无腐蚀作用的中性洗涤剂或皂液，用水稀释后进行冲洗。冲洗后，应使用不含油的压缩空气将孔道内的所有积水吹出。冲洗后用空压机收去孔内积水，但要保持孔道润湿，而使水泥浆与孔壁的结合良好。在冲洗过程中，如发现有冒水、漏水现象，则应同时堵塞漏洞。当发现有串孔现象，又不易处理时，应判明串孔数量，在压浆时几个串孔同时压注，或者某一孔道压浆后，立刻对相邻孔道用高压水彻底冲洗。

(二)水泥浆的拌和

孔道压浆宜采用水泥浆，所用材料应符合要求。水泥浆的拌和应先下水再下水泥，拌和时间不少于1min，灰浆过筛后存放于储浆桶内。此时桶内灰浆仍要低速搅拌，对于因延迟使用所致的流动度降低的水泥浆，不得通过加水来增加其流动度。要保持足够的数量以保证每根管道的压浆能一次连续完成。水泥浆自拌制至压入孔道的延续时间，视气温情况而定，一般在30～45min 范围内。

(三)压浆

(1)孔道压浆顺序是先下后上，要将集中在一处的孔一次压完。若中间因故停歇时，应立即将孔道内的水泥浆冲洗干净，以便重新压浆时，孔道畅通无阻。对曲线孔道和竖向孔道应由最低点的压浆孔压入，由最高点的排气孔排气和泌水。压浆顺序宜先压注下层孔道。

(2)压浆管路长度不应超过25m，当需要超过30m 时，应提高压力100～200kPa；每个压浆孔道两端的锚塞进、出浆口均应安装一节带阀门的短管，以备压注完毕时封闭，保持孔道中的水泥浆在有压状态下凝结。整个压注系统及胶管各阀门处内径不得小于10mm，以防堵塞。

(3)压浆应缓慢、均匀地进行，不得中断，并应将所有最高点的排气孔依次一一放开和关闭，使孔道内排气通畅。较集中和邻近的孔道，宜尽量先连续压浆完成，不能连续压浆时，后压浆的孔道应在压浆前用压力水冲洗通畅。压浆一般分两次进行，每一孔道宜于两端先后各压浆一次。两次的间隔时间以达到先压注的水泥浆充分泌水又未初凝为度，一般宜为30～45min；有时也可从构件中部灌浆孔压入，再从两端的灌浆孔把空隙补满。对掺加外加剂泌水率较小的水泥浆，通过试验证明能达到孔道内饱满时，可采用一次压浆的方法。

(4)压浆应使用活塞式压浆泵，不得使用压缩空气。压浆的压力以保证压入孔内的水泥浆密实为准。开始压力要小，逐步增加，一般为0.5～0.7MPa；当输浆管道较长或采用一次压浆时，应适当加大压力，最大压力宜为1.0MPa。梁体竖向预应力筋孔道的压浆最大压力可控制在0.3～0.4MPa 每个孔道压浆至最大压力后，应有一定的稳压时间。压浆应达到孔道另一端饱和出浆，并应达到排气孔排出与规定稠度相同的水泥浆为止。为保证管道中充满灰浆，关闭出浆口后，应保持不小于0.5MPa的一个稳压期，该稳压期不宜少于2min。见图5-33。

图5-33 灌浆完毕后堵塞

(5)冬季施工环境最低温度低于5℃时，应加盖暖棚，对管道及梁体混凝土预加温，然后方可压浆。气温到0℃时应停止压浆以防冻害。压浆后45h内或灰浆强度低于设计要求时，不得拆除暖棚。当气温高于35℃时，压浆宜在夜间进行。

为防止管道冻害，冬季施工可以在水泥浆内加入加气剂。加气剂是以苛性钠、松香配制成有效物质54%的松香皂，投入量按有效物质为水泥质量0.02%控制。

(6)为检查孔道内水泥浆的实际密度，压浆后应从检查孔抽查压浆的密实情况，如有不实，应及时处理和纠正。要在拌制水泥浆同时，制作标准试块，每一工作班应留取不少于3组的70.7mm×70.7mm×70.7mm立方体试件，标准养护28d，检查其抗压强度，作为评定水泥浆质量的依据。经与构件同等条件养护到20 MPa后可撤消养护，方可进行移运和吊装。

孔道压浆时，工人应戴防护眼镜，以免水泥浆喷伤眼睛。

压浆完毕后应认真填写施工记录。

(7)对需封锚的锚具，压浆后应先将其周围冲洗干净并对梁端混凝土凿毛，然后设置钢筋网浇筑封锚混凝土。封锚混凝土的强度应符合设计规定，一般不宜低于构件混凝土强度等级值的80%。必须严格控制封锚后的梁体长度。长期外露的锚具，应采取防锈措施。

(8)对后张预制构件，在管道压浆前不得安装就位，在压浆强度达到设计要求后方可移运和吊装。

(9)孔道压浆应填写施工记录。

(四)灌浆质量控制及评定

1. 灌浆前的质量控制

灌浆前的质量控制是主动控制，对灌浆的最终质量起着决定性作用。采用JM-HF灌浆剂。灌浆前的质量控制主要包括以下几个方面：

(1)针对工程具体情况，制订孔道灌浆分项的施工方案并报批，批准后的施工方案作为施工人员在操作时遵照执行和监理质量监控的依据。施工方案应包括工程概况，灌浆料的配合比及灌浆材料、灌浆设备、灌浆工艺、质量控制、安全措施等几方面。

(2)控制预留预应力孔道的质量。后张预应力孔道成型，宜采用预埋管法(一般为金属波纹管、塑料波纹管)，预埋管一般选用自重轻、刚度好、弯折方便、简单、与混凝土黏结好的波纹管。

(3)灌浆材料的选用。采用JM-HF预应力孔道专用灌浆剂。灌浆用的水采用较清洁的水，不含有对水泥或预应力钢材有害的大量物质，首选自来水；如使用自来水无条件时，亦可使用河水、地下水、湖塘水等，但须保证清洁。

(4)控制材料的总用量，保证质量。宜计算整个工程的水泥浆用量及各组成材料的用量，作为备料的依据和用料的控制，因为各组成材料的用量决定于水泥浆用量，故只需计算水泥浆用量即可。水泥浆的净用量=(预留孔道截面面积-预应力钢材的截面面积)×孔道长度。

一般情况下预留孔的截面积应大于其中预应力钢材截面积的3倍，最好为4～5倍，以保证水泥浆对预应力钢材的包裹有足够的厚度。

(5)对灌浆施工人员宜进行岗前培训，使他们掌握技术要点和操作规程，并应能熟练操作，同时花大力气对他们进行责任心教育。

2. 灌浆施工中的质量控制

灌浆施工中的质量控制也是主动控制，对灌浆质量的形成起着关键性作用，施工中的质量控制主要包括以下几个方面：

(1)现场灌浆试验。根据具体环境应确定最合适的水胶比，同时要复核水泥浆的主要性能指标。

(2)应由经过岗前培训合格的熟练工严格按灌浆方案和施工规范施工。施工中遇到异常情况时应及时处理，做好记录。

(3)在曲线预应力孔道的最低处宜留设灌浆口，最高处孔道末端应留设排气(浆)口。水泥浆由最低处灌浆口灌入孔道，按照水泥浆的行程顺序封堵排气口，注意排气口全部封堵后的持压时间和持压压力必须满足规定要求。

(4)控制水泥浆的制浆时间以及由制浆到灌浆结束的整个时间。水泥浆在灌注前必须不停地搅拌。

(5)如遇孔道堵塞时，必须更换灌浆口，必须在第二个灌浆口灌入整个孔道的水泥浆量，把第一灌浆口灌入的水泥浆排出，使两次灌入水泥浆之间的气体排除，保证灌浆饱满密实，绝对不能因在第二个灌浆口灌浆，见到每个排气孔都冒浆了，就认为孔道灌浆已完全灌满。

(6)在灌浆过程中，不允许出现中断的情况，必须一次性不间断灌完一根孔道，若遇特殊情况不得已停断时，贮浆罐中的浆液必须不停地搅动。

(7)断电时，用手动压浆泵完成机械压浆未完成的工作，如手动泵压力不够，则干脆用清水冲洗掉已灌进孔道中的水泥浆。

(8)断水时储浆罐中仍有多余的水泥浆时，可采用水泥浆液自身循环法防止水泥浆的流动度损失。

(9)制作试块用的水泥浆必须用从排浆口排出的水泥浆制作。

3. 灌浆质量的评定

(1)灌浆质量的评定要素如下：

①水泥浆的工作性——在控制水灰比的条件下，水泥浆的稠度越小越好，便于灌注；

②水泥浆的水灰比——水灰比不得大于设计要求，在满足流动度的要求时，可适当减小水灰比，便于保证孔道密实；

③水泥浆试块的强度是否满足设计需要和规范要求；

④水泥浆的膨胀收缩是否在允许的范围内；

⑤水泥浆对管道的填充是否饱满，水泥浆硬化后管道内是否有残余水。

(2)水泥浆的温度及流动度测试

在灌浆前，现场应抽查水泥浆的温度及流动度(图5-34)，将已搅拌的水泥浆取出样品，在1.725L的流锥中，流锥时间应小于18s。经试验表明该项指标与

图5-34　测定拌制水泥浆的流锥时间

搅拌机设备关系很大，相同的配比采用不同的搅拌速度，流锥时间相差较大，因此在控制灌浆配比和用水量的条件下，流锥时间短些更利于灌浆。

(3)检测水泥浆泌水率

(4)水泥浆强度评定

在每25批水泥浆内及在不同时间内取出水泥浆试样三组，试模尺寸为70.7mm×70.7mm×70.7mm，进行强度试验。试件在第28d的强度应不少于50MPa，可判为合格。

(5)压浆后预应力束孔道是否灌满的检测

水泥浆体充盈孔道的程度，最好的办法是剖管查看，但预应力孔道属于隐蔽工程，必须选择其他方法进行检测和评定。

4. 关于灌浆质量控制说明

(1)按要求，灌浆浆体的流锥时间为14~18s，这项指标主要目的为了保证浆体的可灌性，下限是为了控制浆体的泌水和水灰比，上限是为了保证浆体顺利灌入。当采用预应力孔道专用灌浆剂JM-HF时，经研究、试验表明该项指标与搅拌机设备关系很大，相同的配比采用不同搅拌速度，浆体流锥时间及浆体性能相差较大，相同的浆体配比当采用高速搅拌机时，搅拌出的浆体流动度大(流锥时间短)，无泌水，硬化后收缩、强度性能更好。因此在控制灌浆配比及用水量的条件下，流锥时间短些即流动度大且无泌水更利于灌浆，更能保证灌浆质量。因此在具体的灌浆过程中，用1.725L的流锥桶控制流锥时间小于18s的指标较合理，这在润扬大桥、淮连高速公路、五河口大桥等工程中得到采用，取得了很好的效果。

(2)金属或塑料波纹管形成的孔道可不用水冲洗，一般孔道内较清洁，基本没有杂物，这在长江二桥灌浆的过程中得到验证。特别是三桥的预应力筋腹板孔道为曲线形，有的底板束长达200m，桥面束为扁波纹管，清除孔道中的积水及波纹管肋槽的水不净，增大了浆体的水灰比，易产生泌水，孔道灌浆不密实，反而影响预应力混凝土的耐久性。

(3)灌浆采用的水泥品种符合国家质量要求，且需和预应力孔道专用灌浆剂JM-HF相匹配试验，检查流锥时间及流动度保持时间，如符合要求，水泥便可采用。

(4)采用高速循环搅拌机(VSL公司为1 450转/min)，搅拌时没有沉底、结团现象。高速循环抽吸喷射撞击，充分分散水泥颗粒，单个水泥颗粒被水膜包裹，虽黏稠但流动性极好，保持时间长，整个硬化过程没有泌水，浆体硬化后收缩小。见图5-35。

图5-35 高速搅拌机

五、真空辅助灌浆工艺

真空辅助压浆工艺在我国20世纪90年代初兴起，目前在桥梁施工中正在普遍推广。

1. 真空辅助灌浆工艺的工作原理及技术要求

(1)工作原理：将预应力筋的塑料波纹管的连接设计为全封闭形式，在预留孔道的一端采用真空泵抽吸孔道中的空气，使孔道内达到-0.1MPa左右的负压状态然后在孔道的另一端再用压浆泵以0.7MPa的正压力将水泥浆轻松地压入孔道中(图5-36)，以提高孔道灌浆的饱满度、密实度，减少混入气泡影响。

(2)技术要求：整个预留孔道及孔道的两端必须密封，且孔道内无砂石、杂物等；预留孔道

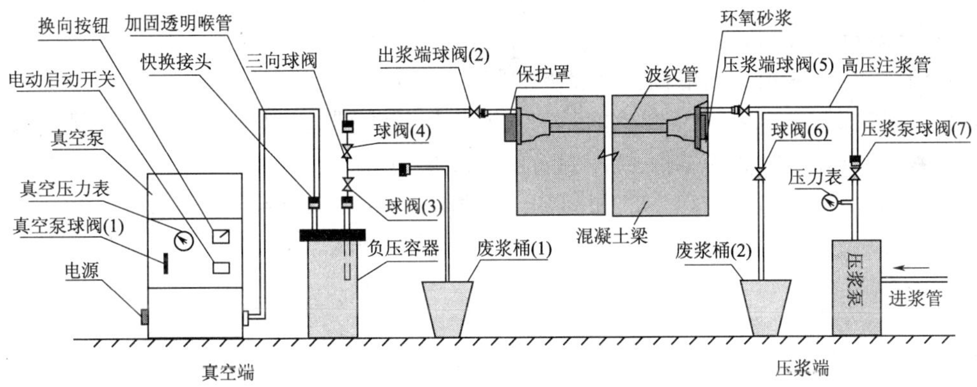

图 5-36　真空压浆工作示意图

用的管材必须具有一定的强度,必须与混凝土可靠黏结,防止在孔道抽真空过程中,管壁瘪凹;孔道内的真空度宜控制在 -0.08MPa左右。

2. 真空辅助灌浆工艺的施工设备

压浆设备包括:强制式灰浆搅拌机,压浆泵(挤压式不可用),计量设备,贮浆桶,过滤器,高压橡胶管,连接头,控制阀。

真空辅助设备包括:真空泵(见图 5-37),压力表,控制盘,压力瓶,加筋透明输浆管,气密阀,气密盖帽(保护罩)。

辅助灌浆工艺的工艺流程,见图 5-38。

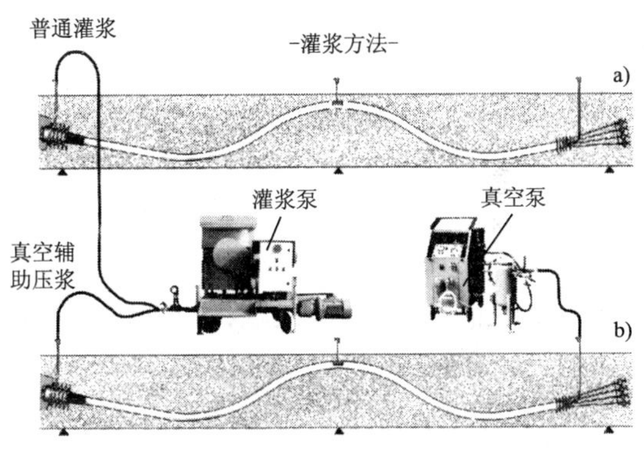

图 5-37　普通压浆与真空辅助压浆对比
a)普通压浆;b)真空辅助压浆

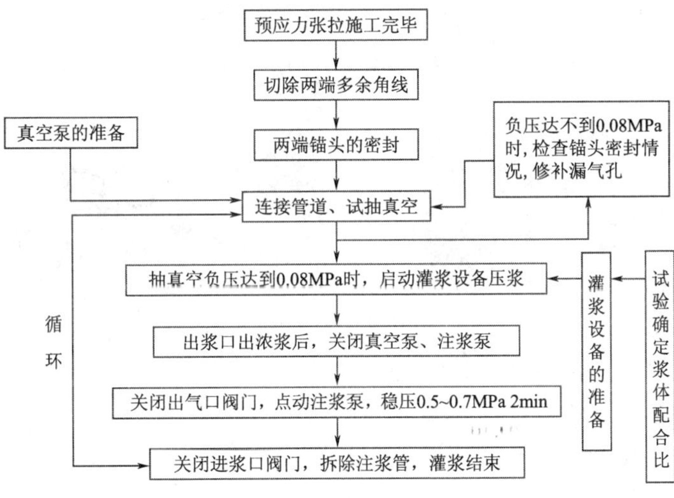

图 5-38　真空压浆施工工艺流程图

(1)准备工作:

当端头采用保护罩封锚时:

①预应力筋张拉完成后,切除外露的钢绞线,采用保护罩封锚。

②清理锚垫板表面的水泥浆和其他杂物,保证表面平整。

③清理锚垫板上 M12 装配螺孔内的水泥浆。必要时用丝攻重新清理螺纹。

④清理保护罩底面和密封槽,注意保持清洁,在密封槽内均匀涂一层玻璃胶,装入“O”型橡胶密封圈,并在锚垫板平面的商标处涂玻璃胶。

⑤装配保护罩,(图 5-39)将螺栓加垫片对准位置旋入螺孔内旋紧,注意保持排气口垂直朝正上方,排气口处用“G3/4”闷头加密封带旋紧。

⑥在两端锚垫板上安装压浆管、球阀和快换接头,检查并确保所装球阀能安全开启和关闭。见图 5-40。

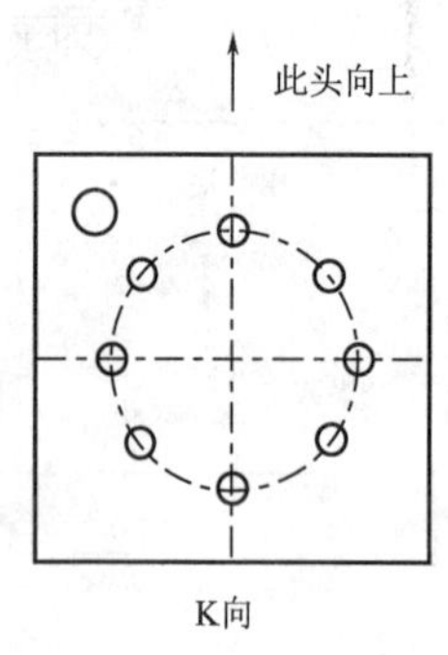

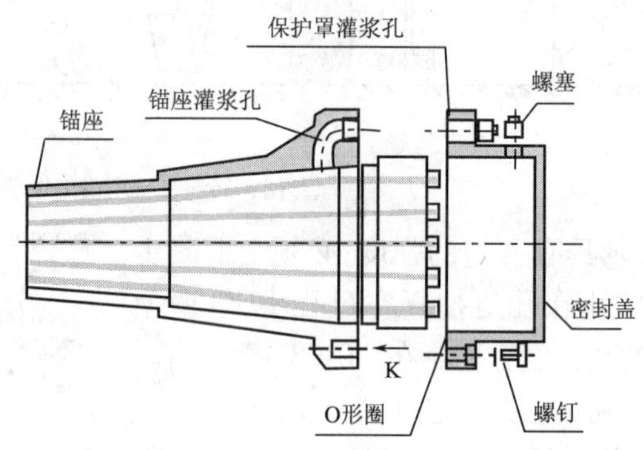

图 5-39　保护罩安装示意图

⑦确定抽真空端和压浆端,一般情况下,抽吸真空端置于构件高处的锚垫板上,压浆端上则置于构件低处的锚垫板上。

⑧将接驳在真空泵负压容器上的三向阀的上端出口用透明喉管连接到抽真空端的快换接头上,图 5-41。

图 5-40　在张拉端安装阀门

图 5-41　抽真空端三向阀安装

⑨在正式开始真空压浆前,用真空泵试抽吸真空。

当端头采用混凝土封锚时:(图 5-42)

⑩采用 C40 以上细石混凝土和环氧砂浆之类材料。

⑪封堵时保证混凝土浇捣密实,以防灌浆抽真空时漏气或漏浆。

⑫混凝土封堵后需在 48 小时后方可灌浆。

(2)真空辅助灌浆操作(图 5-43)

①正式开始真空辅助灌浆。关闭除与真空泵连接的所有灌浆口和排气孔,启动真空泵,抽除预留孔道中的空气,抽吸真空度要求达到 -0.08MPa 左右的负压并保持。

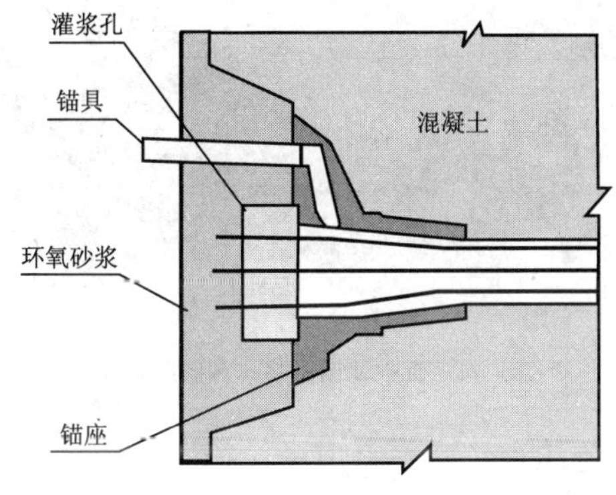

图 5-42　细石混凝土环氧树脂密封锚头示意图

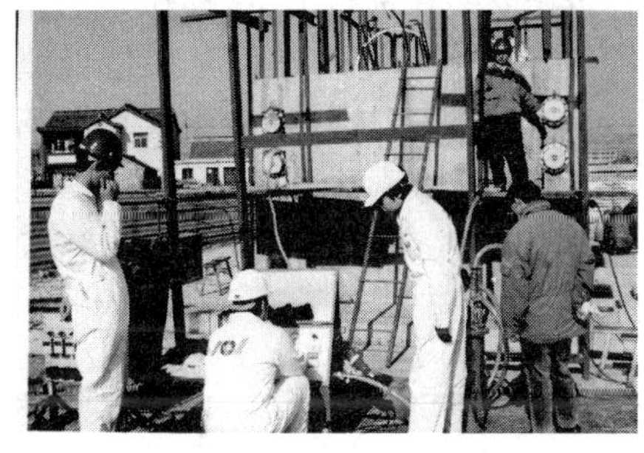

图 5-43　南京长江二桥真空压浆试验操作

②启动压浆泵并压出残存在压浆机及喉管内的水分、气泡，同时检查所排出水泥浆的稠度，在满意的水泥浆从喉管排出后，暂停压浆泵并将压浆喉管通过快换接头接到锚垫板的压浆快换接头上。

③保持真空泵开启状态，开启压浆端阀门并将已搅拌好的水泥浆向孔道内压注。真空压力表的读数在压浆时将减小。

④当水泥浆排进负压容器后，立即关闭连接通往负压器的阀门，同时开启通往废浆桶的阀门，关闭真空泵。

⑤继续压浆，直至所排出的水泥浆的稠度与压入浆口的稠度一致且流出顺畅时，关闭出浆端阀门，暂停压浆泵。

⑥开启至于保护罩上的排气孔，开动压浆泵，直至水泥浆从排气孔流出，待流出的水泥浆稠度与压入浆体的稠度一致并流出顺畅时，暂停压浆泵，密封出气口。

⑦开启压浆泵，压力达到 0.7MPa 左右，持压 1～2min。

⑧关闭压浆泵及压浆端阀门，完成压浆。

(3)清理保养工作

①压浆工作完成后，拆卸外接管路及附件。

②清洗连接至负压容器上的透明喉管，以便下次压浆时容易分辨水泥浆是否从抽吸真空端流出。

③在完成当日全部压浆后，必须将所有压浆喉管、压浆泵、负压容器、透明喉管、三向球阀等进行清理养护，以便下次压浆使用。

④安装在压浆端和出浆端的球阀可在压浆后，根据浆体的初凝情况，在 8～10h 左右拆除并进行清理。清洗时将球阀用扳手拆开，在阀门保持关闭状态时（即扳手与阀体成 90°角时）用细长棒轻击可退出阀内不锈钢球，清洗后涂上黄油即可重复使用。（切忌使劲将已注满水泥浆的球阀用扳手开启，否则会弄断扳手及与不锈钢球连接的铜轴）。

3. 质量控制要点

(1)两端封堵应严密，不漏气。

(2)真空度控制，须控制在 -0.08MPa 左右。

(3)抽真空端口有一定的跑浆时间，大约 30s 左右。

(4)灌浆口持压压力为 0.6～0.8MPa，时间 60～120s。

对采用真空辅助压浆工艺灌浆的预应力孔道，在预应力孔道未安装盖帽前预先选定 1～2

束需要在压浆后盖帽拆开检查是否被水泥浆灌满,在选定后,在盖帽里面涂上一层薄的黄油,然后将盖帽安装在锚板上,这样做是为了在压浆容易的拆开盖帽以便检查水泥浆是否填满盖帽内部;对于细石混凝土封锚的端头压浆后24h将安在压浆孔和出浆孔的球阀拆下,检查孔道是否被浆填满,填满了可判为合格,反之不合格。见图5-44。

图5-44　真空辅助压浆与普通压浆对比

六、体外预应力施工

以苏通大桥75m跨箱梁为体外预应力连续箱梁,以苏通大桥为例,讲述体外预应力施工。苏通75m梁的预应力施工包括临时预应力、体内预应力和体外预应力三种。

体外预应力束钢绞线采用$\Phi^{j}15.24$单根无黏结环氧低松弛钢绞线,标准强度为1 860MPa,体外束单根钢绞线套管采用PE套,整束外套管采用HDPE管,管内注油脂。在锚固块及转向块位置有体外束专用转向器。苏通大桥上部结构体外预应力体系主要采用柳州OVM公司及江苏法尔胜公司产品。见图5-45。

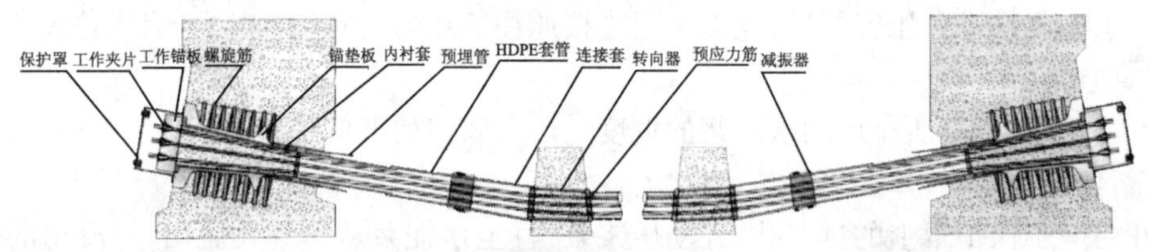

图5-45　OVM体外预应力的基本构造

预应力施工前,必须按要求到相关部门做好千斤顶和油压表的标定工作,以确定张拉力与油压表之间的关系曲线。

1. 转向器、限位装置和锚垫板的埋设

外束转向器主要用于锚端及转向块位置,因其不同部位的转向器转向角度(平弯/竖弯)存在差异,因此种类较多,故出厂前必须对其进行标识,以明确其安装位置,端头方向等,防止安装失误。预埋设时应精确放样,使其转向角度与设计值一致,将其预埋筋与主筋焊接牢固,防止其在混凝土浇筑过程中移位。注意锚垫板尾部、转向块HDPE管的连接可靠牢固。

2. 钢绞线下料

采用用砂轮切割机切割下料。钢绞线下料时,在地面上满铺一层彩条布或土工布,或者每隔0.5m安放一根钢管,绝对不允许直接将钢绞线在地面上拖拽,以免其PE套破损。

将已下料切断的钢绞线两端割去L_1长部分的PE套剥除,剥除PE套时应小心进行,不得损伤钢绞线环氧涂层。($L_1 = L_0 + 0.8\Delta L$,L_0为千斤顶的工作长度,ΔL为钢绞线一端的伸长量)。

在PE套剥除后,用棉纱与柴油将两端裸露钢绞线上的油脂擦洗干净,特别注意各钢绞线各丝之间空隙处。擦试效果以用手摸钢绞线外表而手上没有油污为标准。对下好的钢绞线分类编号堆放整齐,并加以防护。

3. 穿束及外套管安装

体外预应力束外套管为HDPE管,因为外套箱在定位装置和转向块之间均需断开,形成很多短节,长约5~8m。

75m 箱梁各种预应力筋张拉控制力 表 5-11

序号	钢束名称	钢束型号	控制张拉力 (kN)	1.03 倍控制张拉力 (kN)	千斤顶选型
1	悬拼束（体内束）	15Φ^j15.24	2 812.3	2 896.7	YCW300
		12Φ^j15.24	2 249.8	2 317.3	YCW300
2	合拢束（体内束）	15Φ^j15.24	2 812.3	2 896.7	YCW300
		17Φ^j15.24	3 187.3	3 282.9	YCW400
		19Φ^j15.24	3 562.3	3 669.2	YCW400
3	横向束（体内束）	1Φ^j15.24	187.5	193.1	YDCJ250－200
4	临时预应力（精轧螺纹钢筋）	Φ32	610	610	700kN（型号待查）
5	体外预应力	25Φ^j15.24	4 196.6	4 322.5	4 500KN（型号待查）

沿体外束管道曲线每间隔 1.5m 安装支架，初步确定体外束的安装曲线；将第一根钢绞线从一端的锚垫块穿入，在穿过锚垫后的转向器后 HDPE 管内，并推运出 HDPE 的另一端头；根据孔眼编号大样图，在限位装置上找到相对位的孔眼，将穿出的钢绞线穿过孔眼。安装下节段 HDPE 管，并再推送钢绞线，穿过该节段 HDPE 管。

连接 HDPE 管与各处的转向器，并配带密封装置；调整限位器和钢绞线，使钢绞线线型符合设计要求连接管（20cm 长）以连接 HDPE 管，并临时锁定限位器。

进行下一束体外束穿束和 HDPE 管安装，直至一跨体外束安装全部完毕。见图 5-46。

4. 预应力束张拉

当箱梁完成一联跨施工时即可进行预应力张拉，预应力束采取两端整束张拉，其锚下张拉控制力为 4 296.6kN（25Φ^j15.24 束），并根据实测的锚圈口摩阻损失和千斤顶的内摩阻损失进行对张拉控制力进行一定的调整（参见表 5-11）。张拉方法与基本体内预应力相同。见图 5-47。

5. 封锚及防腐油脂压入

根据设计要求，体外束 HDPE 管与 PE 管间设油脂或水泥浆，为了方便换束，拟采用灌注油脂。体外束所用防腐油脂要求符合《无黏结预应力筋专用防腐润滑脂》（JG 3007－93）要求。根据施工季度和气温的不同，拟采用建筑 1 号或建筑 2 号油脂进行施工。

因钢绞线穿过若干转向器和限位器，油脂压入分 HDPE 管和保护罩二部分压力，在体外束张拉完毕后，在锚头部分带上专用保护置，采用专用机器从锚头注浆孔在 HDPE 管中注入防腐油脂。见图 5-48。

图 5-46 HDPE 外套管的安装

图 5-47 单根钢绞线张拉

图 5-48　灌注防腐油脂

思考题

1. 先张法与后张法施工的区别有哪些？
2. 先张法施工的程序。
3. 放张的方法有哪些？放张时的施工要点。
4. 后张法施工的程序。
5. 孔道成型的方式有哪些？
6. 穿束时锚垫板与钢绞线的具体要求为？
7. 真空辅助压浆的优点？

第六章　预应力施工有关计算

学习目标

1. 熟悉预应力筋坐标的计算；
2. 掌握预应力筋下料长度的计算方法；
3. 熟悉摩阻的测试方法；
4. 了解预应力损失的计算；
5. 熟悉理论伸长值的计算；
6. 掌握张拉设备与油表值的计算；
7. 了解锚固区局部承压计算。

第一节　预应力筋线坐标的确定

现浇预应力结构中，通常配置曲线预应力筋，因此在施工中必须留设曲线孔道。曲线孔道弯曲部分的坐标按预应力筋曲线方程计算确定，弯曲成型后的坐标误差应控制在2mm以内。以图6-1预应力混凝土现浇框架结构中所配置的曲线预应力筋为例，预应力筋的曲线方程为：

$$y = \frac{4f}{l^2}x(l - x) \tag{6-1}$$

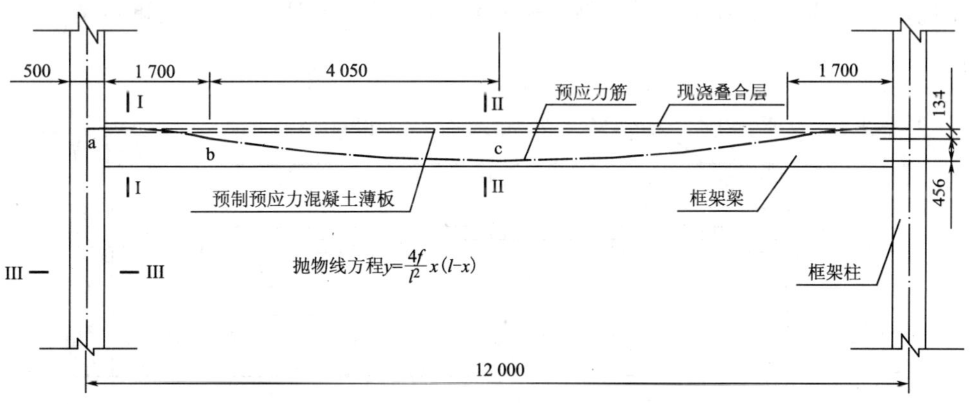

图　6-1

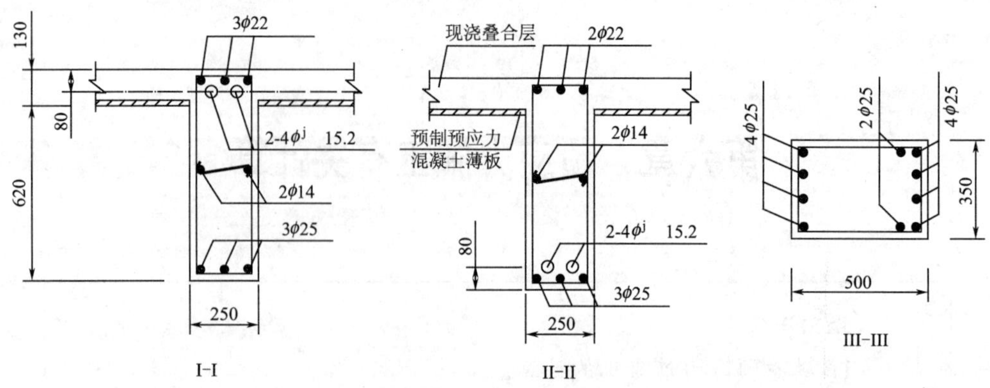

图 6-1　预应力混凝土现浇框架结构(尺寸单位:mm)

ab 段 $f=134$mm,*bc* 段 $f=456$mm。根据 *x* 坐标分别为 0.7m,1.7m,2.75m,3.75m,4.75m 和 5.75m 时,计算所得 *y* 坐标分别为 47mm,134mm,340mm,479mm,562mm 和 590mm。因此,曲线孔道定位图如图 6-2 所示。

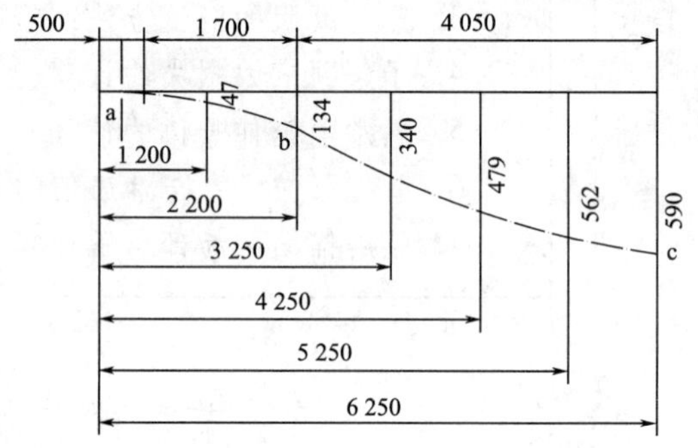

图 6-2　曲线孔道定位尺寸示意图(尺寸单位:mm)

留孔波纹管可在现场弯曲成所需要的曲线形状,接头部分用 300mm 长的大一号波纹管套接。

第二节　下料长度计算

预应力筋的下料长度应由计算确定。计算时,应考虑下列因素:构件孔道长度或台座长度、锚(夹)具厚度、千斤顶工作长度(算至夹挂预应力筋部位)、镦头预留量、预应力筋外露长度等。

一、冷拉钢筋下料长度

用螺丝端杆锚具,以拉杆式千斤顶(电热法)在构件上张拉时,下料长度可按图 6-3 所示计算。

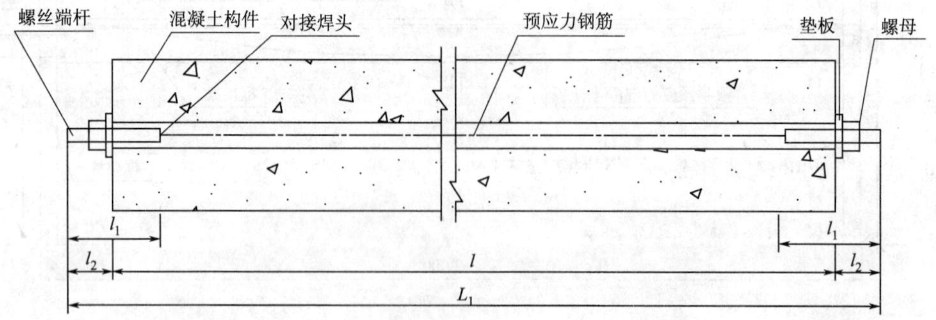

图 6-3　两端螺丝端杆锚具时冷拉钢筋下料长度计算示意图

(1)两端用螺丝端杆锚具(图 6-3)时,预应力筋的成品长度(即冷拉后全长)为:

$$L_1 = l + 2l_2$$

预应力筋钢筋部分的成品长度:

$$L_0 = L_1 - 2l_2$$

则预应力筋钢筋部分的下料长度:

$$L = \frac{L_0}{H\gamma - \delta} + nl_0 \quad (6\text{-}2)$$

(2)一端用螺丝端杆另一端用帮条(镦头)锚具,如图 6-4 所示时:

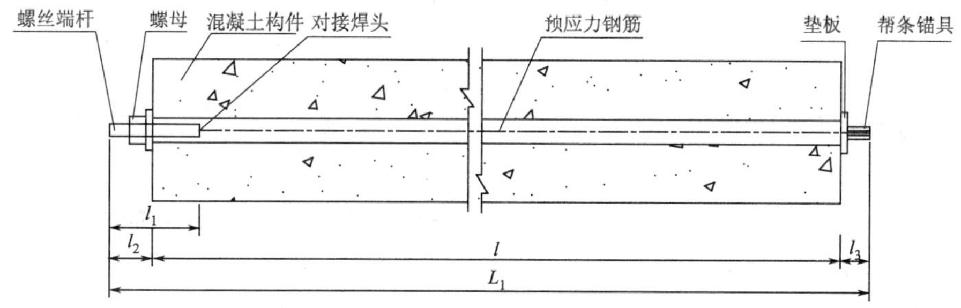

图 6-4 一端螺丝端杆锚具时冷拉钢筋下料长度计算示意图

$$L_1 = l + l_2 + l_3$$

$$L_0 = L_1 - l_1$$

$$L = \frac{L_0}{1 + \gamma - \delta} + nl_0 \quad (6\text{-}3)$$

式中:l_1——预应力筋的成品长度(mm);

L_0——预应力筋钢筋部分的成品长度(mm);

L——预应力筋钢筋部分的下料长度(mm);

l——构件的孔道长度或台座长度(包括横梁在内)(mm);

l_1——螺丝端杆长度(mm);

l_2——螺丝端杆伸出构件外的长度(mm)。

张拉端 $l_2 = 2H + h + 0.5\text{cm}$

固定端 $l_2 = H + h + 1\text{cm}$

式中:H——螺母高度(mm);

h——垫板厚度(mm);

l_3——镦头或帮条锚具长度(包括垫板厚度 h)(mm);

l_0——每个对焊接头的压缩长度(mm);

n——对焊接头的数量;

δ——钢筋冷拉拉长率(由试验确定);

γ——钢筋冷拉弹性回缩率(由试验确定)。

二、钢丝束下料长度

1. 采用钢质锥形锚具,以锥锚式千斤顶在构件上张拉时,钢丝的下料长度 L 按图 6-5 所示计算。

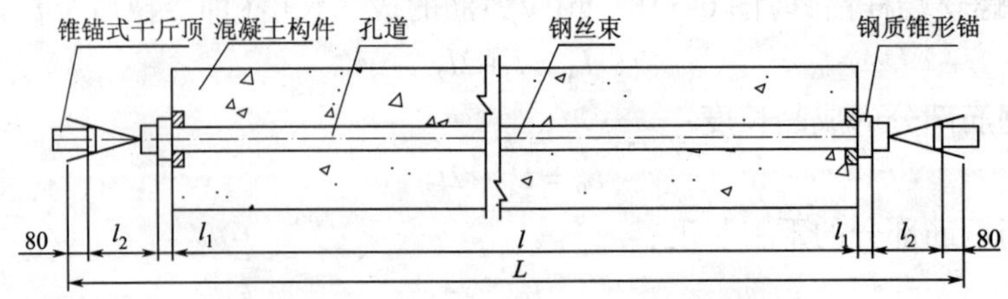

图6-5 采用钢质锥形锚时钢丝下料长度计算简图

（1）两端张拉

$$L = l + 2(l_1 + l_2 + 80) \tag{6-4}$$

（2）一端张拉

$$L = l + 2(l_1 + 80) + l_2 \tag{6-5}$$

式中：l——构件的孔道长度；

l_1——锚环厚度；

l_2——千斤顶分丝头至卡盘外端距离，对YZ85型千斤顶为470mm（包括大缸伸出40mm）。

2. 采用镦头锚具，以拉杆时穿心千斤顶在构件上张拉时，钢丝的下料长度L计算，应考虑钢丝束张拉锚固后螺母位于锚杯中部，见图6-6。

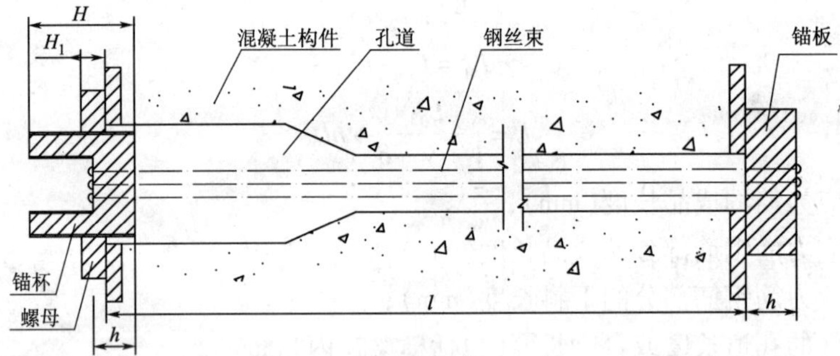

图6-6 采用镦头锚具时钢丝下料长度简图

$$L = l + 2(h + \delta) - K(H - H_1) - \Delta L - C \tag{6-6}$$

式中：l——构件的孔道长度，按实际丈量；

h——锚杯底部厚度或锚板厚度；

δ——钢丝镦头留量；

K——系数，一端张拉时取0.5，两端张拉时取10；

H——锚杯高度；

H_1——螺母高度；

ΔL——钢丝束张拉伸长值；

C——张拉时构件混凝土的弹性压缩值。

三、钢绞线下料长度

采用夹片锚具，以穿心式千斤顶在构件上张拉时，钢绞线束的下料长度L，按图6-7计算。

（1）两端张拉

$$L = l + 2(l_1 + l_2 + l_3 + 100) \tag{6-7}$$

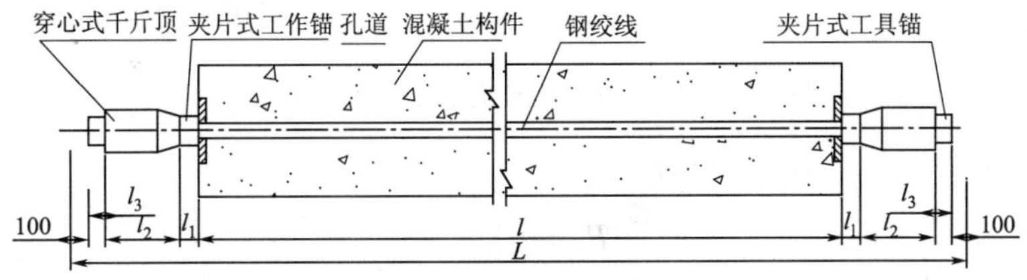

图 6-7　钢绞线下料长度计算简图

（2）一端张拉

$$L = l + 2(l_1 + 100) + l_2 + l_3 \tag{6-8}$$

式中：l——构件的孔道长度；

l_1——夹片式工作锚厚度；

l_2——穿心式千斤顶长度；

l_3——夹片式工具锚厚度。

四、长线台座冷拉钢筋的下料长度

现张法长线台座上的预应力筋，可采用钢丝和钢绞线。根据张拉装置不同，可采取单根张拉方式与整体张拉方式。预应力筋下料长度 L 的基本算法如图 6-8 所示。

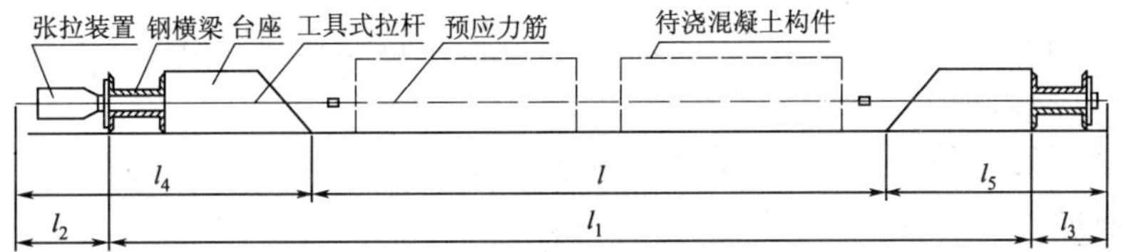

图 6-8　长线台座预应力筋下料长度计算简图

$$L = l_1 + l_2 + l_3 - l_4 - l_5 \tag{6-9}$$

式中：l_1——长线台座长度；

l_2——张拉装置长度；

l_3——固定端所需长度；

l_4——张拉端工具式拉杆长度；

l_5——固定端工具式拉杆长度。

如预应力筋直接在钢横梁上张拉与锚固，则可取消 l_4 与 l_5 值。

同时，预应力筋下料长度应满足构件在台座上排列要求。

第三节　张拉力计算

预应力筋的张拉力大小，直接影响预应力效果。张拉力越高，建立的预应力值越大，构件的抗裂性也越好；但预应力筋在使用过程中经常处于过高应力状态下，构件出现裂缝的荷载与破坏荷载接近，往往在破坏前没有明显的警告，这是危险的。另外，如张拉力过大，造成构件反拱过大或预拉区出现裂缝，也是不利的。反之，张拉阶段预应力损失越大，建立的预应力值越低，则构件可能过早出现裂缝，也是不安全的。因此，设计人员不均在图纸上要标明张拉力大小，而且还要注明所要考虑的预应力损失项目与取值。这样，施工人员如遇到实际施工情况所产生的预应力损失与设计取值不一致,则有可能调整张拉力,以准确建立预应力值。

一、预应力筋张拉力

预应力筋的张拉力 P_j,按下式计算:

$$P_j = \sigma_{con} \cdot A_p \tag{6-10}$$

式中:σ_{con}——预应力筋的张拉控制应力;

A_p——预应力筋的截面面积。

预应力筋的张拉控制应力 σ_{con},不宜超过表 6-1 的数值。当符合下列情况之一时表 6-1 中的张拉控制应力限值可提高 $0.05f_{ptk}$ 或 $0.05f_{pyk}$:

张拉控制应力 σ_{con} 允许值 表 6-1

项 次	预应力筋种类	张 拉 方 法	
		先张法	后张法
1	消除应力钢丝、钢绞线	$0.75f_{ptk}$	$0.75f_{pyk}$
2	冷轧带肋钢筋	$0.70f_{ptk}$	
3	精轧螺纹钢筋		$0.85f_{pyk}$

注:第 1 项根据《混凝土结构设计规范》(GB 50010—2002)的规定;

第 2 项根据《冷轧带肋钢筋混凝土结构技术规程》JGJ 95—2003 的规定。

(1)要求提高构件在施工阶段的抗裂性能而在使用阶段受压区内设置的预应力筋;

(2)要求部分抵消由于应力松弛、摩擦、钢筋分批张拉以及预应力筋与张拉台座之间的温差等因素产生预应力损失。

预应力筋的张拉控制应力,应符合设计要求。施工时预应力筋如需超张拉,其最大张拉控制应力 σ_{con};对消除应力钢丝和钢绞线为 $0.8f_{ptk}$,对冷轧带肋钢筋为 $0.75f_{ptk}$,对精轧螺纹钢筋为 $0.95f_{ptk}$。

二、预应力筋有效预应力值

预应力筋中建立的有效预应力值 σ_{pe},可按下式计算:

$$\sigma_{pe} = \sigma_{con} - \sum_{i=1}^{n} \sigma_{li} \tag{6-11}$$

式中:σ_{li}——第 i 项预应力损失值。

对碳素钢丝与钢绞线,其有效预应力值 σ_{pe} 不宜大于 $0.6f_{ptk}$,也不宜小于 $0.4f_{ptk}$。

如设计上仅提供有效预应力值,则需计算预应力损失值,两者叠加,即得所需的张拉力。

三、预应力损失

预应力筋张拉后,由于材料特性与张拉工艺等多种因素,使得预应力筋中的应力从构件制作直至安装使用后的整个过程中不断降低的现象称为预应力损失。根据预应力损失发生的时间可分为:瞬间损失和长期损失。瞬间损失包括孔道摩擦损失、锚固损失、弹性压缩损失、热养护损失等。长期损失包括钢材预应力松弛损失、混凝土的收缩损失和徐变损失等。此外,有时还有锚口摩擦损失、叠层摩擦损失等。预应力损失计算正确与否,对结构使用性能有较大的影响。为了提高预应力筋的有效预应力,应采取相应措施,以减少预应力损失。

(一)孔道摩擦损失

孔道摩擦损失是指预应力筋与孔道壁之间的摩擦引起的预应力损失。包括长度效应和曲率效应引起的损失。长度效应是由于孔道局部偏摆使预应力筋擦碰孔道引起的。曲率效应是由于预应力筋与弯曲孔道壁之间的摩擦引起的。

1. 计算公式

预应力筋与孔道壁之间得摩擦引起的预应力损失 σ_{l2}（N/mm^2），见图 6-9，可按下式计算：

$$\sigma_{l2}=\sigma_{con}\left(1-\frac{1}{e^{Kx+\mu\theta}}\right) \tag{6-12}$$

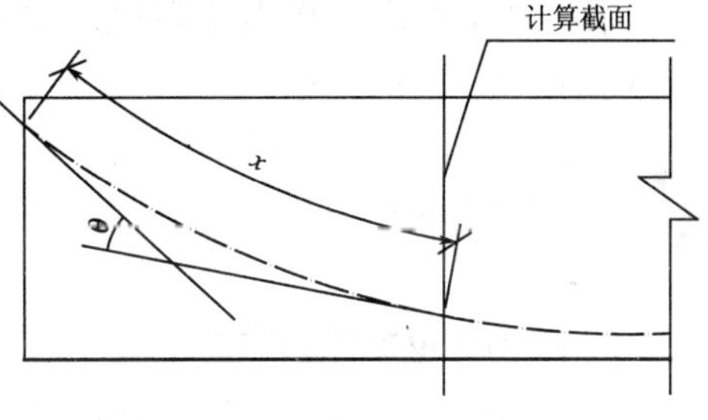

图 6-9　孔道摩擦损失计算简图

式中：K——考虑孔道（每米）局部偏差对摩擦影响的系数，按表 6-2 取用；

x——从张拉端至计算截面至孔道长度（m），也可近似取该段孔道在纵轴上的投影长度；

μ——预应力筋与孔道壁之间的摩擦系数，按表 6-2 取用；

θ——从张拉端至计算截面曲线孔道部分切线的夹角（rad）。

系数 k 与 μ 值　　表 6-2

项次	孔道成型方式	k	μ
1	预埋金属波纹管	0.0030	0.30
2	预埋钢管	0.0010	0.30
3	预埋塑料管	0.0020	0.18
4	钢管或橡胶管抽芯成型	0.0015	0.55
5	无黏结预应力钢绞线	0.0040	0.08

当 $kx+\mu\theta$ 不大于 0.2 时，σ_{l2} 可按下列近似公式计算：

$$\sigma_{l2}=(kx+\mu\theta)\sigma_{con} \tag{6-13}$$

对多种曲率或直线段曲线束组成的孔道，应分段计算孔道摩擦损失，较为准确。

空间曲线束可按平面曲线束公式计算，但 θ 角应取空间曲线包角，L 应取曲线弧长。

$$\theta=\sqrt{\theta_{平}^2+\theta_{竖}^2} \tag{6-14}$$

式中：$\theta_{平}$——孔道平面包角；

$\theta_{竖}$——孔道竖向包角。

当采用钢质锥形锚具或多孔夹片锚具（QM 与 OVM 型等）时，尚应考虑锚环口或锥形孔处的附加锚口损失，其值可根据实测数据确定。

2. 现场测试

对重要得预应力混凝土工程，应在现场测定实际得孔道摩擦损失。其常用得测试方法有：精密压力表法与传感器法。

（1）精密压力表法

在预应力筋的两端各安装一台千斤顶，测试时首先将固定端千斤顶的油缸拉出少许，并将回油阀关死；然后开动千斤顶进行张拉，当张拉端压力读数达到预定得结果拉力时，读出固定端压力表读数并换算成张拉力。两端张拉力差值即为孔道摩擦损失。

（2）传感器法

在预应力筋的两端千斤顶尾部各装一台传感器。测试时用电阻应变仪读出两端传感器的应变值。将应变值换算成张拉力，即可求得孔道摩擦损失。

如实测孔道摩擦损失与计算值相差较大,导致张拉力相差大于5%,则应调整张拉力,建立准确的预应力值。

根据张拉端拉力 P_j 与实测固定端拉力 P_a,可按下列二式分别实测的 μ 值与跨中拉力 P_m:

$$\mu = \frac{-\ln\left(\frac{P_a}{P_j}\right) - kx}{\theta} \tag{6-15}$$

$$P_m = \sqrt{P_j \cdot P_a} \tag{6-16}$$

3. 减小孔道摩擦损失的措施

(1)改善预留孔道与预应力筋制作质量

孔道局部偏差的影响系数,不仅理解为孔道本身有无局部弯曲,而且包括预应力筋弯折、端部锚垫板与孔道不垂直、张拉时对中程度等影响在内。尤其是端部锚垫板与孔道不垂直时难于对中,迫使预应力筋紧贴孔壁,增大摩擦力。

(2)采用润滑剂

对曲线段包角大的孔道,预应力损失很大。可采用涂刷肥皂液、复合钙基脂夹石墨、工业凡士林加石墨等润滑剂,以减少摩擦损失,μ 值可降低至0.1~0.15。工业凡士林加石墨的 μ 值稍高于复合钙基脂加石墨,但遇水不皂化,防锈性能比复合钙基脂好。

对有黏结预应力筋,润滑剂偶尔可用,但随后要用水冲掉,以免破坏最后靠灌浆实现的黏结。

(3)采用超张拉方法

预应力筋采取超张拉,是减少孔道摩擦损失的有效措施。减少摩擦所需的超张拉与减少锚固损失的超张拉可不叠加,取其中最大值。

(二)锚固损失

张拉端锚固时由于锚具变形和筋内缩引起的预应力损失成为锚固损失。根据筋的布置不同,分别采取下列算法。

1. 直线预应力筋的锚固损失 σ_{l1},可按下式计算:

$$\sigma_{l1} = \frac{a}{L}E_s \tag{6-17}$$

式中:a——张拉端锚具变形和预应力筋内缩所至,按表6-3取用;

L——张拉端至固定端之间的距离;

E_s——预应力筋弹性模量。块体拼成的结构,其预应力损失尚应考虑块体间填缝的预压变形。对于采用混凝土或砂浆为填缝材料时,每条填缝的预压变形值为1mm。

张拉端锚具变形和预应力筋内缩值 a(mm)　　表6-3

项次	锚具类别		a
1	支承式锚具	螺母填缝	1
		每块后加垫板缝隙	1
2	锚塞式锚具		5
3	夹片式锚具	无顶压时	5
		有顶压时	6~8

注:表中 a 值也可根据实测数据确定。

2. 曲线预应力筋的锚固损失 σ_{l1}，应根据预应力筋与孔道壁之间反向摩擦影响长度 L_f 范围内的纵变形值等于锚具变形与预应力筋内缩值的条件确定；同时，假定孔道摩擦损失的指数曲线简化为直线（$\theta \leqslant 30°$），并假定正、反摩擦损失斜率相等，得出基本算式为：

$$a = \frac{\omega}{E_s} \tag{6-18}$$

式中：ω——锚固损失的应力图形面积，见图 6-10；

E_s——预应力筋的弹性模量。

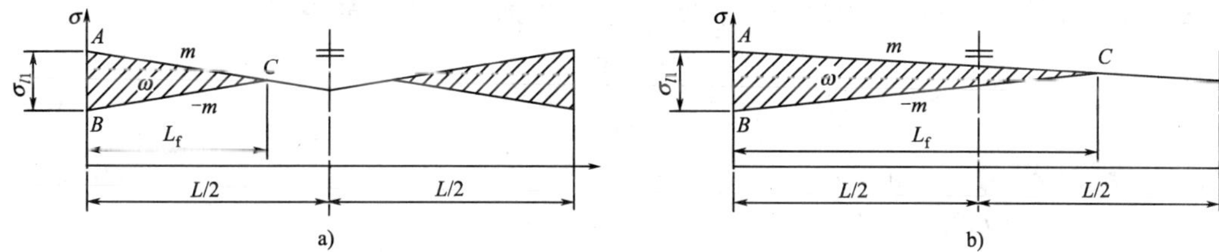

图 6-10　单一曲线预应力筋的锚固损失计算简图

a) $L_f \leqslant L/2$；b) $L_f > L/2$

第一种情况（图 6-10），对单一曲线预应力筋的情况。

锚固损失的应力图形面积等于△ABC 面积，即

$$\omega = mL_f^2$$

代入（6-17）式，移项得：

$$L_f = \sqrt{\frac{aE_s}{m}} \tag{6-19}$$

式中：m——孔道摩擦损失的斜率。

$$m = \frac{\sigma_{con}(Kx + \mu\theta)}{L}$$

$$\sigma_{l1} = 2mL_f = 2m\sqrt{\frac{aE_s}{m}} = 2\sqrt{maE_s} \tag{6-20}$$

从图 6-10 中可以看出：

（1）锚固损失的影响长度 $L_f \leqslant L/2$ 时，跨中处锚固损失等于零；

（2）$L_f > L/2$ 时，跨中处锚固损失 $\sigma_{l1} = 2m(L_f - L/2)$。

第二种情况（图 6-11）：对正反抛物线组成的预应力筋，锚固损失消失在曲线拐点外的情况：

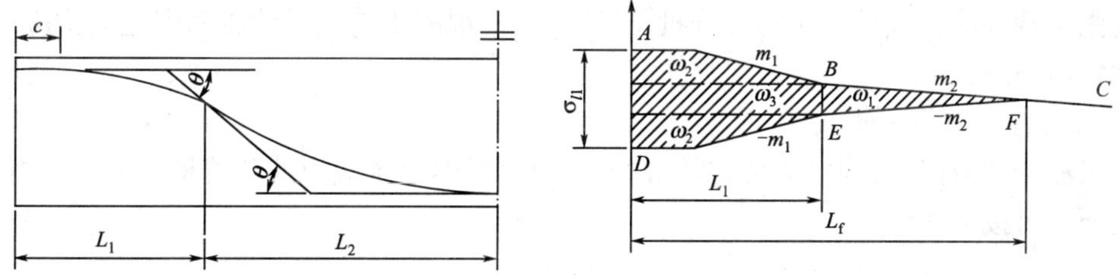

图 6-11　锚固损失消失于曲线拐点外的计算简图

$$\begin{aligned}\omega &= \omega_1 + 2\omega_2 + \omega_3 \\ &= m_2(L_f - L_1)^2 + m_1(L_1^2 - c^2) + 2m_2(L_f - L_1)L_1 \\ &= m_2(L_f^2 - L_1^2) + m_1(L_1^2 - c^2)\end{aligned}$$

代入(6-18)时,移项得:

$$L_{\mathrm{f}}=\sqrt{\frac{aE_{\mathrm{s}}-m_1(L_1^2-c^2)}{m_2}+L_1^2} \tag{6-21}$$

$$m_1=\frac{\sigma_{\mathrm{A}}(KL_1-Kc+\mu\theta)}{L_1-c},m_2=\frac{\sigma_{\mathrm{B}}(KL_2+\mu\theta)}{L_2}$$

式中:

$$\sigma_{l1}=2m_1(L_1-c)+2m_2(L_{\mathrm{f}}-L_1) \tag{6-22}$$

第三种情况(图6-12):对折线预应力筋,锚固损失消失在折点外的情况:

$$L_{\mathrm{f}}=\sqrt{\frac{aE_{\mathrm{s}}-m_1L_1^2-2\sigma_1L_1}{m_2}+L_1^2} \tag{6-23}$$

式中:$m_1=\sigma_{\mathrm{con}}\cdot K$;

$\sigma_1=\sigma_{\mathrm{con}}(1-KL_1)\mu\theta$

$m_2=\sigma_{\mathrm{con}}(1-KL_1)(1-\mu\theta)\cdot K$

$\sigma_{l1}=2m_1l_1+2\delta_1+2m_1(L_{\mathrm{f}}-L_1)$

对多种曲率组成的预应力筋,均可从式(6-17)基本算式推出 L_{f} 计算式,再求 σ_{l1}。

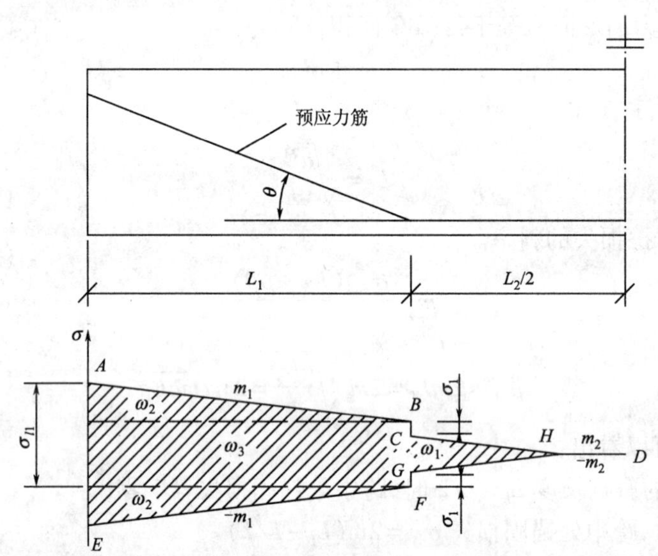

图6-12　锚固损失消失于折点外的计算简图

(三)弹性压缩损失

先张法构件放张或后张法构件分批张拉时,由于混凝土受到弹性压缩引起的预应力损失,成为弹性压缩损失。

1. 先张法弹性压缩损失

先张法构件放张时,预应力传递给混凝土使构件缩短,预应力筋随着构件缩短而引起的应力损失 σ_{l3},可按下式计算:

$$\sigma_{l3}=E_{\mathrm{s}}\times\frac{\sigma_{\mathrm{pc}}}{E_{\mathrm{c}}} \tag{6-24}$$

式中:E_{s}、E_{c}——分别为预应力筋与混凝土的弹性模量;

σ_{pc}——由于预应力筋所引起位于钢筋水平处混凝土的应力。

对轴心受预压的构件,

$$\sigma_{pc}=\frac{P_{y1}}{A} \tag{6-25}$$

式中：P_{y1}——扣除第一批预应力损失后的张拉力，一般取 $P_{y1}=0.9P_j$；

A——混凝土截面面积，可近似地取毛面积。

对偏心受预压的构件（如梁、板）：

$$\sigma_{p0}=\frac{P_{y1}}{A}+\frac{P_{y1}e^2}{I}-\frac{M_G\cdot e}{I} \tag{6-26}$$

式中：M_G——构件自重引起的弯矩；

e——构件重心至预应力筋合力点的距离；

I——毛截面惯性矩。

2. 后张法弹性压缩损失

当全部预应力即同时张拉时，混凝土弹性压缩在锚固前完成，所以没有弹性压缩损失。

当多根预应力筋一次张拉时，先批张拉的预应力筋，受后批预应力筋张拉所产生的混凝土压缩而引起的平均损失 σ_{l3}，可按下式计算：

$$\sigma_{l3}=0.5E_s\times\frac{\sigma_{pc}}{E_c} \tag{6-27}$$

式中：σ_{pc}——同公式(6-25)与式(6-26)，但不包括第一批预应力筋张拉力。

对配置曲线预应力筋的框架梁，可近似地按轴心受压计算 σ_{l3}。

后张法弹性压缩损失在设计中一般没有计算在内，可采取超张拉措施将弹性压缩平均损失值加到张拉力内。

（四）预应力筋应力松弛损失

预应力筋的应力松弛损失 σ_{l4}，可按下列各式计算。

1. 预应力钢丝、钢绞线

普通松弛级

$$\sigma_{l4}=0.4\phi\left(\frac{\sigma_{con}}{f_{ptk}}-0.5\right)\sigma_{con} \tag{6-28}$$

式中：ϕ——1.0（一次张拉）、0.9（超张拉）。

低松弛级，当 $\sigma_{con}\leqslant 0.7f_{ptk}$时

$$\sigma_{l4}=0.125\left(\frac{\sigma_{con}}{f_{ptk}}-0.5\right)\sigma_{con} \tag{6-29}$$

当 $0.7f_{ptk}<\sigma_{con}\leqslant 0.8f_{ptk}$时

$$\sigma_{l4}=0.20\left(\frac{\sigma_{con}}{f_{ptk}}-0.575\right)\sigma_{con} \tag{6-30}$$

2. 精轧螺纹钢筋

一次张拉 $\sigma_{l4}=0.05\sigma_{con}$；超张拉 $\sigma_{l4}=0.035\sigma_{con}$。

3. 冷轧带肋钢筋、冷拔低碳钢丝

一次张拉 $\sigma_{l4}=0.08\sigma_{con}$

（五）混凝土收缩、徐变损失

混凝土收缩、徐变引起的预应力损失 σ_{l5}，可按下列公式计算：

对先张法：

$$\sigma_{l5}=\frac{45+280\times\frac{\sigma_{pc}}{f_{cu}}}{1+15\rho} \tag{6-31}$$

对后张法：

$$\sigma_{l5}=\frac{35+280\dfrac{\sigma_{pc}}{f_{cu}}}{1+15\rho} \tag{6-32}$$

式中：σ_{pc}——受拉区或受压区预应力筋在各自的合力点处混凝土法向应力；

f_{cu}——施加预应力时的混凝土立方强度；

ρ——受拉区或受压区的预应力筋和非预应力筋的配筋率。

计算 σ_{pc}时，预应力损失值筋考虑混凝土预压前（第一批）的损失，并可根据构件制作情况考虑自重的影响，σ_{pc}值不得大于 $0.5f_{cu}$。

施加预应力时的混凝土龄期对徐变损失的影响也较大。例如，施加预应力时的混凝土龄期 3d 比 7d 引起的徐变损失增大 14%，龄期 30d 比 7d 减少 28%。

对处于高湿度条件的结构（如贮水池等），按上式算得的 σ_{l5} 可降低 50%；对处于干燥环境的结构，σ_{l5} 值应增加 20%~30%。

第四节　张拉伸长值

一、预应力筋张拉伸长值

计算公式

曲线筋的张拉伸长值 ΔL，可按以下两法计算：

1. 精确计算法［图 6-13a）］

$$\Delta L=\int_0^{L_T}\frac{P_j\cdot e^{-(Kx+\mu\theta)}}{A_p\cdot E_s}dx=\frac{P_j}{A_p\cdot E_s}\int_0^{L_T}e^{-\left(K+\frac{\mu}{r}\right)x}dx=\frac{P_jL_T}{A_p\cdot E_s}\left[\frac{1-e-(kL_T+\mu\theta)}{KL_T+\mu\theta}\right] \tag{6-33}$$

式中：P_j——预应力筋的张拉力；

A_p——预应力筋的截面积；

E_s——预应力筋的弹性模量；

L_T——从张拉端至计算截面的孔道长度（m）；

K——每米孔道局部偏差对摩擦影响的系数；

μ——预应力筋与孔道壁之间的摩擦系数；

θ——从张拉端至计算截面曲线孔道部分切线的夹角（rad）。

2. 简化计算法［图 6-13b）］

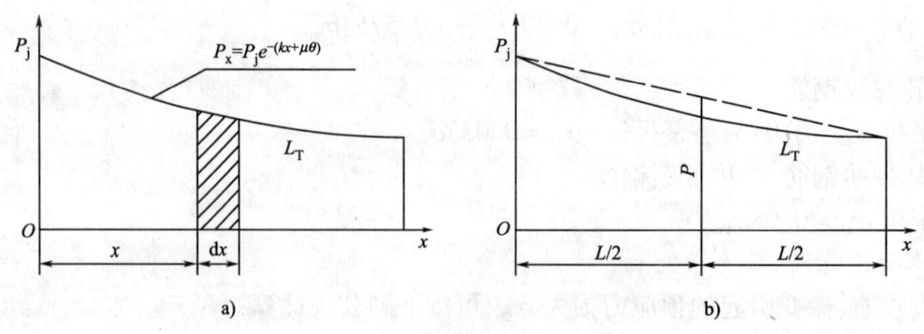

图 6-13　曲线筋张拉伸长值计算简图

a）精确法；b）简化法

$$\Delta L=\frac{P\cdot L_T}{A_pE_s} \tag{6-34}$$

式中：P——预应力筋的平均张拉力，取张拉端的拉力与计算截面相互扣除孔道摩擦损失后的拉力平均值，即：

$$P=\frac{P_j+P_i[1-(KL_T+\mu\theta)]}{2}=P_j\left(1-\frac{KL_T+\mu\theta}{2}\right) \tag{6-35}$$

二、由多曲线段或直线段与曲线段组成的曲线预应力筋

对多曲线或直线段与曲线段组成的曲线筋，张拉伸长值应分段计算，然后叠加，这样较为准确。

图6-14为多曲线段组成的预应力筋张拉伸长值的计算简图。

计算时，首先应将每段两端扣除孔道摩擦损失后的拉力求出，然后按精确法或简化法计算每段张拉伸长值。

采用简化法计算时，公式(6-34)可改写成：

$$\Delta L=\frac{(\sigma_a+\sigma_b)L_{ab}}{2E_s}+\frac{(\sigma_b+\sigma_c)L_{bc}}{2E_s}+\cdots=\sum\frac{(\sigma_{i1}+\sigma_{i2})L_i}{2E_s} \tag{6-36}$$

式中：L_i——第i线段预应力筋长度；

σ_{i1}、σ_{i2}——分别为第i线段两端的预应力筋应力。

对抛物线型曲线，θ与L_T值可参照图6-15，按下式计算：

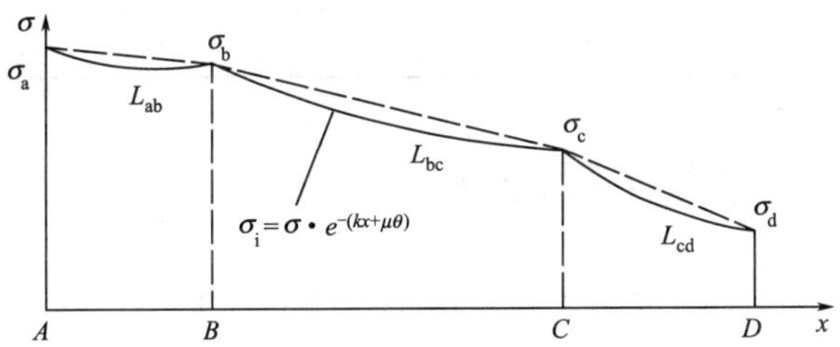

图6-14 张拉伸长值分段计算简图(对多曲线段组成的预应力筋)

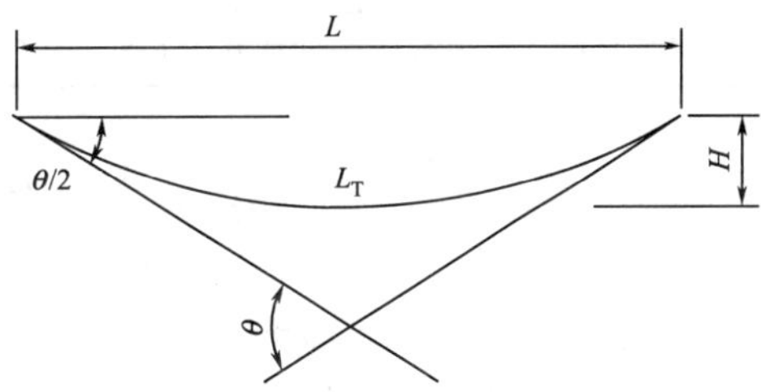

图6-15 抛物线的几何尺寸

$$\frac{\theta}{2}\approx\frac{4H}{L}(\mathrm{rad}) \tag{6-37}$$

$$L_T=\left(1+\frac{8H^2}{3L^2}\right)L \tag{6-38}$$

式中：L——抛物线的水平投影长度；

H——抛物线的矢高。

预应力筋的弹性模量取值是否正确，对计算张拉伸长值的影响较大。

从碳素钢丝的应力－应变曲线可以看出，比例极限$f_p=0.75\sim0.8f_b$，而张拉控制应力$\sigma_{con}=0.65\sim0.75f_b$，也就是$\sigma_{con}<f_p$。因此，张拉时钢丝完全处在弹性范围内。根据有关单位测试资料：单根$\phi5^s$钢丝$E_s=1.99\sim2.11\times10^5\text{N/mm}^2$，平均值$2.05\times10^5\text{N/mm}^2$；钢丝束$E_s=1.95\sim2.04\times10^5\text{N/mm}^2$，平均值为$1.99\times10^5\text{N/mm}^2$。钢丝束实测$E_s$比单根钢丝低2%～3%。因此，计算张拉伸长值时，$E_s$可取$2\times10^5\text{N/mm}^2$。对重要的预应力混凝土结构，弹性模量应事先测定。

三、由空间曲线组成的预应力筋

对于由空间组成的预应力筋，计算公式与上述相同。所不同的是 θ 应取空间包角：

$$\theta=\sqrt{\theta_{平}^2+\theta_{竖}^2}$$

式中：$\theta_{平}$——孔道平面包角；

$\theta_{竖}$——孔道竖向包角。

第五节　张拉设备标定与油表值的计算

施加预应力用机具设备及仪表，应由专人使用和管理，并定期维护和标定(校验)。

张拉设备应配套标定，以确定张拉力与压力表读数的关系曲线。标定张拉设备可用测力计、试验机或者弹簧测力计。

标定千斤顶时应使千斤顶动作过程与工作状态相同；千斤顶卧放或者立放对读数影响不大，读数可不作修正。

张拉施工时可由油泵压力表读数控制张拉力。压力表读数根据千斤顶标定记录采用插入法求得。表 6-4 为张拉钢质锥形锚具用的 YZ－85 型千斤顶的标定记录。

例如：由表 6-4，当张拉力为 443.7kN 时，对应千斤顶的压力表的读数为 25.3MPa。

YZ－85 型千斤顶标定记录(千斤顶试验机)　　表 6-4

试验机表盘读数(kN)	50	100	150	200	250	300	350	400	450	500	550	600
千斤顶压力表(MPa)	4.0	6.5	9.2	12.0	14.8	17.5	20.2	23.0	25.6	28.3	31.0	33.6

第六节　锚固区局部承压验算

后张法构件的预压应力是通过锚具经垫板传递给混凝土的。由于预压力很大，而锚具下的垫板预混凝土的传力接触面积往往很小，锚具下的混凝土将承受较大的局部压力。在局部压力作用下，构件端部会产生裂缝，甚至会发生局部受压不足而破坏。

需要保证在张拉钢筋时锚具下锚固区的混凝土不开裂和不产生过大的变形，又要求计算锚具下所需配置的间接钢筋以满足局部受压承载力的要求。因此应从两方面进行验算：

局部受压截面尺寸验算；

局部受压承载力计算。

算例：

某梁悬臂端截面尺寸为 500×700mm，配置 2×7ϕ^s15.24 钢绞线，锚垫板尺寸为 210×210mm。混凝土强度等级 C40，$f_{cd}=19.1$MPa，螺旋筋 $\phi12$，$f_y=210$MPa。

1. 局部受压区截面尺寸(按《公桥规》(JTG D62—2004)第 5.7.2 条规定)

$\eta_s=1.0$，$f_{cd}=19.1$，$A_l=420\times210=88\ 200\text{mm}^2$；

$A_{ln}=88\ 200-2\pi105^2/4=70\ 891\text{mm}^2$，

$A_b=500\times(210+210+210)=315\ 000\text{mm}^2$

$$\beta=\sqrt{\frac{A_b}{A_l}}=\sqrt{\frac{315\ 000}{88\ 200}}=1.89$$

$1.3\eta_s \beta f_{cd} A_{ln} = 1.3 \times 1 \times 1.89 \times 19.1 \times 70\ 891 = 3\ 326.8\text{kN}$

$> F_{ld} = 1.2 \times 0.75 \times 1\ 860 \times 2 \times 7 \times 140 = 3\ 281\text{kN}$（可）

局部受压区的截面尺寸符合要求。

2. 局部受压承载力（螺旋筋内表面直径取 180mm，间距取 50mm）

$\rho_v = 4A_{ss1}/d_{cor}S = 4\pi \times (12/2)^2/(180-12) \times 50 = 5.4\%$，

$A_{cor} = 2 \times \frac{1}{4}\pi(180-12)^2 = 44\ 334\text{mm}^2 \quad \beta_{cor} = \sqrt{\frac{A_{cor}}{A_l}} = \sqrt{\frac{44\ 334}{88\ 200}} = 0.71$

$0.9(\eta_s \beta f_{cd} + k\rho_v \beta_{cor} f_{sd}) A_{ln}$

$= 0.9 \times (1 \times 1.89 \times 19.1 + 2 \times 5.4 \times 10^{-2} \times 0.71 \times 1.0 \times 210) \times 70\ 891 = 3\ 330.6\text{kN}$

$> \gamma_0 F_{ld} = 1.0 \times 3\ 281 = 3\ 281\text{kN}$　　局部受压承载力符合要求。

3. 结论

梁悬臂处张拉端，$2 \times 7\phi^s 15.24$ 预应力局部承压能力较紧张，因该梁为直线配筋，建议采用单根张拉，以减少局部承压力。

第七节　计 算 示 例

一、算　例　一

某工业厂房采用双跨预应力混凝土框架结构体系。其双跨预应力混凝土框架梁的尺寸与预应力筋布置见图 6-16 所示。预应力筋采用 2 束 $9\phi^s 15.2$ 钢绞线束，由边支座处斜线、跨中处抛物线与内支座处反向抛物线组成，反弯点距内支座的水平距离 $\alpha_L = 0.15 \times 20\ 000 = 3\ 000\text{mm}$。预应力筋强度标准值 $f_{ptk} = 1\ 860\text{MPa}$，张拉控制应力 $\sigma_{con} = 0.75 \times 1\ 860 = 1\ 395\text{MPa}$，弹性模量 $E_s = 1.95 \times 10^5\text{MPa}$。预应力筋孔道采用 $\phi 80$ 预埋金属波纹管成形，$K = 0.003$，$\mu = 0.3$。预应力筋两端采用张拉工艺。试求：

（1）曲线预应力筋各点坐标高度；

（2）张拉锚固阶段预应力建立的应力；

（3）曲线预应力筋张拉伸长值。

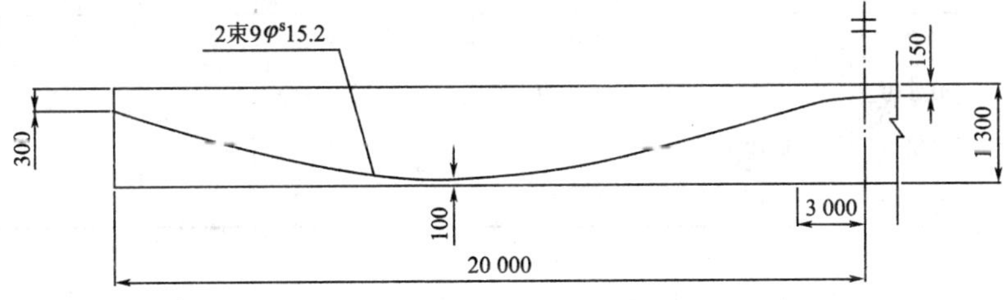

图 6-16　双跨框架梁预应力筋布置（尺寸单位：mm）

【解】1. 曲线预应力筋各点坐标高度

直线段 AB 的投影长度 L_1：

$$L_1 = \frac{20\ 000}{2}\sqrt{1 - \frac{900}{1\ 050} + 2 \times 0.15 \times \frac{900}{1\ 050}} = 6\ 325\text{mm}$$

$$h = 100 + 1\ 050 \times \frac{0.5 - 0.15}{0.5} = 835\text{mm}$$

反弯点 D 的坐标高度。

设抛物线方程：跨中处为 $y=A_1x^2$；支座处为 $y=A_2x^2$，可求得：

$$A_1=\frac{2\times 1\ 050}{(0.5-0.15)20\ 000^2}=1.5\times 10^{-5}$$

$$A_2=\frac{2\times 1\ 050}{0.15\times 20\ 000^2}=3.5\times 10^{-5}$$

当 $x=5\ 000\text{mm}$，$y=1.5\times 10^{-5}\times 5\ 000^2=375\text{mm}$，则该点坐标高度 $=375+100=475\text{mm}$。图 6-17 绘出曲线预应力筋坐标高度。

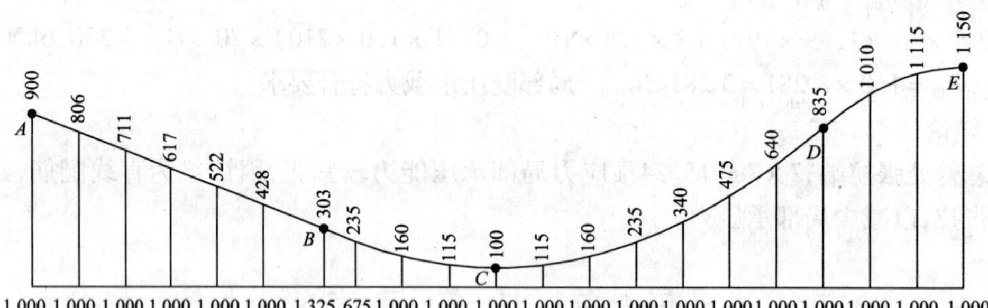

图 6-17　曲线预应力筋坐标高度

2. 张拉锚固阶段预应力筋建立的应力

预应力筋各线段实际长度计算：

AB 段 $L_T=\sqrt{597^2+6\ 325^2}=6\ 353\text{mm}$

CD 段 $L_T=7\ 000\left(1+\dfrac{8\times 735^2}{3\times 14\ 000^2}\right)=7\ 051\text{mm}$

预应力筋各线段 θ 角计算：

CD 段 $\theta=\dfrac{4\times 735}{14\ 000}=0.21rad$

张拉时预应力筋各线段终点应力计算，列于表 6-5。

张拉伸长值计算表　　表 6-5

线段	L_T(m)	θ	$KL_T+\mu\theta$	$e^{-(KL_T+\mu\theta)}$	终点应力（MPa）	张拉伸长值(mm)
AB	6.353	0	0.019	0.981	1 369	45.0
BC	3.682	0.110	0.044	0.957	1 310	25.3
CD	7.051	0.210	0.084	0.919	1 204	45.1
DE	3.022	0.210	0.072	0.931	1 121	17.9

合计 133mm。

锚固时预应力筋各线段应力变化计算：

$$m_1=\frac{1\ 395-1\ 396}{632.5}=0.042\text{MPa/cm}$$

$$m_2=\frac{1\ 396-1\ 310}{368.2}=0.160\text{MPa/cm}$$

$$L_f=\sqrt{\frac{0.6\times 1.95\times 10^5-0.042\times 632.5^2}{0.160}+632.5^2}=1\ 013.1\text{cm}$$

A 点锚固损失 $\sigma_{l1}=2\times0.042\times632.5+2\times0.61(1\ 013.1-632.5)=175\text{MPa}$ 同理,求得 B 点 $\sigma_{l1}=122\text{N/mm}^2$。图 6-18 绘出张拉阶段曲线预应力筋沿长度方向建立的预应力值。

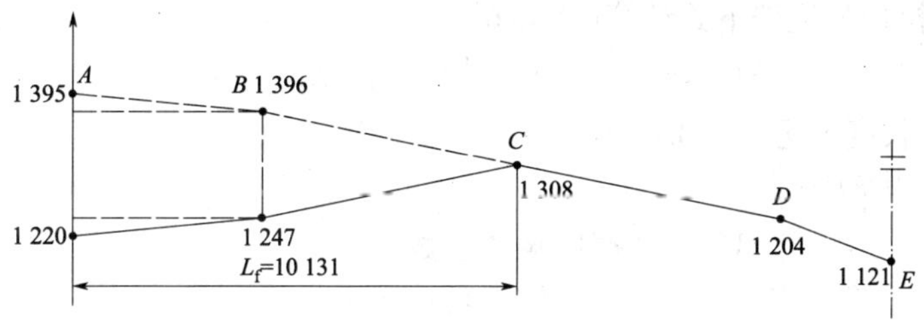

图 6-18 张拉阶段曲线预应力筋沿长度方向建立的应力

3. 曲线预应力筋张拉伸长值

该工程双跨曲线预应力筋采取两端张拉方式,分段简化计算张拉伸长值。

$$AB\text{ 段张拉伸长值 }\Delta L_{AB}=\frac{(1\ 395+1\ 369)\times6\ 353}{2\times1.95\times10^5}=45.0\text{mm}$$

同理,可算出其他各段张拉伸长值,填在表 6-5 内。

双跨曲线预应力筋张拉伸长值总计为$(45.0+25.3+45.1+17.9)\times2=266\text{mm}$。

二、算 例 二

1. 预应力材料

钢材:采用抗拉强度为 1 860MPa 低松弛钢绞线。

锚具:柳州 OVM 建筑机械有限公司的 OVM 型锚具。

2. 张拉设备

YCW-150 型千斤顶

YCW-250 型千斤顶

ZB-500/400 型大油泵

压力表应用精度为 0.4 级的标准(精密)压力表,千斤顶和压力表应配套校验、配套使用,标定期限为半年。

千斤顶和油泵应定期保养,张拉时不漏油,油压应缓慢、平稳、同步上升。

3. 张拉方法

混凝土强度达到设计强度 100% 时进行张拉,正式张拉应为有同条件养护试块的试压报告。

预应力张拉前应清理锚垫板,并检查锚垫板后面的混凝土质量,如发现空鼓现象,应在张拉前修补并待所补部分混凝土强度 100% 后方可张拉。

张拉方式:采用一端张拉

张拉顺序:$0\rightarrow0.2\sigma_{con}$(量初值)$\rightarrow0.6\sigma_{con}$(量中间值)$\rightarrow1.0\sigma_{con}\rightarrow$锚固

4. 张拉力

张拉控制力:

直线束4 孔 $F=0.65\times1\ 860\times140\times4=677\text{kN}$

6 孔 $F=0.65\times1\ 860\times140\times6=1\ 016\text{kN}$

曲线束5 孔 $F=0.65\times1\ 860\times140\times5=911.4\text{kN}$

6 孔 $F=0.70\times1\ 860\times140\times6=1\ 094\text{kN}$

8 孔　$F=0.70\times1\,860\times140\times8=1\,458.2\text{kN}$

5. 张拉伸长值

预应力筋张拉伸长值按下式计算(表 6-6)：

$$\Delta L=\sigma_{con}\times[1+e^{-(kL_T+\mu\theta)}]\times L_T/(2\times E_s)$$

式中：L_T——孔道长度 $=\sum(1+8H^2/3L^2)$；

θ——夹角 $=8H/L$；

k——每米孔道局部偏差对摩擦影响的系数 0.001 5；

μ——预应力筋与孔道壁之间的摩擦系数 0.25；

E_s——预应力筋的弹性模量 $=1.95\times10^5$ MPa。

预应力筋张拉伸长值计算　　表 6-6

梁编号	张拉方式	孔道长度(m)	孔道曲线	伸长值(mm)			下限	上限
				$0.2\sigma_{con}$	$0.6\sigma_{con}$	$1.0\sigma_{con}$		
直线束	1	18.10		21	64	106	100	112
曲线束	1	18.16	0.580	22	65	108	102	114

预应力筋的张拉管理,采用应力控制,伸长校核。实际伸长值与计算伸长值的允许偏差为 +6% ~ −6%。0.2 ~ $1.0\sigma_{con}$ 伸长控制范围为上表中所示“上限、下限”。如超过该值,应停止张拉,采用措施予以调停后,方可继续张拉。

6. 张拉表读数及伸长值(表 6-7)

张拉读数及伸长值表　　表 6-7

孔数	千斤顶编号	油压表编号	$0.2\sigma_{con}$		$0.6\sigma_{con}$		$1.0\sigma_{con}$	
			张拉力(kN)	表读数(MPa)	张拉力(kN)	表读数(MPa)	张拉力(kN)	表读数(MPa)
4(直)	4389	95600610	133.4	4.7	406.2	14.2	677	23.7
6(直)	4389	95600610	203.2	4.6	609.6	13.8	1 016	22.1
5(曲)	4389	95600610	182.3	6.4	546.8	19.1	911.4	31.9
6(曲)	0443	334	218.8	4.9	656.4	14.8	1 094	24.1
8(曲)	0443	2003 − 11 − 334	291.6	6.7	874.9	19.5	1 458.2	32.3

思考题

1. 25m 空心板梁 T1 孔道长度为 24.874m,采用两端张拉,张拉中千斤顶的长度为 32.4cm,工作锚厚度为 5.5cm,限位板厚 3.5cm,工具锚厚度 5.5cm,试计算钢绞线的下料长度。

2. 8m 空心板预应力孔道为直线布置,钢绞线的计算长度为 7.69m,预埋波纹管管道,采用抗拉强度为 1 860MPa 的低松弛钢绞线,送检后合格,测得 $A_g=140\text{mm}^2$,$E_g=2\times10^5$MPa,$\mu=0.22$,$k=0.001\,5$,求其理论伸长量。

3. 10m 空心板预应力筋曲线 1#束是由三段直线段和两段曲线段组合而成,两边对称,中间为圆弧段,从梁端向跨中三段长度为:2.316m,1.833m,0.691m,圆弧段的偏角为 0.019 44rad,试列表计算 1#束的理论伸长量。

参 考 文 献

[1] 中华人民共和国行业标准.公路钢筋混凝土及预应力混凝土桥涵设计规范(JTG D62—2004). 北京:人民交通出版社,2004.

[2] 李国平.桥梁预应力混凝土技术及设计原理.北京:人民交通出版社,2004.

[3] 中华人民共和国行业标准.公路桥涵施工技术规范(JTJ 041—2000). 北京:人民交通出版社.2000.

[4] 建筑用钢筋标准与规范汇编.北京:中国标准出版社.2004.

[5] 蔚建华.预应力混凝土桥梁施工技术要点. 北京:人民交通出版社,2004.

[6] 刘吉士,等.公路桥涵施工技术规范实施手册.北京:人民交通出版社.2004.

[7] 交通部第一公路工程总公司.公路施工手册:桥涵. 北京:人民交通出版社.2003.

[8] 日本道路协会.预应力混凝土公路桥施工手册. 北京:人民交通出版社.1988.

[9] 苏权科,张文忠.桥梁施工违规纠正手册. 北京:人民交通出版社.2004.

[10] 熊学玉,黄鼎业.预应力工程设计施工手册.北京:中国建筑工业出版社.2003.

[11] 王定一,王宇红,胡长改.简明预应力混凝土工程施工手册.北京:中国环境科学出版社.2003.

[12] 陈惠玲.高效预应力结构设计施工实例应用手册. 中国建筑工业出版社.1998.

[13] 吴昌期,杨家沪,韩凤华.预应力混凝土梁桥施工. 北京:人民交通出版社.1987.

[14] 桥梁预应力混凝土施工技术及标准规范实施手册.长春:吉林电子出版社.2004.

[15] 冯大斌,栾贵臣.后张预应力施工手册.北京:中国建筑工业出版社.1998.

[16] 朱新实,刘效尧.预应力技术及材料设备. 北京:人民交通出版社.2005.

[17] 李自光,桥梁施工成套机械设备. 北京:人民交通出版社.2003.

[18] 田奇,马志奇.钢筋及预应力机械应用技术.北京:中国建筑工业出版社.2004.

[19] 蒋泽汉.预应力混凝土实用施工技术.成都:四川科学技术出版社.2000.

[20] 中国科学技术咨询服务中心预应力技术专家组.预应力工程实例应用手册(桥梁结构篇). 北京:中国建筑工业出版社.1996.

[21] 熊学玉.体外预应力结构设计.北京:中国建筑工业出版社.2005.

[22] 中华人民共和国行业标准无黏结预应力混凝土结构技术规程(JGJ 92—2004).北京:中国建筑工业出版社.2005.

[23] 朱汉华,陈孟冲,等.预应力混凝土连续梁箱裂缝分析与防治.北京:人民交通出版社.2006.

[24] 周水兴,何兆益,等.路桥施工计算手册.北京:人民交通出版社.2004.

[25] 东南大学华东预应力中心.建筑工程预应力施工规程 CECS180.北京:中国计划出版社.2005.

[26] 施岚青,陈嵘,等.预应力混凝土实用技术.中国建筑工业出版社.2003.

[27] 中华人民共和国国家标准混凝土结构工程施工质量验收规范 GB 50204—2002.北京:中国建筑工业出版社.2002.

[28] 中华人民共和国国家标准预应力混凝土桥梁用塑料波纹管 GB/T 529—2004.北京:中国建筑工业出版社.2004.

[29] 预应力混凝土用金属螺旋管(JG/T 3013—94).北京:人民交通出版社.1994.

[30] 预应力筋用锚具、夹具和连接器应用技术规程(JGJ 85—2002).北京:中国建筑工业出版社,2002.

[31] 郭正兴,等.南京长江三桥预应力讲座.2004.

[32] 王建华,等.桥涵工程试验检测技术. 北京:人民交通出版社.2006.

[33] 钟新谷,等.预应力混凝土连续箱梁桥裂缝防治与研究科研报告[R](中南大学等).2001.